이 와 나 미 0 1 3

인간
시황제

쓰루마 가즈유키 지음 | **김경호** 옮김

일러두기

1. 중국의 인명, 지명 등은 한자음을 그대로 표기하였으며, 중요한 용어는 한자를
   병기하였다.
   *인명
   　예) 사마천司馬遷, 여불위呂不韋
   *지명
   　예) 함양咸陽, 한단邯鄲

2. 어려운 용어는 독자의 이해를 돕기 위해 주석을 달았다. 역자 주 외에는 모두
   저자의 주석이다.
   *용어
   　예) 수춘壽春(기원전 4~3세기 전국시대에 지금의 안휘/安徽성에 있었던 지명—역자 주)

3. 서적 제목은 겹낫표(『』)로 표시하였으며, 그 외 인용, 강조, 생각 등은 따옴표를
   사용하였다.
   *서적 제목
   　예) 『사기史記』, 『한서漢書』

목차

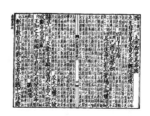

프롤로그

시황제의 실상을 찾아서

지금으로부터 이천 년이나 이전에 고대 중국에 등장한 시황제始皇帝(B.C.259-B.C.210, 재위기간 B.C.247-B.C.210)는 중국 역사상 최초의 황제였다. 사마천司馬遷(B.C.145 무렵-B.C.86 무렵)이 편찬한 『사기史記』를 읽으면 제왕의 50년 생애를 더듬어볼 수 있다. 시황제, 즉 진왕정秦王政은 진에서 멀리 떨어져 위치한 조趙나라의 수도 한단邯鄲에서 태어나 13세에 진왕으로 즉위하고 39세에 천하를 통일하여 황제가 되었지만, 12년 후에 뜻하지 않게 병으로 죽었다. 또한 그가 수립한 진제국도 3년 후에는 와해되고 말았다.

그러나 겨우 15년 동안의 단명한 통일제국임에도 불구하고 시황제만큼 중국 역사상 많은 논의를 야기한 황제는 없었다. 시황제가 죽은 이후 이천 년이나 흘렀어도 시황제의 권위는 여전히 지속되고 있으며 중국사에 줄곧 지대한 영향을 주고 있기 때문이다. 현재의 중국을 이해하는 데 있어서도 시황제 시대로부터 배울 점은 많다. 단순한 절대적인 권력자나 유능한 군주로 규정되지 않는다는 점에서 인간적인 흥미를 불러일으키는 존재이기 때문이다.

사마천은 시황제에 대해 중국 통일을 처음으로 실현시킨 황제로서, 결국 황제가 되어야 할 필연적 존재로 묘사하고 있다. 『사기』에 보이는 것은 시황제 사후 백 년 이상 지난 후에 사마천이 기록한 시황제의 모습이며 이미 시황제의 실상과는 일정한 거리가 있었다. 사마천은 대체로 전한前漢 무제武帝(재위 B.C.141-B.C.87)의 치세 때 살았던 사람으로 무제라는 황제와 그 시대를 묘사하기 위해서 『사기』를 저술하였다고 해도 좋을 것이다. 시황제 시대 그 자체를 묘사할 목적으로 『사기』「진시황본기秦始皇本紀」를 기술한 것은 아니었다. 사마천의 눈에는 당시의 황제인 무제와 시황제가 겹쳐 보였기 때문이다.

제왕인 두 사람의 행동이 매우 비슷한 점은 다른 이유에서가 아니라 무제 자신이 시황제를 의식하고 있었기 때문이었다. 무제가 했던 북으로는 흉노匈奴, 남으로는 남월南越(진 멸망 직후에 진인을 왕으로 삼아 독립한 월인 국가)과의 대대적인 전쟁, 만리장성萬里長城 건설, 태산泰山에서 실행한 봉선封禪이라는 국가 제사, 전국의 산천에서 제사를 실행한 순행巡行 등은 시황제 사업의 재현이라고 해도 좋을 것이다. 시황제의 과거 유산을 계승하면서 한편으로는 그 주술의 속박에서 벗어나려고 한 과정이 무제 54년간의 치세였다고 할 수 있다.

따라서 시황제의 50년 생애의 실상에 다가서기 위해서는 『사기』로부터 일단 벗어나지 않으면 안 된다. 그것은 『사기』의 기술을 무시하는 것이 아니라 『사기』에 묘사되어 있는 시황제와 관련된 기술에 대해 하나하나 전거를 확인하고 검증해가는 것이다. 다행히 사마천은 시황제의 역사를 창작한 것이 아니라 대체로 본래 사료의 소재는 그대로 유지한 채 취사선택하여 시황제의 연대기를 작성했기 때문에 『사기』에 수록된 소재의 문장을 무제 시대로부터 분리하여 재구성하는 작업이 가능하다. 그때 유효한 방법은 시황제 동시대의 고고자료와 문자사료를 적극적으로 활용하는 것이다. 그러나 1974년까지는 그러한 방법을 취하는 것 자체가 어려웠다.

지하로부터의 메시지

1974년 3월, 시황제릉의 동쪽으로 1.5킬로미터 떨어진 지점에서 우연히 병마용갱兵馬俑坑이 발견되었다. 병마용의 용俑이란 공자孔子의 언급에서 유래한다. 인간의 모습을 있는 그대로 본떠서 무덤에 묻은 사람모양人形을 말한다. 공자는 이를 싫어했지만 발견된 갱에서는 시황제와 동시대의 병사와 말의 모습이 등신대 크기 그대로 생생하게 재현되어 있었다. 또한 이듬해 1975년에는 호북성湖北省 운몽현雲夢縣에 있는 진 시대 한 지방 관리의 무덤에서 1,155매의 시황제 시대의 죽간竹簡(대나무를 건조시킨 가늘고 긴 대쪽[찰/札]에 먹으로 문자를 기입한 것)이 발견되었다(수호지진간/睡虎地秦簡). 병마용과 수호지진간 모두 이천 년 이상 지하에 잠들어 있던 시황제 시대가 그대로 우리들의 눈앞에 나타난 것이다. 그 이후에도 시황제릉 주변의 발굴과 진 시대의 죽간 문자사료의 발견은 계속된다.

특히 21세기에 들어와 2002년에는 호남성湖南省의 옛 성城에 있었던 우물에서 3만 8천 매에 달하는 진대의 간독簡牘(간/簡은 대쪽/札이고, 독/牘은 판자/板)이 발견되어(리야진간/里耶秦簡) 그 정식 도판 전 5권이 2012년 1월부터 간행되기 시작했다. 2007년에는 호남湖南대학 악록서원嶽麓書院이 도굴당한 진대의 간독을 홍콩에서 구입하고 기증분도 합쳐서 2,176매의 정리를 진행하여(악록진간/嶽麓秦簡) 2010년 12월부터 전 4권의 도판이 간행되었다. 특히 해외로 유출된 진대 죽간 762매와 한대漢代 죽간 3,300매 이상이 2010년과 2009년에 각각 북경北京대학에 기증되어(북대진간/北大秦簡과 북대한간/北大漢簡) 2012년 12월부터 한대 죽간의 내용으로 전 7권의 도판이 간행되기 시작했다.

이러한 것들은 사마천이 전해준 정보를 훨씬 뛰어넘는 시황제의 동시대 사료다. 이제는 옛 우물이나 지방관리의 무덤이라는 지하로부터의 귀중한 메시지를 무시할 수 없게 되었다. 2010년대에 들어서서 바로 시황제 연구는 새로운 단계로 접어들었다고 해도 좋을 것이다(다만 악록진간과 북대진간·한간은 정식으로 발굴된 것이 아니라, 위조간이 횡행하는 골동품시장에 유출된 것이었기 때문에, 간독의 연대측정, 문자 형태, 문장 의미의 타당성 등에 주의하여 신중하게 취급할 필요가 있다).

이들 중에는 『사기』와는 다른 시황제의 이야기가 기록된 것이 보인다. 예를 들면, 북대한간 중에는 시황제에 관한 것을 기록한 『조정서趙正書』라는 제목이 붙은 죽간문서가 있다(제7장 속표제지 참조). 50매의 죽간에 약 1,500자 정도의 문자가 적혀 있다. 조정趙正이란 『사기』에서 언급한 시황제 조정을 말하는 것으로 지금까지 전혀 알려지지 않았던 시황제에 관한 한대의 문헌이 새롭게 발견된 것이다. 전문은 아직 공개되지 않았지만 무제 통치 말기에 정리된 『사기』보다도 조금 오래전에 쓰인 듯하다. 『사기』에는 시황제를 영정嬴政 또는 조정趙政이라고 하였다. 전설에는 진의 조상은 오제五帝의 순舜 시기에 영이라는 성姓을 하사받아 그 자손이 조성趙城에 봉해졌기 때문에 조라는 성씨氏를 가지게 되었다고 한다.

그런데 이 『조정서』의 내용에는 놀랄 만한 것이 있다. 시황제를 '조정趙正'이라 했을 뿐만 아니라, 시황제를 황제로 인정하지 않고 진왕으로 부르면서 또한 진왕은 백인(白人, 또는 柏人)의 지역에서 병에 걸렸다고 기록되어 있어 『사기』에서 언급한 평원진平原津에서 병을 얻었다는 기술과는 다르다. 또한 『사기』에는 시황제가 죽은 직후 사구沙丘에서 호해胡亥·조고趙高·이사李斯 세 사람이 음모한 반란이 일어난 것으로 적혀 있다. 장남 부소扶蘇에게 후계를 맡긴 시황제의 유조遺詔가 이곳에서 파기되었다고 한다. 그런데 『조정서』에는 시황제하에서 호해를 정통적인 후계자로 하는 회의가 열려, 시황제도 이에 동의했다고 한다. 『사기』와의 차이가 명확하다.

특히 2013년 호남성 익양시盒陽市 옛 우물에서 최근 발견된 진대秦代 죽간(익양죽간/盒陽竹簡)에 의하면 즉위한 지 얼마 되지 않은 2세 황제가 "천하 사람들은 시황제를 잃었습니다. 갑작스런 죽음으로 슬픔이 깊지만 짐은 시황제의 유조를 지켜드리겠습니다"라고 아버지가 사망한 후의 결의를 서술하고 있음을 알 수 있다. 『사기』에서는 시황제의 유조를 조고 등이 파기하여, 새롭게 개조된 위조僞詔에 의해 2세 황제가 즉위한 것으로 되어 있다. 사실史實은 무엇일까? 가장 중요한 시황제의 사료인 『사기』에 대한 재검토가 필요하다.

인간 시황제

시황제는 폭군이었을까, 아니면 유능한 군주였을까? 이런 논의는 오늘날까지 끊이지 않고 있다. 분서갱유焚書坑儒에 의해서 유가의 서적을 불태우고 유자를 구덩이에 묻었으며 또는 만리장성 등의 대토목공사에 민중을 혹사시킨 것 때문에 폭군이라 한다. 한편으로는 전국의 분열시대를 종언시켜 통일을 실현하고 문자와 도량형을 통일하였으며 또한 군현제를 실시하여 중국역대 왕조의 기본 정치체제를 구축한 점에서 보면 유능한 군주이다. 이러한 종래의 이미지에 더하여 새롭게 발견된 동시대 사료는 지금까지 일반적으로 알려져 왔던 유가탄압의 폭군상과는 다른 황제상을 말해주고 있다. 동시에 통일사업을 강권으로 실현시킨 황제보다도 정복하면서도 동방(육국의 지역)의 지역 문화를 지속적으로 두려워했던 인간 시황제가 떠오른다.

나는 2010년부터 5년간, 『출토자료로 본 시황제의 시대』, 『출토자료로 시황제 시대를 읽다』를 주제로 대학에서 계속 강의해 왔다. 매년 공표되는 새로운 출토자료를 소개하면서 『사기』의 다시 읽기를 진행하고 인간 시황제의 실상에 다가서게 되었다. 그 결과 얻어진 것이 다음의 8개 주제이다. 본 책에서는 강의의 내용을 재현하면서 시황제의 출생, 즉위, 내란, 암살미수, 통일과 순행, 중화의 꿈·죽음·제국의 종언 그리고 진시황의 일생과 그가 죽은 후 진의 역사를 살펴보고자 한다. 중국의 황제 가운데 이 정도로 파란 많은 생애를 살은 자도 없을 것이다. 그렇기 때문에 황제 시황제가 아닌 인간 시황제에 초점을 맞추면서 한 사람의 인물이 살아온 역사를 더듬어가는 것에 의미를 두고자 한다. 이 작업을 함께 체험하면서 이 책을 읽어나가기를 바란다.

제1장

조정의 출생

—출생의 비밀(1세)

『사기』권5 「진본기」
(공익재단법인 동양문고/東洋文庫 소장, 교토/京都 고산사/高山寺 구장)

덴요(天養) 2년(1145)에 일본에서 필사(書寫)되었다. 가에리텐(일본에서 한문을 훈독할 때 한자 왼쪽에 붙여 아래에서 위로 올려 읽는 차례를 매기는 기호, 즉 한문을 읽는 순서를 나타내는 기호—역자 주), 오쿠리가나(한자로 된 말을 명확히 읽기 위하여 한자 밑에 다는 가명/假名—역자 주), 한자의 후리가나(한자를 읽는 방법을 히라가나로 표기하는 것—역자 주)·성조(聲調)가 적혀 있다.

시황제의 출생에 대하여 『사기』 시황제 본기에서는 진왕(장양왕/莊襄王 자초/子楚)의 아들이라고 말하거나 여불위呂不韋라는 상인 열전에서는 여불위의 아들이라고 하였다. 『사기』를 어디까지나 전설 문학으로서 읽는다면 이 차이는 오히려 독자의 흥미를 불러일으킨다. 중국을 최초로 통일한 시황제에게 사실은 진 왕실의 피가 흐르고 있지 않다고 한다든지, 동방 상인과 그 애첩 사이의 자식이었다고 하는 것은 이야기꺼리로서는 흥미로울지도 모른다. 그러나 『사기』를 역사 사료로서 읽는다면 사실은 분명 하나밖에 없다. 어느 쪽이 사실이라고 단정할 수는 없지만 어느 쪽의 기사가 사실에 보다 가까운지는 판단할 수 있다.

또한 시황제의 이름은 『사기』 본기나 세가에서는 조정趙政으로 하였다. 그러나 『사기』의 옛 텍스트나 전국시대 외교 고사를 모은 『전국책戰國策』의 주注에서는 조정趙正이었다고 한다. 이름이 정政이건 정正이던 간에 무엇이든 상관없다고 생각할지도 모른다. 그러나 후에 진의 왕이 되고 황제가 된 인물이다. 중국에서는 황제의 이름을 피휘避諱(죽은 자의 이름을 꺼리거나 이 문자를 사용하는 것을 문서에서 피하고 다른 글자로 대치한다)하는 관습이 있기 때문에 어떤 문자인가가 중요한 것이다. 출생 당시에는 장래 진왕이 되는 것도 하물며 황제가 되는 것 등의 약속이 없었던 한 사람의 인간에게 붙여진 이름이 황제가 되었기 때문에 죽은 이후의 역사 속에서 어떤 식으로 전해져갔던 것일까? 이 다른 두 개의 문자로서 전해지고 있다면 어느 것이 사실인가를 알아내는 것도 흥미진진한 일이 아닐까.

시황제의 출생 사실事實에 더욱 근접하기 위해서는 『사기』 곳곳에 산재되어 있는 기술을 정합적으로 읽어나갈 필요가 있다.

장평 전투

시황제가 태어나기 전해인 소왕昭王 47년(B.C.260)에 발생한 장평 전투는 백기白起 장군이 인솔한 진나라 군대가 45만 명이나 되는 조나라 병사를 죽이고, 그들을 그 땅에 구덩이를 파고 생매장한 매우 잔혹하고 처절한 전쟁이었다. 이 직전 장평에서 동북방향으로 겨우 150킬로미터 정도 떨어진 조나라의 수도인 한단邯鄲에서는 한韓 혹은 위衛나라 대상인 여불위와 진의 왕자 자초子楚가 만나고 있었다. 그런 와중에 장평 전투가 시작되었다(그림 1–1).

이 싸움에서 경험이 풍부한 노장군 백기가 왜 조나라의 청년 장군 조괄趙括의 군영을 습격하여 45만 명이나 되는 사람을 생매장했는지는 알 수가 없다. 전국시대 전쟁에서는 적병의 머리를 베어, 그에 따른 작위를 얻는 것이 병사의 참전 목적이라고 하더라도 45만 명은 상당히 많은 수이다. 그렇지만 『사기』에는 우선 「육국연표六國年表」에 소왕 47년(B.C.260), "백기가 조나라 장

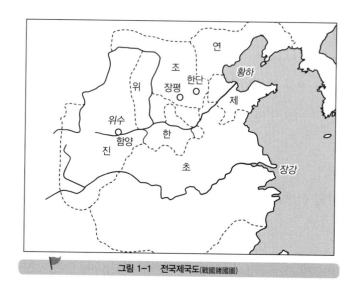

그림 1-1 전국제국도(戰國諸國圖)

평을 공격하여 병사 45만 명을 살해하였다"라고 하고 「진본기」
에는 40여만 명을 살해하였다고 했다. 또한 공격을 받은 조나라
역사는 「조세가趙世家」에 기록되어 있는데 거기에는 "병사 40여
만 명을 모두 구덩이에 매장하였다"라고 적혀 있다. 즉, 적어도
'살해했다'라는 의미가 사람을 구덩이에 '매장하여 죽였다'라는
점을 알 수 있다. 결국 백기는 조나라 군대의 항복에도 불구하
고 가혹한 짓을 한 것이다(『사기』 「백기열전」의 관련 기사에 의하면 조나라 군사
의 전세가 불리하여 진나라 군대를 공격하여 탈출하고자 했으나 실패하였고 장군인 조괄이
죽자 군사 40만 명이 백기에게 투항하였다. 하지만 백기는 이들이 장차 마음을 바꾸어 난을
일으킬 것이니 다 죽여야 한다고 판단하였다. 그렇지만 어떤 속임수로써 이들을 구덩이에

매장하였는지에 대해서는 언급하고 있지 않다—역자 주).

백기 장군은 소왕 48년(B.C.259) 무안武安 공격을 마지막으로 실각했다. 동시대 사료인 수호지진간의 『편년기編年記』에는 "소왕48년 무안을 공격하다"라고 적혀 있다. 그 후, 백기는 장평전투의 공적으로 무안군武安君이라 불리게 되었다. 그렇지만 진 출신의 백기 장군은 위魏 출신 진 승상丞相 범휴范睢와의 권력투쟁에서 실패하여 소왕 50년(B.C.257) 관작을 모두 박탈당하고 사형을 언도받았다. 이때 마지막으로 남긴 말로, 백기는 사형을 언도받은 이유를 굳이 "조나라의 항복 병사 수십만 명을 속여서 구덩이에 매장한 것이 사형에 해당한다"라고 말하고는 자결했다. 그 자신은 45만 명의 전과를 마음속 깊이 자랑스럽게 여겼던 것이 아니었으며 전술로서 젊은 조나라 병사를 생매장한 것에 대해 죄의식이 있었던 것이다. 숫자를 자랑스러워한다면 45만 명이라고 명시할 법한 것을 수십만 명이라는 대략적인 숫자로 말하고 있다. 동시에 진의 병사로서 15세 이상의 젊은 사람들이 동원되어 절반이 넘는 수의 사람들이 죽거나 부상을 입었다는 사실도 슬퍼하고 있다. 그래도 진의 민중들은 무죄를 믿고 백기의 죽음을 애도했다.

장평의 옛 전쟁터 사적이 1995년 발견되었다. 장평은 현재의 산서성 고평시高平市 영록촌永祿村에 있다. 십여 군데의 인골갱이 출토되었고, 하나의 갱에는 20세부터 45세의 남자들 130여 명이 매장돼 있었다. 고고자료가 『사기』의 기술을 뒷받침해준 셈이 된다. 대퇴골에 화살이 깊이 박혀 있는 것도 있고, 둔기로 구타당한 것 같은 함몰된 두개골도 보이며 그중에는 칼자국도 보인다. 두개골이 떨어져 나간 것도 60개나 보인다. 이 정도로 진의 조나라 군대에 대한 깊은 증오심은 도대체 어디에서 나왔을까? 반대로, 조나라 사람들은 진의 무자비한 행동에 대해 깊은

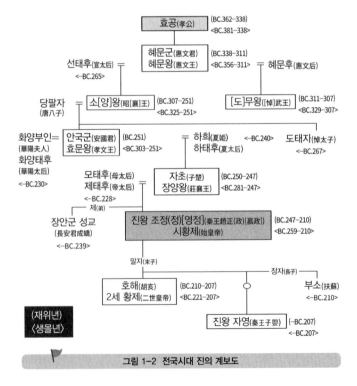

그림 1-2 전국시대 진의 계보도

비통함과 원한을 갖게 되었을 것이다. 이렇게 진과 조나라가 최악의 관계일 때, 조나라 수도에서 시황제가 태어났던 것이다.

인질(질자)의 가치

질자質子는 예물禮物 혹은 인질을 의미한다. 춘추전국시대 여러 제후국 사이에는 후계를 잇는 태자나 그 외의 공자를 질자로서 자주 교환했다. 진 소왕은 일찍이 질자로서 연나라에 갔었고 소왕의 도태자悼太子도 질자로서 머물렀던 위魏나라에서 사망하여 그 유체는 진나라에 돌아와 진 왕족의 묘지에 귀장되었다. 2년 후, 사망한 도태자를 대신하여 소왕의 둘째 아들인 안국군安國君이 태자가 되었다. 이후 효문왕孝文王이 되었고 시황제의 할아버지에 해당한다(그림 1-2).

진도 다른 제후국에서 질자를 받아들였다. 소왕 4년(B.C.303) 초 회왕懷王의 태자가 진의 질자가 되었던 일이 있다. 그러나 진의 대부大夫를 사투 끝에 살해했기 때문에 초로 도망쳤다. 이 질자의 행동이 계기가 되어 진과 초 사이에 전쟁이 발생하게 된다. 소왕 8년(B.C.299)에 초 회왕이 진으로 유폐되자 이번에는 제나라에 질자로 갔던 태자가 초로 돌아와 즉위하였다. 후에 서술하듯이 연왕 희喜의 태자 단丹이 질자였을 때에 진에서 냉대를 받앞던 일이 진왕정의 암살미수사건을 유도하게 된 사례도 있다.

 일국의 태자가 출국하는 경우도 있고 본국으로 돌아와 태자에 즉위하는 경우도 있다. 어떤 경우라도 질자로서의 국외 체험은 전국시대 복잡한 국제관계 속에서 살아갈 지혜를 그들에게 주었을 것이다. 질자가 본국의 곤경을 구하는 경우도 자주 있었다.

 안국군安國君의 아들, 시황제의 아버지인 자초 역시 질자였다. 그리고 자초를 지원했던 사람은 곤경에 처한 자초의 장래를 내다보고 '기화奇貨'로 여기며, 전망을 예측한 동방의 대상인 여불위였다. 상업상의 기회를 보고 비싼 가격이 될 상품을 '기화'라고 한다. 자초는 한단에 머물고 있을 때에 여불위의 애첩에게 반했고, 애첩은 마침내 한 명의 사내아이를 출산하였다. 그가 시황제이다. 장평 전투에서 대량으로 조의 병사가 구덩이에 생매장된 직후의 일이었다.

두 명의 아버지에 대한 진위

 『사기』「진시황본기」를 읽으면 첫머리에서 진시황제는 진 장양왕의 아들이라고 분명히 말하고 있지만 『사기』「여불위전」은 명확하게 시황제 아버지가 동방의 대상인 여불위였다는 사실을 알 수 있다.

열전에 의하면 여불위는 자신과 함께 살고 있던 애첩이 임신한 것을 알고 있었다. 그 후에 자초가 여불위의 권유로 함께 술을 마셨을 때 그의 애첩이 몹시 마음에 들어 구애하였지만 여불위의 분노를 사고 말았다. 그러나 여불위는 이때에 이미 자초를 장래 왕위에 앉히고자 자신의 재산을 몽땅 사용하고 있었기에 미래를 생각하여 결국 애첩을 자초에게 헌상하기로 하였다. 애첩은 임신한 사실을 숨기고 자초에게 가서 12개월이 지나자 정을 출산했다는 것이다.

이 열전의 기술에서는 시황제는 통상 10달 10일 혹은 280일 전후를 훨씬 넘는 12개월의 임신기간을 거쳐 태어난 것이 된다. 태어난 소왕 48년(B.C.259) 정월(1월)부터 10개월을 거스르면 소왕 47년(B.C.260) 3월 무렵에는 분명 임신했다는 것이다. 실제로는 이 무렵에 자초가 애첩을 만났고 애첩이 임신하였을 것이다.

그러나 누군가가 시황제는 진의 왕족 핏줄이 아니며 동방 상인 여불위의 자식이라고 꾸며서, 자초를 만나기 전에 임신 중이었던 것으로 했다. 그 결과, 탄생에서 12개월 전으로 거슬러 여불위의 자식을 임신한 것이 되었다. 전한의 소제昭帝도 14개월 만에 태어나서 기괴하게 여겨졌었고 전설상의 성인인 요堯도 14개월 만에 탄생했다고 한다. 그러나 이 경우 이들과는 사정이 다르다. 시황제가 일반인과는 다른 성인聖人의 출생인 점을 전한 것은 아니었다. 오히려 그 태생을 업신여기려고 한 것이다. 후한 시대에 『한서漢書』를 편찬한 반고班固도 시황제의 사건을 여불위의 성姓을 취하여 여정呂政이라고까지 하였다. 그것은 「여불위열전」의 기술을 신뢰했기 때문이다. 도대체 시황제의 출생 비밀로서 여불위의 아들이라고 떠들어댔던 것은 누구였을까?

그 해답에 대한 힌트는 『사기』 「춘신군열전春申君列傳」에 있었다. 시간을 조금만 더 앞당겨보자. 초楚의 춘신군 황헐黃歇은 전국시대 사군자四君子 가운데 한 사람이었다. 나머지 세 사람은 제齊의 맹상군孟嘗君 전문田文과 조趙의 평원군平原君 조승趙勝과 위魏의 신릉군信陵君 무기無忌였다. 이들은 자신들의 광대한 영지를 가지고 있고 수천 명의 식객食客을 전국에서 모아 각각의 국왕을 능가하는 권력을 장악하고 있었다. 맹상군은 조금 이전 시기의 사람이기 때문에 동시대에서는 문신후 여불위가 이들과 어깨를 나란히 할 만한 사군자였다고 할 수 있다.

이 중에서도 춘신군 황헐과 여불위는 매우 유사한 경력을 가지고 있다. 춘신군은 초의 고열왕考烈王(재위 B.C.263~B.C.238)이 태자 때부터 일심동체가 되어 25년간이나 한 사람의 왕을 섬겨 영윤令尹(승상에 해당)으로서 초의 정치를 움직였다(그림 1-3). 여불위도 장양왕과 진왕(시황제) 2대에 걸쳐서 12년간 상방相邦(승상에 해당)으로 벼슬을 했다. 또한 고열왕은 좀처럼 왕위를 계승할 자식을 갖지 못했기 때문에 조趙의 이원李園은 누이동생을 춘신군에게 시집보내 임신을 하자 곧바로 고열왕의 왕후로 삼았고, 이 비妃가 태자

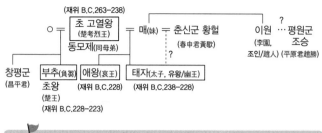

그림 1-3 초왕과 춘신군

유왕幽王을 낳았다고 한다. 배후에 평원군 조승의 움직임이 있었는지도 모른다. 이원은 그 사건이 발각될까 봐 두려워 초 고열왕 25년(B.C.238) 춘신군을 살해했다고 한다. 바로 같은 해에 진에서는 나중에 언급할 노애嫪毒의 난이 일어나 여불위의 실각과 자살의 계기가 되었다.

그러나 실제로는 춘신군의 적은 이원이 아닌 이원의 조카인 유왕의 동모제同母弟(어머니가 같은 동생) 애왕哀王을 즉위 두 달 만에 습격하여 살해한 일당이었다고 생각한다. 그들은 초의 마지막 왕 부추負芻, 즉 유왕의 이모제異母弟를 옹립한 사람들이었다. 이들이야말로 유왕을 업신여기고 춘신군의 실각을 모략하여, 춘신군이 유왕의 아버지라는 소문을 퍼뜨렸을 것이다. 같은 무렵 여불위가 시황제의 아버지라는 루머를 흘린 것도 여불위와 노애의 양대 세력을 철저하게 배척하려고 했던 사람들이었다고 생각한다. 그 후 여불위 등을 대신하여 젊은 진왕을 지지한 사람은 초의 공자公子로서 진의 상방이 된 창평군昌平君과 초의 지방관리 출신인 이사李斯였다.

조정(趙政)과 조정(趙正), 두 개의 성명(姓名)

또 한 차례의 시간을 돌려서 시황제 탄생의 배경을 살펴보자. 시황제는 "소왕 48년(B.C.259) 정월에 한단에서 태어났기 때문에 이름을 정政이라고 하고, 성은 조씨이다"라고 『사기』「진시황본기」의 첫머리에서 기술하고 있다. 그러나 정월正月 출생과 정政이라는 이름은 쉽게 연결되지 않는다. 결론부터 말하자면 아마도 사마천司馬遷이 "정월正月에 태어났기 때문에 이름을 정正이라 했다"라는 문장의 정正 한 글자를 정政으로 바꿔버린 것 때문에, 훗날의 『사기』 주석자는 혼란스러웠을 것이다. 장래 황제가 되리라고는 상상조차 어려웠던 아이가 정월에 한단에서 태어났다. 단순히 정월의 정을 이름으로 한 것은 분명한 사실이다. 그러나 그를 전국의 통일자로서 묘사하려고 했던 사마천은 그렇게 할 수는 없었다.

우리들이 실제로 볼 수 있는 『사기』 텍스트는 종이에 인쇄된 10세기 북송北宋 이후, 이른바 간본刊本(인쇄본)의 시대의 것이고 출판자명이나 출판기관명을 취하여 '무슨무슨 본本'이라고 부른다. 남송南宋시대에는 황선부黃善夫(개인)본(제3장 속표제지 참조), 원대에

24

는 팽인옹彭寅翁(개인)본, 명대에는 급고각본汲古閣本·릉치융凌稚隆『사기평림史記評林』본(제4장 속표제지 참조), 청대에는 무영전본武英殿本(제2장 속표제지 참조)·금릉서국본金陵書局本, 현대 중국에서는 중화서국본中華書局本 등이 있다. 지금은 중화서국 수정본(2014년, 제8장 속표제지 참조)을 가장 새로운 텍스트로서 사용하는 것이 편리하다. 이 중 어떤 텍스트를 봐도 조정趙政이라는 성명밖에 보이지 않으며, 조정趙正은 없다. 진이 정복한 나라들의 역사는 『사기』 세가世家에 쓰여 있다. 거기에도 진왕 '정政' 혹은 진왕 '조정趙政'이 즉위한 것으로 기록되어 있다.

인쇄본 『사기』 시대 이전에는 종이에 붓으로 적었던 초본抄本(사본/寫本) 『사기』 시대가 있었다. 남북조南北朝 시대부터 당唐 시대, 즉 5세기부터 10세기 초엽까지였다. 이 시대에는 세 개의 주석서注釋書도 정리되었다. 5세기 남조 유송劉宋 배인裵駰의 『사기집해史記集解』와, 8세기 당 사마정司馬貞의 『사기색은史記索隱』, 그리고 동시기 당 장수절張守節의 『사기정의史記正義』의 세 개이다. 사본시대의 텍스트는 중국보다도 일본에 많이 남아 있다. 중국에서는 인쇄의 시대에 들어서도, 일본에서는 여전히 사본문화가 계속되고 있었기 때문이다. 도쿄東京국립박물관 소장 당대 『사기』 「하거서河渠書」의 잔권殘卷은 『사기집해』이다. 당으로부터 사본 『사기』를 수입한 일본에서는 헤이안平安 시대에 가장 많이 필사되었고, 11-12세기의 사본도 남아 있다. 공익재단법인 도

요분코東洋文庫 소장 사본 「진본기秦本紀」도 『사기집해』이다(본장 속표지 참조).

이러한 사본의 『사기』 시대에는 조정趙政을 조정趙正이라 쓴 텍스트가 있었던 사실을 간접적으로 알 수 있다. 『사기집해』는 4세기 서광徐廣의 『사기음의史記音義』를 인용하였고, 그가 본 『사기』 텍스트에는 조정趙正이라 기록한 것이 있었다고 한다. 또한 3세기 송충宋忠의 말도 인용하여, 원단元旦(1월1일)에 태어났기 때문에 정正이라는 이름으로 했다고 한다. 조정趙正으로 기록된 『사기』 텍스트가 병존했다는 점은 간과해서는 안 된다. 당의 사마정은 시황제가 조나라에서 태어났기 때문에 조정趙政으로 했다고 하는 설과, 진과 조의 공통 조상이 조성趙城을 얻어 번영했기 때문에 조정趙政으로 했다고 하는 설을 들며, 한편으로는 진은 2세 황제 때에 시황제의 휘諱(죽은 자의 이름)인 정正을 피해서 정월을 단월端月로 고친 것이라 언급하고 있다. '단端'은 이 경우, '끝'이란 뜻이 아니라 '바르다'의 뜻으로, 이처럼 동일한 의미의 문자로 대체하는 것을 피휘避諱라고 한다. 시황제의 이름이 '정正'이었다는 사실을 인정한 셈이 된다.

동일한 시기 당의 장수절은 정월 원단에 태어났기 때문에 정政을 이름으로 했다고 『사기』 기술에 고민하며 설명한다. 그 결과 시황제의 휘諱인 정政음을 피하여 정월正月이라 발음하게 되었다고 한다. 그러나 이것은 잘못된 해석이다. 장수절은 당대

한자음을 주周·진한秦漢 시황제 시대의 상고음에도 갖다 붙이고 말았다. 당대 중고음 한자에는 평성平聲(높이가 일정하고 평탄함)·상성上聲(낮게 길게 발음하고 끝을 올리는 성조)·거성去聲(처음이 강하고 끝이 내려가는 발음)·입성入聲(자음으로 끝남)의 성조가 있었다. 정正과 정政은 완전히 같은 음이지만, 음의 억양에는 평성과 거성의 두 개가 있다. 평성은 일본에 전해진 육조시대의 오음吳音의 '쇼—ショウ', 거성은 한음의 '세이セイ'에 해당한다. 단정端正의 정正(세이/セイ)은 거성으로 끝이 내려가게 읽고, 정월正月의 정正(쇼—/ショウ)은 높게 평탄한 평성으로 읽는다. 현대 중국어의 발음으로도 단정端正(duānzhèng)의 정正은 제4성이고, 정월正月(zhēngyuè)의 정正은 제1성으로 이어지고 있다. 그러나 시황제 시대에 이름에 있는 정의 거성을 피하기 위해서 정월의 정을 평성으로 읽은 것은 아니다. 오음吳音이란 남조의 수도가 있었던 강남의 발음이고, 한음漢音은 당의 수도 장안 부근의 서북 발음이다. 두 발음 모두 진대까지 소급한 것은 아니다.

사마천의 생각

그리고 「프롤로그」에서 언급했던 것처럼, 새롭게 『조정서』의 죽간문서가 발견되어 사마천의 『사기』보다도 이전에 조정趙正이라고 불렀다는 사실을 처음으로 알게 되었다. 『조정서』는 『사기』와 동일한 무제기에서도 이른 시기에 쓰여졌다고 한다(현존하지 않지만 『사기』도 정리가 된 당시에는 죽간문서였다). 사마천도 이 책의 존재를 알고 있었을 가능성은 있다. 무엇보다도 시황제는 정월에 태어났기 때문에 조정趙正이었다고 하는 것은 단순 명쾌하다. 이와 같이 생각한다면, 사마천이 조정을 조정趙政으로 고쳤을 가능성은 높다. 원단에 태어났는지까지는 충분한 확증은 없지만, 『조정서』의 내용은 진왕 조정趙正의 만년의 고사이고 진왕을 황제로 인정하지 않았다. 사마천은 군이 조정趙正을 조정趙政으로 바꾸어 읽음으로써 시황제의 권위를 높이려고 했을 것이다. 정政은 정사를 의미한다(중국 고대에서는 '정치/治'보다도 '정사/事'쪽을 일반적으로 사용한다).

한대 사마천의 감각으로는 그러했을지도 모른다. 진대에는 정사를 의미하는 「정政」자가 아직 사용되지 않고 「정正」자로 대용하였던 것이다. 북경대학소장 죽간에는 한간 외에 진간도 있는데 그중에 「종정지경從正之經」·「청결정직淸潔正直」이라고 적은 문서가 있었다. 강릉江陵 왕가대진간王家臺秦簡에도 「정사지상正事之常」이라고 기록한 죽간이 있다. 종정從正은 종정從政(정치를 한다는 의미)이고, 정사正事는 정사政事이다. 정正은 정직과 정사正事에서는 의미를 달리하고 후자처럼 진 시대의 정正은 정政의 가차假借(의미와는 관계없이 음을 빌리는 것)로서도 쓰인 것이다. 사마천은 지금은 남아 있지 않은 진의 역사서 『진기秦記』를 읽고 「육국연표六國年表」를 정리하였다. 『진기』는 진의 간단한 연대기로서 「진본기」와 「진시황본기」의 기사도 『진기』에 의거하고 있는 부분이 있다. 진 문자의 사용 방식에 의하면, 『진기』에는 분명 조정趙政이 아닌 조정趙正이었을 것이다. 『사기』「진본기」의 가장 마지막 부분에 『진기』가 인용되어 있다. "장양왕이 죽고 그의 아들 정政이 즉위하였다. 그가 진시황제이다. 진왕 정은 즉위 26년 만에 처음으로 천하를 통일하여 36군郡을 설치하였고, 칭호를 시황제라고 하였다. 시황제는 51세에 서거하였다"라는 부분이다. 진본기가 의거한 이 『진기』의 원문에서도 분명 진왕 정은 진왕 정正이었을 것이다(참고로 가장 마지막 부분의 "51세에 서거하다/五十一年而崩"라는 기록은, 일본에 남아 있는 사본에는 "즉위하여 11년에 서거했다/立十一年而崩라고 되어 있다(본장 속 표제지 참조). 51세에 서거했다고 하는 것보다도(실제로는 50년 7개월), 황제에 즉위하여 11년(실제로는 11년 수 개월)에 붕어했다는 사실을 기록한 편이 본래 문장에 어울린다. 사본시대에는 잘못 쓰는 것은 피할 수 없다. 입/立자는 자형이 유사한 '五'로 잘못 썼기 때문에, 중국의 중화서국 수정본이 새롭게 일본의 사본에 의해서 수정되어 있다는 점은 흥미롭다).

시황제 조정趙正의 정은 황제의 이름이라 하더라도, 시황제가 생존하던 시대에는 반드시 피휘해야만 했던 것은 아니다. 시황제 사망 이후, 아들 2세 황제의 치세에서는, 주가대진간周家臺秦簡 2세 황제 원년의 역보曆譜(달력)의 목독에 보이는 것처럼 정월은 단월이라고 일부러 수정되어 있다. 『사기』「진초지제월표秦楚之際月表」의 2세 2년 단월, 3년 단월과 동일하다. 한편 시황제와 동시대 출토문서에는 정월이라고 그대로 쓰는 것이 일반적이고, 시황제 생전의 문서인 수호지진간에서도 리정里正(촌의 관리)을 리전里典이라고 일부 고친 부분이 있기는 하지만 생존하고 있는 시황제의 이름을 철저하게 피하는 일은 하지 않았다고 이해해야 할 것이다. 시황제 사후에는 휘를 피했다.

생일 점

수호지진간 가운데 『일서日書』라는 점을 보는 문서가 있고 그 가운데에 「생자生子」라는 태어난 날의 간지干支에 의한 점이 있었다(그림 1-4). 당시의 날짜는 갑자甲子부터 계해癸亥까지의 60일을 반복적으로 표기하는 것이 일반적이며 60개의 간지로부터 자식의 장래 길흉吉凶을 점쳤다. 출세 · 장수 · 부유 · 총애 · 무용勇武 등은 좋은 것吉이고, 그 반대로는 빈곤 · 질병 · 고아 · 노비 등의 좋지 않은 것凶이 있었다. 오늘날의 관점에서 본다면 미신에 불과하지만, 여기에 적힌 내용을 통해서 진 시대의 사회상을 읽어낼 수 있다. "을해乙亥일 출생은 술을 잘 마신다" 혹은 "정유丁酉일 출생은 술을 좋아한다"고 하는 것은, 장래 술을 즐겨 마시게 될 것을 말한다. "기묘己卯일 출생은 나라에서 나간다"는 것은, 전국시대에는 국경을 넘는 이동이 많았다는 것을 보여준다.

서민의 장래 바람은 남자는 상경上卿(대신), 여자는 방군邦君(왕후/王侯)의 처가 되는 것이지만 한편으로는 남자는 인신人臣(노비/奴), 여자는 인첩仁妾(노비/婢)으로 떨어지게 되는 일이 있었다. 사람들이 가문에 관계없이 노비에서부터 대신이나 왕후가 되는 일까지 가능했던 시대가 시황제가 태어난 시대였다.

『일서』에 있는 「생자」의 육십 간지 가운데, 하나의 사례만이 유독 눈에 띄어 위화감을 주는 것이 있다. "병인丙寅

甲子生少孤　乙丑生不武乃工考(巧)

丙寅生武聖

그림 1-4
수호지진간(睡虎地秦簡)
『일서(日書)』 생자(生子)

일 출생은 무예로서 존경을 받는다聖"라고 되어 있어 확실히 성격이 다르다. 성聖이란 이상적인 인격자를 말한다. 요순堯舜 등 상고시대의 제왕은 이상적인 성왕이었고 공자孔子도 성자와 인자仁者를 지향했다. 이후 황제 시황제를 현창한 각석에도 성지聖智 혹은 성덕聖德 등의 표현을 많이 볼 수 있어, 시황제도 성자를 인격적인 이상으로 생각하고 있었다. 『일서』에서는 누구든지 신분에 관계없이 병인일에 태어나기만 한다면 무용과 성지를 겸비하리라고 상정되었고, 병인일 출생이 시황제를 위해서 준비되어 있었던 것은 아니다. 시황제의 생일이 정월 병인일이었다고 한다면 정월 3일에 출생한 것이 된다.

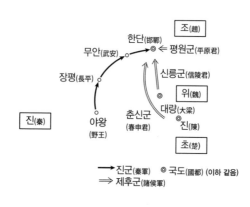

그림 1-5 진군과 제후군의 움직임

  수호지진간 『편년기』에는 "(소왕/昭王) 45년(B.C.262) 12월 갑오일 계명鷄鳴 시時에, 희僖가 태어났다"라고 기록되어 있다. 일개 지방 관리의 생일이 간지에 더하여 계명(오전 2시)이라는 시각까지 기록되어 있었다. 갑오甲午일에 출생한 희의 장래를 『일서』에서 보면 "무용으로 완력이 있으며 형제가 적다"고 되어 있다. 그런데 시황제가 태어난 시간을 알 수는 없다. 사서에 왕족의 출생까지 기록하지는 않는다.

여불위의 획책

이제 역사의 흐름으로 이야기를 돌려보고자 한다. 노회한 백기장군이 무안 전투를 마지막으로 귀국했기 때문에 젊은 장군들에게 맡겨졌던 진의 한단邯鄲 함락작전은 실패로 끝났다. 그것은 또한 무엇보다도 조趙나라 평원군平原君 조승趙勝의 요청을 받은 위魏나라 신릉군信陵君 무기無忌와 초楚나라 춘신군春申君 황헐黃歇의 국제적인 구원군이 급히 달려와 조를 구원한 것이 커다란 역할을 하였다(그림 1-5). 조 평원군 · 위 신릉군 · 초 춘신군에게 공통된 점은 나라를 초월하여 식객食客을 수천 명의 규모로 모으고, 자국의 왕을 승상 등의 지위에서 보좌하면서 국제적인 활동을 하고 있었던 점이다. 그들이 한단에 모였을 때에 한단 성내에서는 상인 여불위가 활동하고 있었다. 여불위는 세 명 군주의 움직임을 당연히 알고 있었을 것이기 때문에 상인에서 야망을 가진 정치가로 전환하는 계기를 세 사람으로부터 받았다고 상상할 수 있다.

한단을 둘러싼 전황은 점점 격화되어 왕흘王齕 장군이 이끄는 진나라 군대가 포위한 가운데 조 평원군은 죽음을 무릅쓴 병사 3천 명으로 요격하는 한편, 원군을 기다렸다. 위 신릉군은 누이가 평원군의 부인이기 때문에 원군을 위왕에게 부탁했지만 진의 위협이 있어서 움직이지 않았다. 그래서 식객들의 지혜와 역할로 장군이 갖고 있던 호부虎符(군사를 상징하는 청동 호랑이를 둘로 쪼갠 할부/割符)의 한 쪽을 위왕한테서 훔치는 데 성공하여 위의 8만 정예병을 한단에 보냈다. 초는 조와의 합종 동맹을 기반으로 해서 춘신군이 구원군을 보냈다. 이 세 명 군주의 연합이 없었다면 진군은 한단을 함락시키고 말았을 것이며 그랬다면 자초와 조정趙正은 격전지의 한가운데서 살해되었을지도 모른다. 진군의 한단 진입이 불가능하게 된 것이 오히려 자초와 조정의 미래의 운명을 결정짓게 된 것이다.

『사기』「여불위열전」과 『전국책戰國策』「진책秦策」의 기사에는 여불위가 이 사이에 진에게 어떠한 공작을 하고 있었는가를 알 수 있다. 『사기』「여불위열전」에 의하면 진의 포위전에 앞서서 이미 여불위는 진의 왕자인 자초를 자식이 없었던 태자 안국군安國君의 정부인 화양부인華陽夫人의 양자養子로 삼는 것을 설득하고 있었다. 여불위는 진에 들어가서 화양부인의 언니를 통해서 부인의 동의를 받아냈다. 공작을 시작한 것은 조정趙正이 아직 태어나기 전이었기 때문에 조정보다도 자초를 후에 태자로 삼을 목적이었다. 전쟁이 본격화된 후, 경비하는 관리에게 뇌물을 주고 자초를 한단에서 탈출시켜 포위하고 있던 진의 군대로 무사히 귀환시킬 수 있었다. 소왕이 죽은 후, 아들 안국군이 왕(효문왕/孝文王)이 되어 진으로 돌아온 자초가 약속대로 태자가 되었다고 한다.

한편 『전국책』에는 『사기』와는 다른 고사가 보인다. 여불위는 자초를 어떻게 상대할 것인지에 대하여 본인의 아버지와 상담했다. 농업에서의 이익은 10배가 되며 주옥을 취급한다면 이익은 100배가 되지만 군주를 세운다면 셀 수 없는 이익이 있음을 아버지로부터 배웠다고 한다. 여불위는 화양부인의 남동생 양천군陽泉君에게 자초를 후계로 삼는다면 일족은 장래가 안정되고 태평스러울 것이라 설득하였다. 이어서 화양부인의 비위를 맞추기 위하여 부인의 고향 초나라의 의복을 자초에게 입혀서 대면시켰다. 부인은 기뻐서 즉시 양자로 삼았다고 한다.

우리들은 『사기』「여불위열전」의 기사에만 눈을 두고 있지만 『전국책』의 이 기사에 더욱 주목할 필요가 있다. 전한 말 유향劉向이 정리한 『전국책』의 원본은 전국시대 종횡가들이 제후에게 주었던 서간書簡들 『종횡가서縱橫家書』에 있었다. 이것은 『사기』도 근거로 하고 있었던 내용이다. 1972년 호남성 장사 마왕퇴馬王堆 전한묘에서 백서帛書(비단에 쓰여진 문서)가 대량으로 출토되었는데, 그 가운데 『종횡가서』라고 이름 붙인 것이 보였다.

『사기』「여불위열전」과 『전국책』 기사에서 여불위의 공작 내용이 다른 것은 상인 여불위에 의한 진의 질자質子 귀국작전에 관한 다양한 고사가 전해지고 있었기 때문일 것이다. 출국한 질자를 본국으로 귀국시켜 왕위를 계승하려는 것은 질자를 받아들였던 나라에서는 이익이다. 반면, 귀국하지 못하게 되면 질자는 공질空質, 즉 가치없는 질자가 된다. 국제관계의 현실이 질자의 가치를 결정한다.

어쨌든 질자 자초는 일단 본국에서 버려지게 되었지만 소왕 50년(B.C.257) 진군이 한단을 포위하는 가운데 탈출하여 귀국하는 데에 성공했다. 조정趙正과 어머니인 조희趙姬는 한단에 남게 되었지만 어머니 집에 숨어서 살아남을 수 있었다. 진군은 한단에 들어갈 수 없어 소왕 51년(B.C.256) 남쪽의 신중新中을 공격했지만 다시 한·초·위나라의 국제적인 원군에게 지고 말았다. 이윽고 진 소왕이 죽고 안국군이 즉위하자 자초는 태자가 되었다. 효문왕의 20여 명 자식 가운데 한 사람, 어머니 하태후夏太后(진왕의 어머니로서 태후로 불리었다)의 중남中男(장남과 막내 사이의 남자)인 서자庶子, 왕위로부터 일정 정도 떨어져 있던 사람이 진의 태자가 된 것이다. 아버지의 정부인인 화양부인은 화양후가 되었다.

여불위의 궁리

동방 육국의 종적인 합종合從(연/燕·제/齊·한/韓·위/魏·조/趙·초/楚)과, 거기에 파고들어간 진의 횡적인 연횡連衡을 중심으로 전국 7국의 외교는 움직이고 있었다. 진 소왕의 치세에 동방 육국의 합종(세로로 연합하여 진에 대항함)은 일시에 성립하였지만 곧 붕괴되고 말았다. 여불위는 본래 이러한 전시체제하에서 각국의 국경을

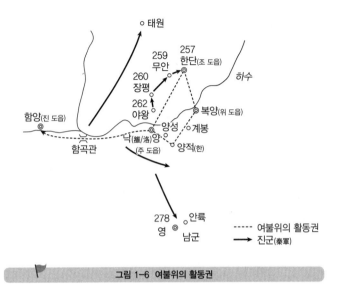

그림 1-6 여불위의 활동권

넘나들며 장사를 해서 천금의 자산을 이룬 대상인이었다(그림 1-6). 천금이란 황금 1근(약 250그램)의 금병金甁(원형의 금) 1천 매에 해당한다.

중국고대의 수학은 상당한 수준으로 발달하였다. 현존하는 『구장산술九章算術』의 텍스트는 후한대에 편찬된 것이지만 분수나 비례 그리고 다원일차방식 등 복잡한 계산이 보이고 전체적으로 246개나 되는 예제와 해답으로 구성되었다. 전한 초기의 장가산한간에도 『산수서算數書』가 있고 특히 현재 우리들은 진 시대의 『수서數書』(악록진간/嶽麓秦簡)와 『산서算書』(북대진간/北大秦簡)를 볼 수 있다. 청화清華대학 소장 초간에는 전국시대 초나라에 전해지는 산수서도 포함되어 있었다. 지방관리의 진묘에서는 산목算木도 출토되었다. 왕가대진묘王家臺秦墓에서는 62.5센티미터의 대나무와 뼈로 만들어진 것이 60개이고, 주가대진묘에서는 12.2센티미터의 것이 25개가 발견되었다.

수학은 관리에게 필요한 지식이고 산목을 나열하고 수를 표시하여 계산했다. 세금을 거두는 관리의 수학 지식은 세금을 내는 상인들의 지혜의 근거가 되기도 했다.

『사기』에 의하면 여불위는 500금金을 한단에 있는 자초에게 공작자금으로 주고 이 돈으로 진귀한 물건을 구입하여 진으로 가지고 들어왔다고 한다. 이 물건들을 안국군의 화양부인에게 헌상한 것으로 자초를 양자로 삼게 하여 대를 이을 수가 있었다.

제의 맹상군孟嘗君은 값이 천금이 되는 호백구狐白裘(여우의 하얀 겨드랑이 털로 만든 가죽 옷)를 소왕에게 헌상하였는데, 이런 비슷한 물건이었는지도 모른다. 두말할 나위 없이 「여불이열전」의 기술이지만 황금을 가지고 국경의 관소를 통과할 때의 큰 손실을 생각하면 이치에 맞는 행동이었다는 것을 알 수 있다. 만약 황금 500금을 그대로 가지고 진에 들어갔다고 한다면 분명 대부분을 관소에서 잃어버리게 되었을 것이다.

『구장산술』에는 황금을 지참했을 때에 관소에서 통과세를 지

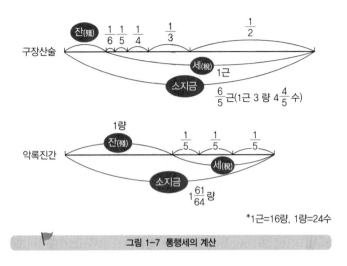

그림 1-7 통행세의 계산

불하는 계산 문제의 출제가 있다. 다섯 군데의 관소를 통과했을 때, 최초의 관소에서는 소지액의 1/2을 징세하게 되고, 다음 관소에서는 잔고의 1/3, 다음은 1/4, 1/5, 1/6이 징세된다. 세액의 합계가 금 1근斤이 될 때, 처음에 소지하고 있던 금의 무게는 얼마인가라는 질문이 있다(『구장산술』 권6 「균수/均輸」).

가진 금을 1이라고 할 때, 첫 번째 관문에서 1/2의 세금을 지불하면 잔고는 1/2이고, 두 번째 관문에서는 1/2에 1/3을 곱한 세금을 지불하면 잔고는 원금의 1/2에서 1/6을 빼서 1/3이 된다. 마찬가지로 제3 관문에서 잔고는 세율의 1/4과 같으며, 마지막 다섯 번째 관문에서는 잔고는 세율의 1/6이 된다. 결국 소지한 금의 5/6를 세금으로 납부하게 된다. 5/6가 1근이기 때문에 1근의 6/5이 원래의 소지액이 된다(그림 1-7).

여기서부터는 1근은 16량兩, 1량은 24수銖라는 복잡한 진의 중량 단위로 환산해간다. 1근과 1/5근은 1근과 16/5량, 즉 1근 3량과 1/5량, 1/5량은 24/5수, 즉 4수와 4/5수이기 때문에, 정답은 1근3량4수와 4/5수가 된다. 1근 남짓밖에 소지하고 있지 않았는데도 1근의 징세액은 큰 것이다.

악록진간『수서數書』에서도 세 군데의 관소를 통과하고, 1/5씩의 세금을 납부하고 1량의 잔금이 남은 경우, 본래 소지한 금액은 얼마인가라는 문제가 있다. 정답은 1량과 61/64량이 된다. 해법은 1/5씩 납부하고 있기 때문에 잔금은 4/5씩이 되므로 4/5×4/5×4/5=64/125가 되고 분모와 분자를 뒤집으면 125/64 즉 1량과 61/64량이 된다. 여기서는 소지액이 반감되었다. 돈 버는 재주가 있는 여불위는 분명 예사롭게 생각하지 않았을 것이다. 황금 500금을 그대로 함양까지 가지고 가는 것은 피했다.

시황제의 어머니

여불위의 원래 애첩이었던 시황제의 어머니는 이후에는 진왕의 어머니라는 의미로서 모태후母太后로 불리고 사후에는 시황제의 어머니로서 제태후帝太后로 불렸다. 그러나 시황제의 어머니나 되는 인물인데도 성도 이름도 남아 있지 않은 것은 불가사의하다. 조나라 부호의 딸이라든가 한단의 여러 첩이라 불렸을 뿐이었다. 용모와 자태가 아름답고 무용에 뛰어났다고 한다. 그때까지 진의 왕후는 다른 나라의 왕실에서 부인을 맞이하는 경우가 많았다. 태자나 왕의 부인을 다른 나라에서 맞이하는 국제결혼은 외교상 필요했다. 진 혜문왕惠文王 부인 선태후宣太后는 미팔자芈八子라고 한다. 미芈는 초나라 출신 귀족의 성이고 팔자는 부인 밑에 붙는 진나라 여관女官의 명칭이다. 앞에서 서술한 효문왕 부인인 화양부인도 초나라에서 맞이하였다.

사마천은 조나라의 여자나 정鄭나라의 여인(조나라나 정나라의 여성을 총칭하여 말한다)의 특징을 이렇게 전하고 있다. 화장을 짙게 하고 거문고를 연주하는 소양이 있으며 긴 소매를 늘어뜨리고 가늘고 뾰족한 신을 신고 추파를 던지며 돈이 있는 사람을 보면 늙은이 젊은이를 가리지 않고 어디든지 나갔다. 후에 시황제의 후궁도 정과 위衛나라의 여성으로 가득했다고 한다. 특히 아름답고 정숙한 조나라의 여인은 그 칭찬이 대단했다. 조나라에서 바로 북쪽의 중산국中山國에도 은殷 주왕紂王 이래 음탕한 음악의 전통이 있어 중산 여성은 소리가 나오는 큰 거문고瑟를 자주 연주하며 신을 신고 부귀한 자에게 교태를 부려 각국의 후궁으로 들어갔다고 한다. 이러한 중원의 여성은 특히 인기가 좋았고 정나라와 위나라의 음악을 듣게 되면 약간 기분이 음탕해진다고도 말한다. 음탕한 음악이란 전통적인 궁정의 아악이 아닌 남녀의 연애를 노래한 것이다. 조나라 출신인 시황제의 어머니는 초나라 왕족 출신의 선태후나 화양부인과는 달랐다. 그녀를 애첩으로 삼은 여불위도 대국보다도 오히려 이러한 정나라에 가까운 한韓나라의 양적陽翟(여불위열전)이나 위나라의 복양濮陽(『전국책』) 등의 도시를 거점으로 해서 조나라 한단에 출입하고 있던 상인이었다(그림 1-6 참조). 진의 함양궁咸陽宮유적에서도 여성을 묘사한 벽화 조각斷片이 출토되었다. 여성배우인 듯하며 뒤로 머리를 틀어 올리고 정좌한 채 커다란 소매를 거두면서 뒤돌아보는 자태를 보건대, 정·위·조나라 출신의 여성인지도 모른다.

어머니의 출신 문제를 비롯하여 시황제를 이해하기 위해서는 동방의 소국인 정과 위나라 그리고 시황제가 태어난 조나라에 주목할 필요가 있다. 전국시대에도 아직 칠웅七雄(진·한·위·조·연·제·초) 이외에 정鄭(B.C.375 한이 멸함), 위衛(B.C.221 진이 멸함), 송宋(B.C.286 제가 멸함), 노魯(B.C.249 초가 멸함), 중산中山(B.C.296 조·제·연이 멸함), 촉蜀(B.C.301 진의 사마착이 멸함) 등의 나라들이 살아남았다.

여하튼 조정趙正은 이렇게 탄생하여 진왕이라는 지위가 다가왔다. 본서에서는 『사기』의 조정趙政이 아니라, 굳이 조정趙正으로 쓰겠다.

제2장

진왕 즉위

—제왕 탄생의 배경(13세)

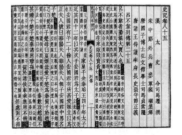

『사기』 권85 「여불위열전」(청대 18세기·무영전본/武英殿本)

북경 자금성(紫禁城) 내부 서남쪽에 무영전이 있다.
건륭제(乾隆帝) 시대에 서적이 간행되었다.

장기간에 걸쳐 군림한 소왕 사후, 겨우 3일 동안만 왕이었던 효문왕과 3여 년간의 장양왕이라는 단명의 왕이 이어졌다. 그리고 조정이 13세의 어린 나이로 진왕에 즉위했다. 두 사람 왕의 재위기간이 짧은 것은 누구라도 이해할 수 없음을 인정하면서도 가장 가까이에 있던 여불위를 의심할 만한 증거는 아무것도 남아 있지 않다. 그러나 출토사료 『편년기編年記』에는 『사기』에는 없는 새로운 사실이 기록되어 있었다.

진의 역법은 10월 겨울이 일 년의 시작이다. 『사기』에는 기원전 251년 10월 연초 삼 일 동안 효문왕이 즉위하였다고 하지만 출토사료에는 연말 윤閏9월이라고 기록되어 있다. 즉위한 다음 10월부터 연호를 원년으로 계산하지만 만약 윤9월이라면 효문왕 원년이 시작되는 10월부터 일 년간은 효문왕은 이미 세상에 존재하지 않는 것이 된다. 그런데도 원년이라고 내외에 주장한 것은 어떠한 의미가 있었던 것일까?

한편 조정이 5월에 진왕으로 즉위한 후 10월부터 시작되는 시황 원년(B.C.246) 무렵은 두 개의 대규모 토목공사가 시작되었다. 자신의 왕릉을 만들고 동시에 외국의 기술을 도입한 대규모 관개공사이다. 14세의 젊은 왕의 존재를 내외에 확실하게 인식시키기 위한 것이었다. 그러나 거기에 커다란 사건이 일어났다. 외국인 기술자 정국鄭國이 간첩이라는 사건이 발각된 것이다. 지나치게 적극적으로 외국인을 채용하고 외국 기술을 도입한 것으로 인해, 안으로는 진인으로부터 저항하는 세력이 등장하게 되었기 때문이라고, 『사기』「하거서河渠書」와 「이사열전李斯列傳」에는 기록되어 있다. 그런데 「진시황본기」에서는 간첩사건에 대해서 전혀 언급하고 있지 않다. 식객을 데리고 있던 양대 세력인 노애嫪毐와 여불위가 진왕에게 대항하는 사건이 일어나자 그들이 데리고 있던 외국인을 배척하는 움직임이 나오는 가운데 이사가 이에 반대하는 상서에 연계되어 있다고 서술되어 있을 뿐이다. 어느 쪽이 진상일까?

귀국(歸國)

조정이 한단에서 진의 수도 함양咸陽으로 탈출한 것은 소왕 50년(B.C.257), 겨우 3살 때였다고도 하고, 9살 때에 모자가 아버지보다 늦게 귀국했다고도 한다. 「여불위열전」에도 서술은 명확하지 않지만, 후자의 경우가 타당하다. 소왕 50년 왕흘 장군이 이끄는 진나라 군대는 한단을 포위했다. 조나라에 질자로 있었던 자초와 처자에게 위험이 닥칠 것을 알고 있었을 것이다. 조나라는 자초와 처자를 죽이려고 했지만 자초의 부인이 조나라 부호 출신이었기 때문에 다행히, 그 일족의 힘으로 숨어 지낼 수 있었다. 여불위도 앞에서 서술한 것처럼 금 600근으로 감시하는 관리를 매수하여 자초를 탈출시켜 진나라 군대 휘하로 도망치게 할 수 있었다고 한다.

혹은 다음과 같은 이야기도 『전국책』에 남아 있다. 여불위가 조나라의 어떤 인물과 교섭했다는 것이다. 자초는 이미 자식이 없던 화양부인의 양자가 되기로 약속되어 있었다. 귀국시키면 장래 태자의 몸이 되기 때문에 이유 없이 못 가게 두는 것보다는 조나라를 위하여 이용하는 편이 나았다. 그래서 조나라는 자초의 귀국을 인정했다. 상인 여불위의 인적 네트워크의 영향이 컸던 것이다.

자초가 귀국한 때는 69세의 증조부 소왕이 아직 통치를 계속하고 있었다. 태자라 하더라도 안국군은 거의 46세로, 좀처럼 왕위를 주는 것은 불가능했다. 안국군도 소왕이 언제 죽어도 상관없을 만큼 분명 각오는 하고 있었을 것이다. 그래서 자초를 적자로 삼는다는 약속을 했다. 안국군과 화양부인 사이에 옥부玉符를 만들고, 거기에 약속의 말을 새겨 넣었다. 이로써 안국군의 다른 자식이 장래 진왕을 계승하는 일은 없어졌다.

아버지 자초가 진왕이 되고 어머니가 정부인이 된다면 이윽고 왕위가 돌아오게 된다고 조정도 점차 감지하고 있었다. 소왕 56년(B.C.251) 증조부 소왕이 사망하고, 조부 안국군에게 드디어 왕위가 돌아왔다. 아버지 자초는 약속대로 태자가 되었다.

진왕 두 사람의 죽음

『사기』「진본기」에 의하면 소왕은 소왕 56년(B.C.251) 가을에 사망하였고, 안국군 효문왕은 선왕의 장례가 끝난 10월 기해일己亥日 53세에 즉위하여, 3일 후 신축일辛丑日에 사망하였다.

효문왕 원년 연초의 일이다. 겨우 3일 동안만 왕의 자리에 있었던 진왕의 죽음 이면에 무엇이 있었는지에 대해서 어떠한 것도 전해지지 않지만, 갑작스런 죽음에 대한 대응을 통해 알 수 있는 것이 있다. 여기에 출토사료인 수호지진간의 『편년기』는

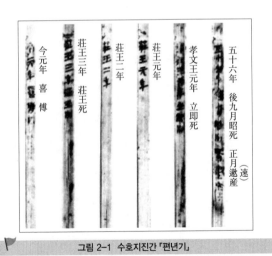

今元年 喜傅

莊王三年 莊王死

莊王二年

莊王元年

孝文王元年 立即死

五十六年 後九月昭死 正月遬産 (遬)

그림 2-1 수호지진간 『편년기』

지금 원년(元年)은 진왕 조정 원년. 매장된 사람의 이름은 희(喜), 17세에 호적에 등록되었으며(부/傅), 일족인 속(遬)이 태어난 사실도 기록되어 있다.

그림 2-2 시황제 초상
17세기 『삼재도회(三才圖會)』에 묘사된 시황제. 동시대의 초상은 없기 때문에 후대의 폭군상이다.

중요한 단서를 제공하고 있다(그림2-1). "56년 후9월 소가 죽다五六年 後九月 昭死"라는 기사는, 소왕이 10월보다도 1개월 전인, 윤년閏年 연말 후(윤/閏)9월에 이미 죽었다고 하는 새로운 사실이다.

이 해는 9월 뒤에 또 1개월의 9월이 있어 13개월이고 후9월에 죽었다는 것은 효문왕 즉위도 후9월이었을 가능성이 제기된다. 역법에 의하면 『사기』에서 말한 10월에는 기해일도 신축일도 없고 후9월에 기해일(후9월 28일)과 신축일(후9월 30일 대그믐날)이 확인된다. 효문왕은 소왕 56년 연말 3일 전에 즉위했다가 대그믐날에 이미 사망한 사실이 판명된 것이다.

이미 효문왕이 죽고 동시에 장양왕이 즉위하고 있는데도 불구하고 효문왕의 즉위를 중요시하여 새해 10월부터 9월까지의 1년간을 효문왕의 원년으로 삼았다. 『편년기』에는 "효문왕 원년 즉위한 후 곧 사망하다孝文王元年 立卽死"라고 기록되었기 때문에 즉위하자 곧 사망한 사실을 은폐한 것만은 아니다. 소왕 56년과 장양왕 원년 사이에 효문왕 원년을 끼워넣은 것은 효문왕이 즉위하지 않으면 장양왕과 진왕 조정의 즉위는 없었다는 것을 고려한다면 당연한 일이었을 것이다. 진왕 조정에 이르는 혈통을 역사상 명확하게 남겨두려고 하는 의도를 생각해본다면 앞뒤가 잘 맞아떨어진다. 3일간의 진왕을 위해서 만든 왕릉도 수릉壽陵이라고 이름을 붙였다. 발굴은 되지 않았지만, 소왕이나 장양왕의 왕릉구역과 떨어져 서안西安(시안) 시내에 있는 듯 없는 듯 조그맣게 남아 있다.

장양왕도 즉위 후 3년째인 장양왕 3년(B.C.247) 5월 병오일丙午日(5월 26일)에 사인 불명인 채로 사망하였다. 장양왕을 후원하고 있었던 여불위에게는 의외의 사태이고 조정의 진왕 즉위의 길은 황망하게 되었다. 진왕 두 사람의 갑작스런 죽음으로 인하여 마침내 여불위의 뜻대로 13세의 진왕이 즉위하게 되었다(그림 2-2).

진왕 즉위

조정의 13세라는 즉위 연령은 혜문왕惠文王 · 도무왕悼武王 · 소왕昭王의 19세 즉위보다도 어리다. 물론 조부 효문왕 53세, 아버지 장양왕 32세에 비하면 훨씬 어렸다. 13세라는 연령은 일반 서민이라도 아직 소남자小男子라고 불리는 어린아이에 불과하다. 그런 이유로 진왕으로서 즉위해도 국사는 대신에게 맡겨졌다. 소년 진왕의 연호는 즉위 다음 해부터 원년, 그리고 2년으로 새겨져 갔다.

진에서는 서민의 경우 어린아이와 어른의 구분은, 우선 실제 연령보다도 신장을 기준으로 했다. 남자는 6척 5촌(약 150센티미터), 여자는 6척 2촌(약 140센티미터) 이하가 어린 아이, 즉 소남자나 소여자小女子라고 불렀다. 한대漢代에서도 14세 이하를 미성년, 어린 아이로 삼았기 때문에, 진왕은 13세의 소남자에 해당한다. 진에서는 특히 17세가 되면 남자로서 호적戶籍에 오르게 된다. 성인 남자로서 대우받는 연령이 17세였다.

일찍이 어려서 왕위에 오른 주周 성왕成王은 숙부 주공단周公旦에게 정치를 맡겼다. 주공단은 7년 동안 성왕이 성장할 때까지 정치를 했다. 주공단과 소공召公(연/燕의 시조)이 어린 성왕을 보필했다. 시황제가 진왕에 즉위한 연령도 이에 가깝다. 진왕도 13세부터 22세 무렵까지 상방相邦(승상/丞相) 여불위의 보좌를 받았다. 정령의 시행은 형태상으로는 모태후(조희/趙姬)가 진왕을 대행한 적도 있었다.

진왕 조정이 계승한 진의 영토는 동방 육국 가운데 진과 인접하고 있는 한·위·조·초의 영토를 대대적으로 침범해 있었다. 위에는 하동군河東郡, 조에는 태원군太原郡, 한에는 상당군上黨郡, 본래 주周의 땅에는 삼천군三川郡, 초에는 남군南郡을 두었다. 군현제郡縣制의 군은 현을 통할하는 지방행정조직이지만 전국시대에는 적국의 영토를 침략하고 그 점령지를 통치하는 거점이었다. 여기에 파촉巴蜀·한중漢中(한수/漢水 상류)의 지역을 더한다면 진은 이미 관중關中(동쪽의 함곡관/函谷關과 서쪽의 농관/隴關 혹은 동쪽은 함곡관, 서쪽은 산관/散關, 북쪽은 소관/蕭關, 남쪽은 무관/武關에 끼어 있던 지역)으로 제한된 소국은 아니었다. 진왕 조정은 증조부 소왕 때부터 이러한 광대한 영토를 계승한 것이다(그림 5-1 참조).

간첩사건과 축객령(逐客令)

즉위 후, 어린 진왕 주변에는 불가사의한 사건이 발생하였다. 한韓나라 간첩으로서 정국이라는 인물이 적발된 사건도 진상 판단은 어렵다. 7국 가운데 한이라는 소국은 이웃 나라인 진의 위협에 놓여 있었다. 수공水工이라는 수리기술자 정국이 진에 파견되어 진왕 즉위 다음해인 시황 원년(B.C.246)부터 수리공사가 시작되었다. 이 일 자체는 진의 선진 기술 도입으로 어떤 문제도 없다. 이때 진왕은 동시에 자신의 능묘陵墓를 만드는 토목건설도 시작했다. 진왕은 아직 소년이어서 이러한 두 개의 공사를 직접 지도한 것은 아니었다. 왕을 도왔던 행정 책임자인 승방 여불위가 분명 관여했을 것이다.

능묘의 조영은 하나의 제도이다. 새로운 왕이 즉위하면 우선 선왕의 매장을 마치고 해가 바뀌면서부터 새로운 왕의 능묘를 만들기 시작한다. 한대에는 매장되지 않은 능묘를 초릉初陵이라

하였고 황제가 매장되면서부터 장릉長陵(전한 고조릉/高祖陵) · 무릉武陵(무제릉/武帝陵) 등으로 부른다. 생존해 있을 때부터 능묘를 건설하는 것은 특별히 꺼려할 만한 일이 아니었다. 진왕은 이때 아직 황제가 아니었기 때문에 황제릉이 아닌 왕릉의 건설로 시작했고 증조부모도 부모도 여산驪山 기슭 지양芷陽(동릉/東陵)이라는 장소에 매장되어 있었기 때문에 시황제도 여산 북쪽 기슭의 땅을 선정한 것이다.

우선 땅 속을 깊이 탐색하듯이 파고 들어갔다. 뒤에 언급할 시황제릉의 동쪽에 위치한 병마용갱에서는 "상승 여불위가 만들다(상승여불위조/相承呂不韋造)"라는 문자를 새긴 청동제 무기가 출토되었다(그림 2–3). 『사기』에서는 상국相國 여불위라고 되어 있지만 상방 여불위라 하는 것이 바른 표기이다. 한대에는 고조 유방의 피휘 때문에 상방은 상국으로 고쳐진 것이다. 새겨진 문자에 여불위와 시황제릉의 연결고리가 엿보인다. 당연히 정국과 여불위의 관계도 상상할 수 있다.

그런데 정국에 의한 수리 공사가 시작된 9년째에 노애嫪毐의 난이 일어났다(다음 장에서 자세히 서술). 이 전후로 수공인 정국의 실체가 한의 간첩이라는 것이 발각되었다고 한다. 이 사건에 대해 『사기』 본기에서는 어떠한 언급도 없으며, 수리 역사를 정리한 「하거서」와 「이사열전」에서 볼 수 있다. 「하거서」에 의하면 진은 정국을 죽이려 했기 때문에 정국은 자신이 간첩인 것을 자백하

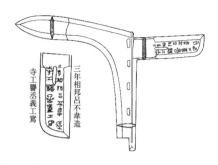

그림 2-3 「상방여불위조(相邦呂不韋造)」가 새겨진 과(戈)

(『**秦始皇兵馬俑坑一號坑發掘報告**(진시황병마용갱일호갱발굴보고) 1974-1984』
문물출판사, 1988년에 의함)

고 거渠(관개수로)의 완성은 진에게 이익이 된다고 설득하여 목숨을 부지할 수 있었다. 여기에는 외국인 일반(객/客)의 배척을 바라는 축객령逐客令에 대해서는 안 나온다.

전국시대에 비밀리에 정보를 외국에 가져다주는 간첩의 은밀한 활약에 대해서는 『손자孫子』「용간편用間篇」에 상세하게 다섯 종류의 간첩을 예시하고 있다. 적국으로 보내는 간첩에는 거짓 정보를 죽음을 무릅쓰고 적국에게 가져다주는 자로 '사간死間'이 있으며 극비에 생환하여 적국의 정보를 가져오는 자로 '생간生間'이 있었다. 적국 사람을 활용하는 간첩은 민간인을 '인간因間', 관리를 '내간內間'이라 한다. 적국의 간첩을 활용하는 '반간反間(이중 스파이)'까지 있다고 한다. 그러나 정국은 그 어떤 간첩에도 속하지 않으며 「하거서」에서는 진의 동벌이라는 군사행동을 저지시키려는 데 정국의 목적이 있었다고 한다. 진은 토목공사를 군사보다도 우선시하려고 하였다. 그러나 동시에 시작된 능묘의 조영에도 노동력으로 공출된 것은 형도刑徒였고 토목공사가 일반 성인남자로 구성된 진의 군사력에 커다란 지장을 초래한 것은 아니다.

한편 「이사열전」에서는 정국을 간첩이라 비난하고 이를 계기로 제후들의 모든 객客을 추방하기를 바란 것은 진의 종실宗室(왕족)이나 대신이었다. 이 당시 진에는 많은 외국인이 들어와 있었기 때문에 그들이 생간인지 사간인지 등을 판단하는 것은 어려웠다. 진 종실이나 대신은 자신들의 보신을 위해서 모든 동방제국의 사람들을 추방하려고 하는 축객령을 바란 것이다. 그러나 당시 외국인이 많았다는 점을 고려한다면 여기에는 무리가 따른다.

아마도 축객령의 계기는 정국 간첩사건이 아니라 「진시황본기」에 기록된 것처럼 노애의 난일 것이다. 본기에 의하면 축객령은 노애의 난 이듬해 시황 10년(B.C.237)에 반포된다. 이때 진왕 조정은 많은 빈객과 식객을 데리고 있던 노애나 여불위가 어린 진왕을 능가하는 권세를 갖고 있다는 점을 감지하고 그들 휘하에 모여들었던 객을 수사하여 추방하려고 했다. 이사 자신도 초 지역 출신으로 여불위의 사인舍人(주인집에서 살면서 잡역에 봉사하는 사람)에서 진의 관리가 된 경력을 갖고 있으며 이 당시는 객경客卿

이라는 대우받는 신분이어서 그야말로 축객의 대상이었다. 그렇기 때문에 반대의 상서를 올린 것이다. 결국 「이사열전」은 「하거서」와 「진시황본기」의 별개 기사를 안이하게 결합시킨 것으로 생각된다. 청대淸代 주석자 양옥승梁玉繩도 축객령은 정국이 아닌 노애 사건에 의한 것이라고 이미 지적하고 있다(「사기지의/史記志疑」).

그렇다고는 하지만 상서上書로서 나온 700자 남짓의 수려한 이사의 문장은 설득력이 있다. 진이 물자와 인재의 부족함에도 불구하고 동방 육국의 합종 동맹에 쐐기를 박고 경제·인구·군사 면에서 우위를 지켜온 것은 역대 진왕이 외국제품이나 외국인을 적극적으로 받아들여왔기 때문이라고 주장했다. 눈앞의 폐하가 몸에 치장하고 있는 옥이나 진주, 황금과 단청丹靑(붉고 파란색의 안료)으로 채색된 조도품, 후궁後宮의 정나라와 위나라 음악, 그리고 후궁인 정나라 여성들에 이르기까지 외국 물품으로 가득 넘쳐나고 있었다고 한다. 이것을 들은 진왕은 곧 축객령을 취하했다. 이것으로 이사는 진에서의 정치적 지위를 확고히 하였다.

당시 진왕은 이사의 말을 이해하고 자신의 의지로 판단한 것으로 생각된다. 노애의 뒤에 있던 여불위는 이제 더 이상 신뢰할 수는 없게 되었다. 정국도 일단은 죽음에 처해질 상황이었지만 진왕은 정국이 앞서 한 말에 마음이 움직이게 되어 공사를 완공시켰다. 이러한 것들은 모두 이제 막 성인이 된 진왕의 판단이고 노애의 난과 정국의 간첩사건은 진왕이 왕으로서 자립하기 위한 시련이기도 했다. 진왕 조정은 여불위를 대신한 이사와 함께 제왕으로의 길로 내딛기 시작한 것이다.

정국거(鄭國渠) 수원(水源)의 윤택함

한韓나라 정국의 수리공사는 성공했다. 이것은 이후 정국거로 불리었다. 놀랍게도 고대의 정국거는 2200년 남짓 경과한 현재도 현지에서 활용되고 있다(그림 2-4). 정말로 간첩 사업이었던 것일까?

현재는 경혜거涇惠渠라고 하며 그 물은 소맥이나 옥수수, 면화밭을 관개하고 있다. 경수涇水의 물은 중산仲山의 산간 지역에서부터 관중關中 분지로 흘러 들어와 이윽고 위수渭水로 합류한다. 경수와 위수는 예부터 함께 칭해졌다. 위나라 지역의 곡풍谷風이라는 노래의 한 소절에 "경수는 위수로 흐려진다(「시경/詩經」「패풍/邶風」)"라는 한 구절이 있다. 탁한 경수는 맑은 위수를 만나야만 그 탁함의 정도가 현저해진다는 의미이다. 경수의 흐름은 고저차가 있어 빠르며 관중평원을 동서로 흐르는 위수는 완만하였다. 완만한 만큼 토사는 하천 바닥에 퇴적되어 맑아진다. 위수의 남쪽은 진령산맥秦嶺山脈의 풍부한 물이 촉촉하게 적셔주지

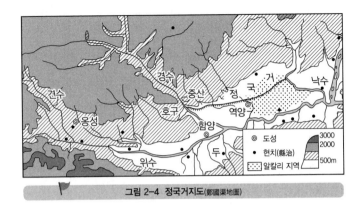

그림 2-4 정국거지도(鄭國渠地圖)

만, 위수 북쪽의 평원은 건조하기 때문에 수로(거/渠)를 건설하여 관개를 하는 것이 필요했다.

경수의 흐름은 평지로 내려갔다가 곧 조금 굽이져 방향을 바꾼다. 그 지형이 표주박(호/瓠)과 유사하기 때문에 호구(瓠口)로 불렀다. 봄에 물이 부족한 시기에도 원심력으로부터 돌출면의 바깥부분을 따라서 물이 흐르기 때문에 물을 관개수로로 끌어들이기 쉬운 호구가 정국거의 인수구(引水口)로 선택되었다. 그러나 황토 대지는 토양이 취약하기 때문에 침식이 빠르고 경수의 하천 바닥은 경지보다도 점차적으로 낮아진다. 그 차이를 극복하기 위해서는, 인수구를 점차적으로 상류에서 찾아야만 했다. 진한 이래 송원명청의 역대 인수가 함께 있다. 현재의 인수구는 가장 북쪽에 위치한 댐에 있다. 1985년 정국거의 인수구 부근에서 물의 흐름에 직각으로 교차하는 전체 길이 2,650미터나 되는 판축板築(널빤지 사이에 수평으로 흙을 다져 쌓은 것)이 발견되었다. 댐에서 물을 막고 수위를 높여 물을 인수한 것은 아닌가 추측한다. 고대에도 댐이 만들어졌다는 것을 알 수 있다. 수압을 고려한다면 장성이나 성벽 이상으로 고도의 기술이 요구된다.

수로는 북산北山을 따라서 동쪽의 낙수洛水까지 약 300리(120킬로미터)에 이르렀다. 염해를 입은 땅을 4만여 경頃(1경은 1.82헥타르)이나 관개했다. 이 덕분에 1무畝당 보통은 1석石 반의 수확이었는데 1종鐘 즉 6곡斛 4두斗나 되었다. 농사를 지을 때의 수확을 훨씬 상회한다. 건조지역의 곡물은 조粟와 소맥小麥이었다. 사마천은 정국거로 관중의 땅이 풍요로워졌기 때문에 진은 그 경제력으로 제후들을 병합할 수 있었다고 한다.

건조한 토양에서는 지하수위가 상승하고 지표면에 염분이 뿜어 나온다. 이것을 경수의 진흙물로 흘러가도록 하여 관개하는 것이 정국거의 지혜였다. 현지에서는 관개수의 배수구가 만들어져 있다. 관개수를 밭에 그대로 담아두면 지하수의 상승을 유발한다. 관개수로보다도 깊은 위치에 배수구를 설치하면 지하수도 배수구보다 위로 올라오지 못하여, 염해를 방지하는 것이 가능하다. 진 시대의 지혜가 거기까지 이르렀는지의 여부는 아직 명확하지 않다.

정국거의 이러한 수리기술은 동시에 착수하고 있던 진시황릉의 지하궁전에도 응용되었던 것을 알 수 있다(제8장에서 자세히 서술).

지하궁전의 공사에서는 여산驪山 북쪽 기슭의 완만한 경사지를 열심히 파나갔다. 그런데 15-16미터를 파자 지하수가 침투하였다. 지하궁전의 깊이는 30미터 정도 되기 때문에 침투한 물을 제거하기 위해서 지하 깊숙이 배수구를 만들었다. 30미터를 넘는 깊이라면 물은 거기에 저장된다. 완만한 경사면에 있기 때문에 지하수도 완만하게 북쪽으로 흘러 나갔다. 이 지하의 배수구는 지하궁전이 완성되자 흙으로 덮어서 지하댐으로 하였다.

이러한 정국거와 능묘의 지상과 지하의 댐 발상은 동방대평원(황하와 장강의 중하류 지역에 펼쳐진 평원)으로부터 유입한 고도의 수리기술에서 비롯되었다. 진의 동방으로부터의 인재와 기술 도입은 시기적으로 빨랐다. 동방의 대상인인 여불위가 상방으로서 이끈 것이다. 이러한 점을 통해서도 『사기』「하거서」와 「이사열전」의 정국 간첩설은 재고해야만 한다.

제3장

노애의 난

―혜성은 말한다(22세)

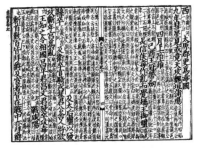

『사기』권6 「진시황본기」 시황 9년 (남송 12세기 · 황선부본/黃善夫本)

송대에는 세 개의 주석이 하나로 정리되고 인쇄본이 처음으로 간행되었다.

성인이 된 진왕은 진국의 위기를 초래한 노애繆毒의 난에 맞닥뜨린다. 노애라는 인물은 『사기』 「여불위열전」에서는 여불위가 진왕의 어머니인 태후와의 관계가 발각될 것을 두려워하여 후궁에 보낸 절륜絶倫의 남성으로 묘사되고 있는데, 그 고사에 휘둘려서는 역사적 사실을 볼 수 없다. 노애가 여불위와 함께 진왕조를 양분할 정도의 절대적인 권력을 장악한 것은 부죄腐罪(성기를 제거하는 거세 형벌)를 받은 자로 위장하여 후궁에 들어와 태후와 연결돼 있었기 때문이다. 성인이 된 진왕은 노애와 전면적으로 대결했다. 중앙의 관료들도 노애와 진왕으로 나누어질 정도로, 노애는 권력을 장악하고 있었다.

『사기』에서는 진왕이 반란 발각 후에 노애군(노애의 군사들)을 요격한 것인지 아니면 반란음모 혐의로 사전에 노애 측을 공격한 것인지, 그에 관한 기술의 차이를 크게 보이고 있다. 그러나 사건의 경과를 혜성의 기사를 바탕으로 해서 정리해보면, 반란의 진상을 알 수 있다. 이 해는 사건을 사이에 두고 두 번의 혜성이 나타났다. 매일 밤 조금씩 이동하면서 장기간 관측할 수 있는 혜성은 불길한 징조라고 여겨져왔다. 이때는 혜성과 함께 사건이 진행되어갔다. 사람들은 혜성에 따라 일상적인 행동을 조심스럽게 했다. 그러나 위정자에게는 반대로 사람들의 두려움과 불안감을 정치적으로 이용할 기회가 되기도 했을 것이다. 사실, 진왕은 혜성을 구실로 경사스러운 성인식을 연기하고 그동안에 음모를 사전에 봉쇄했다고 생각한다. 혜성이 말하는 노애의 난 경과를 정리해보겠다.

혜성과 내란

시황제 9년(B.C.238), 노애의 난이라는 시황제 생애에서 가장 큰 내란사건이 일어났다. 그러나 사건에 대해 『사기』「진시황본기」와 「여불위열전」을 읽고 비교해보면 큰 차이가 있으며 실제로 내란이 있었는지의 여부조차 의심하게 된다.

원래 노애라는 인물은 여불위가 애첩 즉 시황제의 모태후(조희)와의 관계가 계속되고 있던 점이 발각될 것을 두려워하여 후궁에 보낸 남자이다. 노애는 겉으로 보기에는 거세 형벌을 당한 몸으로 가장하여 눈썹과 수염을 제거했지만 사실은 후궁에서도 자랑으로 생각하는 큰 성기에 나무로 만든 바퀴를 걸어서 빙글빙글 돌리는 등 외설적인 재주를 부렸다고 한다. 그런 부분적인 내용만이 흥미롭게 전해져온 노애는 역신으로서 일관되게 부정적인 평가를 받아왔다. 노애와 음란한 진왕의 모태후가 결탁해서 진왕 배척을 음모했다고 하는 그림이 그려진다.

그러나 좀 더 사태를 자세히 들여다보면 이 사건을 계기로 어느덧 정치의 실권을 장악한 노애는 살해당하고 그 배후에 있던 여불위도 실각해서 음독자살하게 된다. 이들 두 사람은 소왕昭王이 죽고 난 이후 진왕조의 거대한 권력을 두 개로 나눈 인물인데 여기에서 그들이 배제되어 진왕의 친정이 시작된 것이다. 그렇게 생각해봤을 때 이 사건은 단순한 스캔들이라고 말할 수 없다.

사마천은 본기와 열전에 사건에 관한 사료를 열거하면서 여불위열전 말미의 논찬(사마천의 말)에서는 그것들과 다른 자신의 견해를 보이고 있다. 후술하는 것처럼 본기에 의하면 노애가 성 인식을 위해 고도옹성古都雍城에 있는 이궁離宮에 갔을 때에 진왕을 습격할 계획을 세웠다는 밀고가 있었는데 실행 전에 진왕에 의해 수도 함양에서 역습 당했다고 한다. 만일 그렇다면 노애의 반란은 실행되지 못했다는 것이다. 그러나 여불위열전의 논찬에서는 진왕이 함양을 떠난 틈을 노려 노애가 옹성에 있는 이궁 기년궁蘄年宮에서 반란을 일으켰기 때문에 붙잡혔다고 한다. 어떤 것이 사실일까? 사마천이라도 이 사건으로부터 약 150년 지나서『사기』를 정리했기 때문에, 사건의 진상이 명확하지는 않았을 것이다. 그래서 사마천이 남긴 기술을 다시 한 번 시간의 추이에 따라 정리해서 진상을 살펴보고자 한다.

중요한 실마리는『사기』「육국연표」의 시황 9년(B.C.238)의 기사, "혜성이 나타나 하늘을 덮었다. 노애의 난이 일어나자 그 사인舍人을 촉나라로 보냈다. 혜성이 다시 나타났다"라는 내용에 있다. 이 해는 노애의 난을 사이에 두고 혜성이 두 번이나 나타났다. 수개월에 걸친 불길한 천문 현상이 사람들의 행동을 좌우했다고 생각된다. 그리고 혜성이라는 천문현상에 주목해서 이 일 년 안에 일어난 사건을 바른 순서대로 정리해보면 사실 기년궁에서의 노애의 반란은 일어나지 않았던 것이 된다.

네 번의 혜성

시황제의 치세에서는 15년 사이에 4회나 혜성이 출현했다고 『사기』「천관서天官書」는 전하고 있다. 길게는 80일간이나 계속됐으며 혜성 꼬리의 광채도 하늘 끝까지 길게 늘어졌다고 한다. 잠시 반짝이는 유성(운석)과는 다르게 혜성은 혹성처럼 하루하루 조금씩 이동하고 태양을 향해 둥근 머리를 향했으며 반대방향으로는 빗자루와 같이 가스와 먼지 꼬리를 길게 늘어뜨린다. 호남성장사마왕퇴전한묘湖南省長沙馬王堆前漢墓에서 출토된 백서帛書 『천문기상잡점天文氣象雜占』에는 29종류나 되는 혜성이 극명하게 묘사되어 있다. 그중에 시황제 시대에 나타난 네 개의 혜성도 분명히 포함되어 있었다(그림 3–1, 2).

시황제 15년 동안이라 하더라도 실제로 4회의 혜성은 시황 7년(B.C.240)부터 시황 13년(B.C.234)의 7년간에 집중되어 있다. 춘추시대 242년간에 3회의 혜성이 나타난 것과 비교하면 단기간에

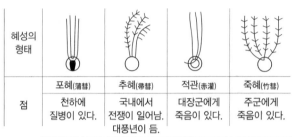

혜성의 형태				
점	포혜(蒲彗)	추혜(帚彗)	적관(赤灌)	죽혜(竹彗)
	천하에 질병이 있다.	국내에서 전쟁이 일어남. 대풍년이 듬.	대장군에게 죽음이 있다.	주군에게 죽음이 있다.

 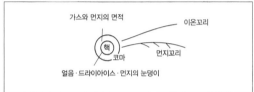

그림 3-1 마왕퇴백서(馬王堆帛書)『천문기상잡점(天文氣象雜占)』에 보이는 혜성

(혜성의 꼬리는 종종 이온꼬리와 먼지꼬리의 두 개로 나뉘어 보인다. 이온꼬리는 핵에서 증발하는 이온화한 가스의 꼬리로 가벼워서 태양의 방향과 거의 정반대 방향으로 곧장 날아간다. 황백색의 먼지꼬리는 느슨하게 휘어지는 확장형이다-역자 주)

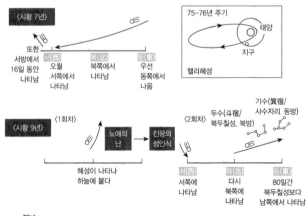

그림 3-2 시황 7, 9년의 혜성 움직임

춘추시대를 상회하는 횟수의 혜성이 나타났던 것이다. 이 7년은 시황제의 20세부터 26세까지에 해당되며 혜성의 출현은 시황제에게도 내란을 극복하고 왕으로서 자립해가는 중요한 시기와 겹쳐진다.

고대 사람들은 당연 혜성을 육안으로 관측했기 때문에 밝게 빛나는 대혜성이 집중해서 출현한 것을 보았다.

혜성은 갑자기 나타나 혹성과는 다른 불규칙적인 움직임을 보이기 때문에 그 나타나는 위치에 따라서 병란(전쟁)이나 살해 등의 불길한 사건이 일어난다고 생각하였다. 그것을 증명이라도 하듯이 시황 7년(B.C.240)에는 시황제의 조모 하태후와 몽오蒙鶩장군이 죽고 시황 9년(B.C.238)에는 2회의 혜성이 나타나는 사이에 노애의 난이 일어났다.

시황 7년(B.C.240)의 최초 혜성은 핼리혜성으로 보여진다. 주기周期 76년의 핼리혜성이 시황제가 왕인 시대와 정확히 만났다. 시황제도 일생에 한 번 볼 수 있을까 말까 할 정도의 귀중한 기회였을 것이다. 이때의 혜성은 우선 동방에서 출현하고 나서 북방으로 이동하였다가 5월에는 서방으로 이동했다. 그 후에 일단 사라지고(혜성이 태양에 접근한 것을 의미한다) 다시 서방에 16일간 나타났다(태양으로부터 떨어져 다시 지구로 접근한 것을 의미한다). 짧은 주기의 혜성인 핼리혜성은 그 궤도에 따라 밝기, 꼬리의 길이, 접근 기간이 다르다. 1910년의 핼리혜성은 1년 사이에 10개월 이상이나 관측되었다고 한다.

혜성의 관측시간이 길다는 것은 그 사이에 사람들이 불길한 혜성을 보면서 행동해왔다는 것이 된다. 즉 민중들 사이에서는 무언가 불길한 사건이 언제 일어나도 이상하지 않다고 하는 기이한 습성이 몸에 배여 있었을 것이다. 왕으로서는 통상의 기분 좋은 행동을 삼가는 한편, 이것을 오히려 이용하는 경우도 있지 않았을까? 그런 의미에서는 혜성의 출현이 정말 새로운 정치적 사건을 일으켰다고도 할 수 있을 것이다.

노애의 난 기사

시황 9년(B.C.238)은 겨울 10월부터 시작되며 「진시황본기」의 기사는 다음과 같이 정리할 수 있다.

①"혜성이 나타나 하늘을 덮었다." 혜성의 머리는 아래로 향하고, 꼬리는 하늘 끝까지 길게 늘어뜨렸다는 의미이다. 유성이 아니기 때문에 혜성의 꼬리가 일순간 하늘 전체에 확산한 것은 아니다.

②"4월에 진왕은 옹雍에서 머물었고 기유일己酉(21일)에 대관戴冠하여 검을 착용했다."

③"장신후長信侯 노애는 난을 일으키고자 했으나 발각되었다."

④"왕은 이 사실을 알고 상방相邦 창평군과 창문군에게 병사를 보내 노애를 공격하고 함양에서 전투를 벌였는데 적의 머리를 수백 개나 베었다."

⑤"노애는 패하여 달아났고 전국에 명령하여 노애를 생포한 자에게는 100만 전, 죽인 경우에는 50만 전을 주기로 했다."

⑥"노애 무리들은 모두 붙잡혔다. 그중 20명은 효수(죄인의 머리를 옥문에 내걸어 사람들에게 보이던 일)되었다."

⑦"4월에 한파로 사망자들이 생겼다."

⑧"혜성이 서쪽에서 나타났고 또 북쪽에서도 나타났으며 북두칠성(두수/斗宿)에서 남쪽으로 80일간 이동했다."

이 기사가 시간의 추이에 따른 것이라면 여기서 어떤 점을 알 수 있을까?

우선 전제로서 『예기』에 따르면 성인식은 당년 정월(진왕 조정의 22세의 생일)보다 이전에 행해질 터였다. 『예기』에는 "20세 되던 해에 관을 쓴다"라고 되어 있어 20세가 끝난 21세에 성인식을 하는 것으로 본다면 당년 정월보다 이전에 행해야 한다. 성인식이 이미 22세가 된 4월까지 연장된 점에서 볼 때 아마도 ①의 혜성 출현이 이유였을 것이다. 앞에서 서술한 바와 같이, 불길한 혜성이 나타난 동안에는 성인식이라는 길한 예식을 행하지는 않기 때문에 혜성이 소멸한 것을 확인한 후에 대관의 일정을 결정했다고 생각된다.

그러나 그 후의 기사를 살펴보면 몇 가지 석연찮은 점이 있다. 우선 ②에서 진왕은 옹성의 기년궁이라는 이궁離宮에서 대관하고 그 후에 ③과 ④와 같이 함양에서 전투가 일어난 것이다. 이것이 사실이라면, 적어도 「여불위열전」의 논찬에 있는 "진왕이 성인의 예식을 위해 함양을 떠난 틈을 노려 노애가 옹성에서 진왕을 기다렸다가 반란을 일으켰다"라는 사마천의 견해는 맞지 않는다.

동시에 이 기사가 전적으로 사실대로의 시간 추이에 따른 것이라고도 생각하기 어렵다. ②와 ⑦의 '4월'이라는 것을 생각해보면, 그 사이에 있는 4월 21일의 진왕 대관부터 반란의 발각, 전투, 그리고 추적과 노애 일당의 처벌까지 모든 것이 단지 10일 정도에 일어난 것이 된다. 일의 중차대함을 고려한다면 부자연스럽다.

사건의 진상

아마 진상은 이런 것이 아닐까? 본래 ②는 ⑦ 직전에 들어가야 할 기사였다. 즉 노애의 음모가 발각되고 진왕이 함양에서 그 일당을 공격하여 처형할 때까지의 사건은 ①의 혜성이 나타난 후, 4월의 대관식(②)보다 이전에 이미 모두 끝난 일이었다. 그 것을 사마천은 스스로 이 사건에 대한 견해에 포함해서 대관식 때 반란이 일어난 것처럼 ②의 기사 위치를 옮긴 것이 아닐까?

「여불위열전」에 의하면 노애가 반란을 실행하기 전에 노애와 모태후 간의 관계를 진왕에 밀고하는 자가 있었다고 한다. 혜성 이 출현한 시기의 일이다. 노애와 모태후 사이에 몰래 2명의 아 들이 태어났고 노애가 그 아들을 왕으로 삼으려는 음모가 있다 는 것이 진왕의 귀에 들어갔다. 불길한 혜성이 출현한 기간, 예 상치 못한 불온한 사건이 일어나지는 않을까 하는 두려움이 민 중들 사이에는 있었다. 아마도 진왕 조정은 그것을 좋은 기회로 이용하여 본인의 대관식을 연기함과 동시에 아직 일어나지 않 은 반란을 연출해서 노애라는 권력자를 배제시킨 것은 아닐까? "혜성이 출현한 사이에 예상치 못한 일이 일어나더라도 이상한 일이 아니다"라는 당시의 감각을 교묘하게 이용했다고도 말할 수 있다.

노애의 집은 수천 명의 사노비를 고용했으며 저택에서 데리 고 있는 사인舍人도 천 수백 명에 달했다고 한다. 장신후에 봉해 져 진으로부터 떨어진 산양(하남성 북부 태행산의 남쪽 기슭에 자리잡은 지역) 의 땅을 받았다(그림 3-3).

태원군(산서성)도 노애가 장악한 지역으로, 노애 입장에서 보면 진에서 추방당했을 때의 거점으로 삼을 수 있는 곳이었다. 진의

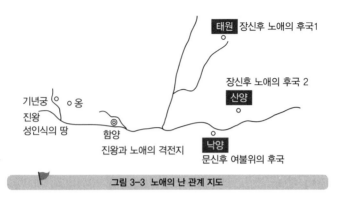

그림 3-3 노애의 난 관계 지도

정치는 겉으로는 여불위가 움직이고 있었지만, 안으로는 노애가 정권을 장악하고 있었다고 할 수 있다. 두 사람은 진의 동방 중원의 점령지에 거점을 보유했으며 세력을 두 개로 나누고 있었던 것이다.

수도 함양에서 노애와 진왕의 양쪽 군사들의 결전이 있었다고는 하지만 실제로는 진왕 측의 갑작스러운 기습 공격이었을 것이다. 노애 측 수백 명의 군사가 죽었다. 노애의 세력은 그리 만만하지는 않았다. 이후 촉나라에 흘러들어간 가족이 4천여 가족이었고, 중앙정부의 위위衛尉(호위하는 관직), 내사內史들이 이끄는 병졸, 기마병도 노애 측에 가담하였다고 한다. 그런 와중에, 어쨌든 노애보다도 진왕이 먼저 움직인 것은 성인이 된 진왕이 노애보다 더 영리했다고 할 수 있다. 진나라의 위기를 느껴 기민하게 행동한 것이다.

진왕은 상방인 창평군과 창문군에게 병사를 동원시켜 노애를 공격했다. 이 두 인물의 이름은 알 수 없으나 봉호封號(왕이 내려준 호-역자 주)만 남아 있다. 두 명은 초나라 왕족이었지만 진나라에서 일하고 있었다. 이후에 창평군은 초나라에 돌아가 진나라에 반기를 들었다고 하는데, 이때는 진의 위기를 구한 것이었다.

여불위의 죽음

진왕은 이리하여 노애의 세력을 진압한 다음, 4월에는 성인식을 무사히 마쳤다. 앞에서 서술한 대로 이 해 4월은 매서운 한파로 죽는 사람도 나올 정도였다고 한다. 당시 진의 역법은 음력이었기 때문에 1년이 지금보다 10일이나 적다. 그렇기 때문에 거의 3년에 1회 정도의 비율로 윤달을 두었고, 그 해는 1년이 13개월이었다. 이 해는 4월이라고 하더라도 기후는 평년의 3월이다.

가령 노애 측에서 실제 반란의 움직임이 있었고 그것을 사전에 알아차리지 못했더라면 진왕은 분명히 옹성에 감금되었을 것이다. 그러나 실제로는 노애의 일족을 모두 살해하고 두 명의 동복同腹 아우를 죽이고 어머니인 태후를 옹성에 감금시켰다. 이후 다시 혜성이 출현한 것은 물론 예기치 못한 일이었다. 진왕은 또 무언가가 일어날 것이라는 예감을 했음에 틀림없다. 여기서 이번에는 그동안에 전혀 움직임을 보이지 않았던 여불위에 주목한 것이 아닐까? 여불위가 노애를 궁중에 보낸 목적은 자신의 몸을 보호하기 위한 것이었으며 반드시 진왕을 몰락시키기 위한 것이라고는 볼 수 없다. 그러나 진왕은 사태가 명확해지자 여불위도 관련되었다는 것을 알게 되었다고 한다.

노애와 여불위가 실제로 결탁했는지는 아직 의문이다. 이 반란으로 명확해진 것은 노애의 배후에 여불위가 있었던 것이 아니라 노애와 태후의 관계가 발각되면서 태후와 여불위의 관계가 폭로되었다는 점이다. 그러나 진왕은 상방인 여불위의 처벌에 망설임이 있었다. 아버지 장양왕莊襄王 이래의 공적이 너무나 컸기 때문이다. 이듬해 10월에 결국 여불위는 상방의 관직을 파면당하지만 10만호나 되는 문신후文信候 작위는 남아서 고향에도 가까운 하남의 봉지로 보내졌다. 이것은 진왕이 배려한 마지막 호의였다.

진나라로부터 멀어진 여불위에게는 다시 제후와 빈객이 모이기 시작했다. 그것을 보고 진왕은 마침내 촉나라 땅에 여불위를 가족과 함께 이주시키기로 했지만 여불위는 그 전에 짐酖을 마시고 죽음을 선택했다. 짐은 맹독성이 있는 짐조鴆鳥의 날개로 담근 술을 말한다. 노애의 난부터 여불위의 죽음까지는 2년이나 되는 시간이 경과했다.

진왕의 불효와 밀통사건

전한前漢초기의 장가산한간張家山漢簡에 『주언서奏讞書』라는, 지방관리로서는 판가름하기 힘든 어려운 사건의 재심을 중앙의 정위廷尉와 지방의 상급관청에 상신上申한 죽간문서가 있는데 그 안에 시황제 시대의 것도 네 건이 있었다. 전한초기, 고조·여태후 시대에 진의 판례까지 참고로 하였던 것이다. 그중 한 건에는 죽은 남편 상중喪中의 관 앞에서 다른 남자와 밀통한 여성의 사건 파일이 보인다. 이 여성을 '불효한 기시棄市(부모에게 불효한 경우 목을 잘라 시장에 내보이다)'라는 진나라의 법률로 처벌해야 하는지의 여부로 중앙 정부의 정위 사이에서는 큰 격론이 일어났다고 한다. 남편이 죽었기 때문에 다른 남자와 관계한 것은 문제가 되지 않지만 아내의 행위는 죽은 남편의 부모에 대한 불효의 죄에 해당한다고 하는 점이 심의의 초점이었다.

결국 남편은 죽었기 때문에 처벌은 받지 않고 끝났다. 이 당시 불효의 일반 사례가 있어 살아 있는 아버지에게 식사를 3일간 주지 않는 것은 불효가 되므로 기시가 되지만 죽은 아버지를 위해 집에서 제사를 3일간 소홀히 하는 정도는 죄가 되지 않는다고 한다. 마찬가지로 아내가 죽은 남편을 속여도 죄가 되지는 않는다. 중앙의 정위 자신이 잘못된 판결을 인정했다. 진 시대 윤리관의 의외의 면을 보여주는 사례이다.

이 안건의 여성을 시황제의 모태후 경우로 바꿔보면 노애의 난의 배경도 보인다. 모태후는 죽은 남편 장양왕을 배신하여 후 궁에서 여불위, 노애와 관계를 가졌다. 진왕은 이 사실을 용서 하지 않고 어머니의 책임을 묻고자 함양궁에서 옹성으로 이주 시켰다. 그러나 이것은 앞에서 서술한 것처럼 당시의 진나라에 서는 오히려 죄에 해당하지 않는다. 이러한 사실을 제나라 사람 齊人 모초茅焦가 알려주자 진왕은 나중에 어머니를 함양궁으로 다 시 되돌아가게 하였다. 모초는 진왕의 행위는 제후에게 신뢰받 지 못하므로 진에 반기를 드는 계기가 된다고 말했다. 어머니에 대한 진왕의 불효가 뒤에서 비난받았을 것이다.

진왕이라고 하더라도 스스로 불효에 대해서는 민감했다. 진 시대에서도 가문의 질서를 유지하기 위해서는 효가 요구되었 다. 권력의 정점에 있었던 진왕 자신에게 이런 불효의 규율이 적용되지는 않지만 진왕은 불효로 인해 제후와 민중의 신뢰를 잃는 것을 두려워했던 것이다.

제4장

암살미수

―자객의 인물상(33세)

「史記評林(사기평림)」 권86 자객열전(명대)

에도(江戶)시대 일본에서도 많이 읽었고,
훈점(訓點)이 붙어 있는 하각본(和刻本)도 출판되었다.

30세를 넘은 진왕에게 다시 한 번 큰 사건이 일어났다. 자객 형가荊軻에 의한 암살미수사건이다. 시황 20년(B.C.227), 연나라의 태자 단丹은 형가에게 진왕의 암살을 의뢰했지만 실패로 끝났다. 『사기』 권6 「진시황본기」와 권86 「자객열전」에서는 각각 진왕과 자객 형가의 양쪽 입장에서 이 사건을 전하고 있다. 특히 「자객열전」에서는 춘추전국시대 다섯 명의 자객 중 가장 마지막으로 형가가 주인공으로서 등장한다. 사마천은 남을 위해 목숨을 거는 형가의 행동에 대해 정의를 인정했던 것일까? 여기서는 극명하게 암살 실행에 이르는 이야기가 기술되어 있다.

그렇지만 「자객열전」과 거의 같은 문장으로 쓰여진 『전국책戰國策』 「연책燕策」에서는 연나라와 조나라, 진나라 3국의 외교 향방이 주로 서술돼 있고, 연나라 왕 희喜가 태자 단의 경솔한 행동(진왕 암살미수) 때문에 나라가 망하게 된 전말로서 이 사건은 기록되어 있다.

여기서 지금 또다시 형가의 행동을 냉정하게 되짚어보면 고국을 지키기 위한 형가의 의외의 움직임이 보인다. 『사기』는 『전국책』을 거의 그대로 인용하지만 그 전에 형가 출신에 대한 것과 연나라에 들어가기 이전의 행동을 추가로 기록하고 있다. 그 때문에 연나라를 위해 자객이 된 모습보다도 본인을 위해 외교 활동을 해나간 형가의 모습을 여기서는 볼 수 있다. 본장에서는 외교가로서의 측면에 주목하면서 형가의 인물상을 다시 재조명하고자 한다.

연나라 태자의 보복

갚는다는 것은 선악에 관계없이 상대방의 행동에 대해 일어나는 행동을 말한다. 보은이라고 하면 상대방의 은혜를 갚는다는 것이고 보복·복수·보구報仇라는 것은 상대의 행위에 대해 앙갚음하는 것을 의미한다.

시황 20년(B.C. 227), 진왕은 자객 형가에게 비수로 습격당했다. 진왕이 습격당한 사건은 이것뿐만 아니라 향후에 황제가 되고 나서도 납을 숨긴 축筑(중국 고대의 현악기-역자 주)이라는 악기를 형가의 친구인 고점리高漸離가 던져서 맞은 일이 있고 진나라에 멸망한 한나라의 장량이 120척의 철로 된 추를 던져서 맞기도 했다. 모두 다 실패로 끝나 목숨을 건졌다. 진왕을 습격한 3명의 행동은 모두 진왕에 대한 복수였다. 형가는 연나라 태자를 위해 복수했고 고점리는 친구 형가를 위해 복수했다. 장량은 살해당한 동생을 위해 복수했다.

형가의 진왕 암살미수사건은 『사기』「자객열전」과 『전국책』「연책」에 상세히 나와 있다. 두 사료의 내용은 대부분이 같지만 『사기』에 가필된 다른 부분을 주목해보면 연의 태자 단에게 진왕 암살을 의뢰받은 자객 형가의 행동이 본인의 복수극이기도 했다는 점을 알 수 있다. 연나라 왕 희喜의 태자 단丹은 한단邯鄲에서 질자로서 지내고 있었을 때 어린 조정과 잘 지냈다. 조정이 귀국해서 진왕에 즉위하게 되자 이번에는 단이 진의 질자가 되었다. 그렇지만 단에 대한 진의 대우가 나빴기 때문에 단은 원한을 품은 채로 귀국했다. 그리고 진왕에 대한 보복을 기획했다. 연나라 태자 단의 진왕에 대한 보복은 원래는 개인의 원한이었지만 언제부터인가 개인의 원한을 초월한 국가 간의 전쟁이 되고 말았다.

사적인 보복에 의한 개인의 행동이 국가 간의 보복 전쟁으로까지 확대된 것이다. 연과 진의 두 국가에 국한하지 않고 전국시대 후기는 그러한 일촉즉발의 시대였다. 시황 18년(B.C. 229)부터 이듬해까지 진의 장군 왕전王翦은 조나라를 맹공격했다. 조나라 대장 이목李牧과 장군 사마상司馬尙 등이 맞서 싸웠지만 이목은 전사했다. 조홀과 제나라의 장군 안취顔聚가 대신 진나라 군사들에 맞서 싸웠지만 역시 패배했다. 조나라 왕 천遷은 항복하고 한단은 진나라로 넘어갔다. 삼진三晉이라고 불리었던 중원의 한韓 · 위魏 · 조趙 삼국 중에서 한나라가 멸망하고 조나라도 수도가 함락되었다. 이때 진왕 자신도 한단에 가서 태어났을 때 어머니의 집이 당한 처사에 대해 보복하기 위해 관계자들을 구덩이에 생매장했다. 그러나 그 이듬해에는 진왕 자신이 연나라 태자 단에게 보복 당했다.

진왕 암살미수사건의 진상

　시황 20년(B.C. 227) 시황제 33세 되던 해에 일어난 암살미수사건은 시황제의 일생 중에서도 노애의 난과 견줄 만한 가장 충격적인 사건의 하나였다. 지금까지 나는 『사기』의 「진시황본기」와 「자객열전」의 기사가 너무 다르다는 것에 주목해왔다. 본기는 진 측의 기록이고 암살사건의 전말과 진상은 극비로서 실패한 것만 강조되었다. 어떤 「자객열전」에는 형가가 진왕을 기습할 때까지의 행동을 극명하게 그리고 있다. 나는 이 사건의 장면을 그린 한대漢代의 화상석畵像石을 가능한 한 많이 수집하여 『사기』 「자객열전」과 다른 전설이 각지에 존재하고 있었다는 것을 발견

그림 4-1　시황제 암살 화상석

『武氏祠漢畵像石(무씨사한화상석)』 산동미술출판사. 1986년

화면 중앙에 있는 기둥의 오른쪽이 진왕. 왼쪽이 형가,
오른쪽 아래는 진무양(秦舞陽)이 넘어져 있다.
중앙의 기둥에 비수가 꽂혀져 있다. 기둥의 오른쪽 아래에는
번오기(樊於期)의 두함(頭函, 머리가 들어 있는 상자—역자 주)이 보인다.

했다(그림 4-1). 그러나 형가라는 인물이 사마천에 의해 영웅적인 자객으로 과대 묘사되어 있었다는 점에 대해서는 지금까지 전혀 모르고 있었다.

사건의 진상을 기존 사료를 통해 다시 재검증하기 위해서는 우선 「자객열전」의 대부분이 『전국책』을 인용한 것에 주목해보자. 「자객열전」은 전반부(형가라는 인물을 소개하고 연나라에 들어가기까지의 행동에 관한 기사), 중간 부분(연나라 태자가 형가와 만나 진왕 암살을 결행시켜가는 기사), 후반부(암살미수사건의 전말 기사)로 나눌 수 있다. 이 중간 부분이 『전국책』의 기사 "연태자 단이 진에 볼모로 있다가 도망쳐 되돌아가다"로 시작되는 문장을 거의 그대로 전용한 부분이다. 사마천은 원본 사료의 출전을 명시하지 않았지만 대조를 해보면 금방 알 수 있다. 정확히 말하면 『사기』가 전한前漢 말에 편찬된 『전국책』을 인용했다고는 할 수 없기 때문에 『전국책』의 원본에 의거했다고 하는 것이 맞지만 여기서는 『전국책』이라 하고자 한다.

사실은 『전국책』의 이 부분의 문장은 암살자의 움직임을 추적한 것이 아니고 어디까지나 연나라와 진나라 양국의 외교 술책을 서술한 내용에 불과하다. 사마천은 이 외교 기사의 앞뒤로 형가의 행동에 대한 기사를 추가해서 「자객열전」의 체재를 구성하였다. 지금 이 『전국책』의 인용 부분과 사마천이 가필한 부분을 분리하여 각각 독립해서 다시 읽으면, 암살자로서의 형가가 아닌 오히려 외교가인 지식인으로서의 형경荊卿(경은 존칭)의 이미

지가 떠오른다.

지금 형가와 연의 태자 단의 두 명의 행동을 다시 정리해서 사건의 경과를 살펴보자. 사마천은 태자 단의 진왕에 대한 복수의 실행자로서 형가의 정의로운 행동을 평가했지만 형가는 연나라에 들어와서 태자 단을 만나기 전에 이미 진나라 때문에 고향인 나라를 빼앗긴 위나라 사람衛人으로서 활약했었다. 조금씩 변화하는 진 · 연 · 조 삼국의 외교와 전쟁, 그 틈새에 위치한 소국 위의 동요, 그런 와중에 연나라의 태자 단과 위의 형가의 이해利害가 서로 일치했던 것이다.

의혹으로 가득한 형가의 행동

사마천에 의하면 형가는 조상이 제나라 사람으로 독서와 검술을 좋아하는 문무를 겸한 인물이며 국가를 초월하여 행동한 목적에 대해서는 수수께끼로 남아 있다. 위나라에서는 검술을 위의 군주인 원군元君에게 설명했지만 받아들여지지 않았고 진의 점령지 태원군에 가까운 유차楡次 지역을 방문했을 때에는 개섭蓋聶과 검술을 의논했으나 상대가 노려보자 그 상황에서 도망쳤다고 한다. 한단에서는 노구천魯句踐과 육박六博(주사위놀이)을 재미있게 하다가 말이 다니는 길을 둘러싸고 싸움이 일어나게 되

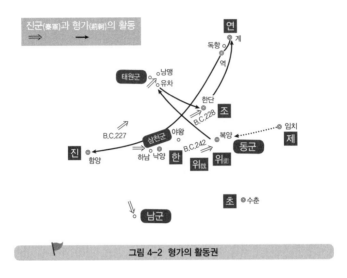

그림 4-2 형가의 활동권

었는데 형가를 나무라자 이번에도 잠자코 그 장소를 떠났다. 연나라에서도 개고기 파는 사람과 고점리高漸離와 매일같이 술을 마셨다. 술에 취하면, 고점리의 축筑 반주에 맞추어 노래를 부르고 눈물을 보이며 억누르고 있었던 감정을 마침내 드러냈다고 한다. 이러한 형가의 모습을 「자객열전」에서는 자기억제력이 강한 사람으로서 묘사하고 있어서 자객에 어울리는 인물이라고 「자객열전」의 독자는 이해해버린다. 그러나 그의 지나온 흔적을 선으로 연결해보면 거기에는 방랑했던 목적이 명확하게 보인다 (그림 4-2).

형가는 앞에서 언급했듯이 위나라 수도 복양濮陽에서 진의 점령지 태원군에 가까운 유차에 간 다음 조나라 수도 한단을 방문했으며 마지막에는 연나라 수도 계薊(지금의 북경)에 들어갔다. 이것은 결코 우연한 행동이 아니었다. 형가의 행동은 명확하게 진나라 군대의 동방침략과 연동되어 있었던 것이다.

형가의 고향인 위나라는 주의 무왕의 동생 강숙康叔의 나라이며 황하 근처에 위치하여 인구가 많고 자원이 풍부했다. 시황 5년(B.C.242) 진나라 군대에 점령당하여 진나라 동군東郡이 설치되었고 주군인 원군元君 일족은 야왕野王 땅으로 추방당하고 말았다. 형가도 이때 고국을 잃어버린 셈이다. 여불위도 『전국책』에 의하면 위나라의 복양濮陽 사람이었다. 형가 자신도 진군으로부터 위협을 받아 점차 진나라에 대한 원한이 쌓여갔을 것으로 상상할 수 있다. 유차가 위치한 태원군은 노애가 관할하는 지역이기도 하여 그곳에 가면 새어나오는 진군과 진왕실의 정보를 캘 수 있었다. 또한 시황 4년(B.C.243)에는 진나라와 조나라 사이가 서로 질자를 돌려보낼 정도로 악화되어 있었다. 형가는 한단에 들어가 일부러 태자를 진나라로부터 강제로 귀환시킨 조나라 왕의 생각을 알아보려고 했을 것이다. 마지막에 연나라에 들어가 그곳에서는 시황 15년(B.C.232) 진나라로부터 추방되어 귀환한 지 얼마 안 된 연나라 태자 단과 만났다. 진왕에 대한 것을 모두 알고 있었던 인물이다. 즉 형가는 진나라에 대항하는 동방제국의 합종을 위해 정보를 비밀리에 모으고 있었던 것은 아닐까?

연나라 태자 단의 귀환

당초 진나라와 연나라의 우호관계가 유지되었던 것은 채택蔡澤의 노력 때문이었다. 채택은 연나라 사람으로서 진나라에서 승상까지 되었는데 얼마 안 있어 연나라에 사자로 보내졌으며 삼 년이 경과한 후에 그의 책략으로 태자 단을 진나라의 질자로 보냈다. 단이 질자로서 함양에 들어간 것은 시황 4년(B.C.243) 무렵의 일일 것이다. 그리고 단이 진나라에 체재하고 있었을 때에 노애의 난이 일어났다. 이러한 혼란 속에서는 단이 진왕으로부터 푸대접을 당한 것도 무리는 아니다. 시황 15년(B.C.232) 단은 진왕에게 원한을 품으면서 연나라로 도망치듯 돌아갔다. 앞서 서술한 것처럼 진나라에서는 여불위가 죽은 후 이사의 시대로 들어갔고 시황 17년(B.C.230) 한나라를 멸망시키고 시황 19년(B.C.228)에는 조나라 왕 천遷을 붙잡았다. 연나라는 진나라에 위기감을 느끼고 양국관계는 악화일로로 변천해갔다. 단은 귀국하고 나서 5년 동안 진나라에 대한 공작활동을 계속하게 된다.

단은 먼저 자신의 측근으로 국정을 논의하는 태부太傅인 국무鞠武와 상담을 했다. 국무는 이미 진나라의 국세에 관한 정보를 가지고 있었고 경제적으로도 군사적으로도 대국인 진의 노여움을 사는 행동을 경계했다. 그 후 시간이 지나고 우연히 진나라에서 도망친 번오기樊於期 장군을 숨겨준 단에게 국무는 흉노로 보내서 즉각 처분해야 한다고 제안했다. 진나라는 번오기에게 황금 1,000근과 1만호의 봉지를 현상했다. 최근 정리된 악록진 간嶽麓秦簡에 의하면 당시 현상금을 구금購金이라고 하여 집단강 도를 생포하면 금 14량(냥)이라는 실례가 있었다. 1근 16냥으로 계산하면 1,000근은 1,142인분이나 되는 막대한 상금이 된다. 번오기는 노애의 난 이후의 숙청을 피하여 도망 왔을 것이다. 진왕 조정은 번오기를 통해 진의 내부 사정이 밖으로 새어나가 는 것을 두려워했던 것이다.

하지만 단은 번오기 장군의 추방을 인정하지 않았다. 대진對秦 정책에 곤란해진 국무는 태자 단에게 전광田光선생을 소개했다. 단의 의견은 "진과 연은 양립 불가"라는 말에서 알 수 있듯이 자 신이 중개 역할을 맡는 양국의 관계 수복은 있을 수 없다는 것 이었다. 그래서 늙은 전광은 당시까지 재능을 평가하고 있던 형 가를 단에게 소개했다. 그런데 전광은 여기서 단으로부터 기밀 을 지키라는 말을 듣게 되었고 이를 유감스럽게 받아들여 스스 로 본인의 목을 쳐서 죽고 말았다.

형가는 이리하여 국무와 전광을 통하여 단을 처음으로 만나 게 되었다. 형가와 단 두 사람의 진나라에 대한 반감에는 공통 점이 있었지만 진나라 군사가 연나라의 역수易水에 진격하는 와 중에 단 쪽은 매우 초조해하고 있었다. 한편 형가 측은 침착했 었다. 진왕과의 회견이 실현되기 위하여 번오기 장군의 목과 연나라의 독항督亢 지도를 헌상할 것을 단에게 제안했다. 독항은 연나라 수도(상도) 계薊와 부수도(하도) 역易 사이에 있는 비옥한 토지이다. 진에서 멀리 떨어진 지역이지만 회중懷中의 토지를 헌상한다는 것은 연나라의 진나라에 대한 충성도를 나타내는 것이다. 또한 형가는 스스로 번오기 장군을 만나서 진왕에 대한 원한을 직접 들었다. 진왕을 아는 사람의 정보는 형가에게도 귀중한 것이었다. 번오기는 진나라에 남겨두고 온 부모와 일족이 살해당했기 때문에 진왕에 대한 복수의 실현과 맞바꾸어 결국 자신의 목을 내놓게 된다. 단은 형가를 위해 조나라 사람 서부인徐夫人(남자)이라는 장인이 만든 비수를 일부러 구입했다. 단이 그 칼날에 독을 바르지만 그러나 나중에 서술한 것처럼 이것은 진왕을 위협하고자 한 무기였지 진왕을 죽이기 위한 것은 아니었다. 그들의 의도는 사실 암살과는 다른 데에 있었던 것이다.

형가, 진왕을 쫓다

역수易水는 연나라의 부수도 하도下都로 흐르고 있었다. 평원에 위치한 국가의 경우, 하천으로 둘러싸인 토지는 방위의 거점이 되기도 한다. 역수를 지키지 못한다면 연나라도 지킬 수 없다는 중요한 땅이다. 진왕을 암살할 준비를 마친 형가는 상도 계(북경)

를 출발해서 역수 주변까지 왔다. 단 관계자들은 모두 흰옷차림으로 이곳에서 배웅했다. 고점리는 왼손의 손가락으로 축의 목의 현을 누르고 오른손은 발목撥木으로 5현을 쳤다. 이때 형가가 부른 노래가사는 형가의 심정뿐만 아니라 어떤 정보를 우리들에게 남겨주었다. "바람은 쓸쓸하고 역수는 차구나, 대장부는 한 번 떠나면 두 번 다시 돌아오지 않으리." 바람이 쓸쓸히 부는 역수 땅은 춥다. 형가의 출발은 진나라의 역법으로 말하면 시황 20년(B.C.227) 겨울 10월부터 11월 사이였을 것이다.

그리고 형가는 진의 수도 함양에 도착한다. 그때 전국시대의 함양궁은 위수의 북쪽 함양원에 있었다. 현재도 궁전 유적이 판축版築 기단基壇으로 남아 있다. 구릉의 낭떠러지면에는 기와조각과 배수관, 도자기로 만든 우물 모양의 틀이 그대로 묻혀 있다. 이곳에 잠시 멈춰 서 있으면 진왕 조정의 운명을 가른 사건이 바로 여기서 전개되었구나 하는 감개가 용솟음친다.

여기에서 진왕은 정장인 조복朝服을 입고 연나라로부터 오는 사자를 최고의 손님(객빈/客賓) 대우로 맞이했다. 총신 몽가蒙嘉가 중개해서 내신으로서 복속하려는 연나라 왕의 의지가 전달되었다. 함양궁에 들어가 형가가 번오기의 머리를 담은 상자를, 부사인 진무양이 지도가 들어 있는 작은 상자를 들고 진왕의 옥좌 바로 아래에까지 갔다. 두 개의 상자에는 연왕 자신의 봉인이 되어 있었다. 이때 진무양은 얼굴색이 변하면서 부들부들 떨었다. 옆에 섰던 군신들이 이상하게 여기자 형가는 진무양을 보면서 변명했다. "북쪽 오랑캐 시골 놈은 천자를 알현한 적이 없기 때문에 지금 떨고 있습니다. 바라건대 허락해주신다면 조금 더 앞으로 다가가고 싶습니다"라고 했다. 진왕이 진무양이 갖고 있던 지도를 받아들고 안을 열어보니 비수가 보였다. 지도는 비단에 그려져 있었고 비수를 싸듯이 접었던 것 같다. 형가는 왼손으로 진왕의 소매를 잡은 다음 오른손으로 비수를 쥐고 진왕의 가슴을 찌르려고 했다. 진왕이 몸을 빼자 소매가 찢어졌다. 진왕은 검을 빼려고 했지만 너무 뻑뻑해 뺄 수 없어서 칼집을 잡고 있을 뿐이었다. 형가는 뒤를 쫓아갔고 진왕은 기둥을 돌아서 도망쳤다.

진나라 법률에는, 군신이 왕을 알현할 때는 1척 1촌의 병기라도 소지해서는 안 된다. 병기를 가진 낭중郎中은 모두 대전大殿 아래에 서 있었고, 황제의 허락(조/詔)이 없으면 대전 위에 올라갈 수 없었다. 그렇기 때문에 긴급한 상황임에도 불구하고 이 때 왕은 병사를 부를 수 없었다. 진의 엄격한 법률이 오히려 해가 되어 왕의 위기에서조차 대응할 수 없는 사태였다. 이 『전국책』의 고사를 이야기한 사람이 제후에게 합종연형合從連衡을 설명한 종횡가縱橫家(중국 전국시대에 독자적인 정책을 가지고 군주 사이를 유세하며 돌아다닌 외교가를 통틀어 일컬음-역자 주)라고 한다면 명백하게 강국 진의 허를 찌른 것이나 다름없다.

그러나 그때 시의侍醫 하무저夏無且가 약 주머니를 형가에게 던졌다. 잠시 기세가 꺾인 틈을 타서 좌우에 있던 자들이 "왕, 검을 빼소서"라고 전했다. 진왕은 드디어 검을 빼 형가를 공격하여 왼쪽 다리를 벴다. 형가는 넘어지면서 진왕을 겨냥해 비수를 던졌지만, 기둥에 맞았다. 형가는 마지막에 진왕에게 베였을 때 다리를 맥없이 뻗은 채 본인을 꾸짖으며, 진왕을 살려주면서 진에게 빼앗긴 토지를 반환시킬 약속을 다짐받을 수 없게 되어 원통해 하였다.

이것이 보여주는 것처럼 태자 단과 형가의 목적은 진왕의 암살 그 자체만은 아니었다. 「자객열전」 처음에 서술된 춘추시대의 조말曹沫도 비수로 대국 제나라 환공桓公을 위협해서 소국 노나라의 토지를 빼앗아 돌려주는 데 성공하였다. 강자에 대한 약자의 이러한 위협행위가 가능했다.

일단 약속이 이루어졌다면 강자는 그것을 지키지 않으면 안 되고 약자에게는 결코 비겁한 일은 아니었다. 약육강식의 전국시대에서나 있을 법한 논리였다. 제나라 승상 관중은 약속을 파기하고자 했던 환공을 오히려 경계하였다. 단과 형가는 이 고사에서 배워 진왕을 죽이는 일 없이 그 군사행동에 반격하고자 했던 것이다.

암살사건이 일어났던 이듬해 진나라 장군 왕전王翦은 연 태자의 군을 쳐부수고 연의 상도 계薊에 입성했다. 진나라의 이신장군이 추격해서 태자 단의 목을 베었다고도 하지만 연왕 희 자신이 도망쳐서 요동으로 이동해 태자 단을 베어 진나라에 헌납했다고도 전해진다. 연은 겨우 살아남았다. 진나라 군사도 이때는 군이 연의 왕을 추격하지 않았다.

위나라 수도 대량(大梁) 공격

이 후에도 진나라의 진격은 끊이지 않았고 각국을 계속해서 정복해갔다. 우선 시황 22년(B.C.225) 진나라 장군 왕분王賁은 위나라를 공격할 때 하구河溝의 물을 끌어다가 수도 대량성을 공격했다. 한비의 전술을 실천한 것이다. 대량은 현재의 하남성 개봉시의 서북에 있었다(뒤에 나오는 그림 4-3). 현재 황하는 개봉시의 바로 북쪽을 흐르고 있지만 진대에서는 훨씬 북쪽으로 70킬로미터를 흐르고 있었다. 황하는 개봉보다도 서쪽의 형양滎陽 부근에서 북쪽으로 크게 방향을 변경했다. 하구라는 것은 황하에서 끌어온 관개수로인 홍구鴻溝를 가리킨다. 홍구는 평원을 동쪽과 남쪽으로 흘러 회수淮水로 통하고 있었다. 황하의 물이 넘칠 시점에 맞추어 이 수로를 무너뜨려 홍수를 일으키면 평원에 있는 도시는 쉽게 물에 잠겨버린다.

그러나 수공水攻에도 불구하고 성 함락에는 삼 개월이나 필요해서 마지막에 간신히 위왕魏王 가假를 붙잡아 위魏를 멸망시켰다. 진나라 측의 집념이 느껴지며 위나라도 필사적인 전투였다. 그렇지만 진나라는 위나라에 대해서는 조나라를 대했을 때와 같은 복수심은 없었다고 생각된다.

사마천이 "위나라를 죽이다"로까지 표현했던 대량성을 함락시킨 이때의 전쟁은 오히려 보복이 아니라 천하를 통일하고자 하는 목적이 뚜렷했다. 진나라는 위를 멸망시킴과 동시에 황하와 홍구의 분기점인 동방대평원의 대선상지大扇狀地(큰 부채 모양의 땅-역자 주)의 정점을 차지했다. 이 형양은 나중에 항우의 초나라와 유방의 한나라가 서로 쟁취하고자 싸운 군사적으로도 중요한 지역으로 홍구를 경계로 동쪽에는 항우, 서쪽에는 유방의 세력권이었고 초나라 성과 한나라 성이 서로 대치하는 모양으로 성이 만들어졌다.

시황제는 통일 후에 세 번째 순행할 때, 형양과 대량 사이에 있는 박랑사博狼沙를 통과하다가 도적에게 습격당했다. 박랑사는 문자 그대로 황하의 범람으로 인해 모래가 퇴적된 토지이다. 전국 방방곡곡으로 범인 수색을 열흘 간이나 실시했지만 결국 잡지 못했다. 실제로 이것은 앞에서 서술했던 한나라가 멸망했을 때에 동생이 살해당한 것에 대한 원한을 품은 장량이 일으킨 사건이었다. 순행 중인 시황제의 마차를 겨냥하여 무게 120근의 철로 된 추를 역사에게 시켜서 던졌지만 부차副車(제왕이 거동할 때 여

벌로 따라가는 수레-역자 주)에 맞아 실패했다. 시황제에 원한을 가진 위나라의 땅이었던 만큼 범인 장량은 숨어 지낼 수 있었을 것이다.

초나라의 마지막 수수께끼

초나라 마지막 시기의 기사는 『사기』에서도 확실하지 않은데, 출토사료의 『편년기編年記』가 『사기』 기사의 진위를 밝혀냈다. 시황 23년(B.C.224), 초나라의 항연項燕이 기蘄(기주/蘄州. 옛 주/州 이름으로 지금의 호북/湖北省 기춘/蘄春현 남쪽임-역자 주)에서 진나라와 싸워 패배하고 다음해 시황 24년(B.C.223), 진나라의 왕전과 몽무蒙武 등의 장군들은 초나라의 수도 수춘壽春(기원전 4~3세기 전국시대에 지금의 안휘/安徽省에 있었던 지명-역자 주)을 공격하여 초나라 왕 부추負芻를 포로로 삼고 초나라를 멸망시켰다. 『사기』 「육국연표」, 「초세가楚世家」, 「왕전열전」, 「몽염蒙恬열전」의 기술 내용은 일치한다. 그러나 「진시황본기」만은 역순으로 되어 있다. 시황 23년(B.C.224)에 진나라 왕전이 초왕을 포로로 한 이후 초나라 장군 항연이 창평군을 세워 회남淮南(안휘성 중부 지역-역자 주)지역에서 반기를 들었는데 그 다음해에 창평군은 죽고 항연도 자살했다고 한다. 즉 본기에서는 초왕이 잡힌 직후에 망명정권을 세운 창평군의 죽음과 항연의 자살을 영웅시하고 있는 것 같다. 그러나 이 전설은 사실에 반하고 있음을 알 수 있다.

창평군과 창문군은 둘 다 초나라의 공자公子로 이름도 모르지만 이미 앞에서 보았던 것처럼 노애의 난 때에는 진왕 측에 붙어서 위기를 구하였다. 진의 상방相邦 자리까지 올랐던 창평군은 진나라 왕실의 내정을 잘 아는 사람이었지만 같은 초나라 하급 관리 출신의 이사가 대우를 받게 됨에 따라 진왕과는 소원해졌다. 그 두 명의 이름이 출토사료의 『편년기』에 등장한다. 그 기사에 힘입어 동향을 추적해보면 시황 21년(B.C.226) 창평군은 고향 초나라로 돌아갔다. 이 사실은 『사기』에도 있다. 전년도에는 진왕 암살미수사건이 일어났다. 창평군은 진나라보다도 초왕 부추를 도와주는 것을 더 우선시했다. 시황 23년(B.C.224), 진나라가 초나라를 총공격하는 중에 4월에 먼저 창문군이 죽었다. 『편년기』에서 서술하는 새로운 사실이다. 이 해에는 창평군도 죽었을 것이다. 더욱이 시황 24년(B.C.223)의 『편년기』 기사는 "왕" 문자 이외에는 선명하지 않지만 「육국연표」에 있는 것처럼 초왕이 포로가 된 것을 서술하고 있는 것 같다.

여기서 초나라는 멸망했다. 이후에 시황제가 죽고 나서 이 무렵 항연의 아들 항량과 손자 항우가 진나라에 대해 군사를 일으켰다. 항연과 창평군에 대한 초나라 사람들의 생각이 초왕이 붙잡힌 후에도 최후까지 진나라에 저항했다는 전설을 만들었을 것이다. 즉 초나라의 최후를 본기에서는 굳이 왜곡해서 서술하

그림 4-3 위(魏)·초(楚)의 멸망

고 있는 것이다.

게다가 출토사료가 진나라와 초나라의 알려지지 않은 최후 결전의 모습을 가르쳐주고 있다. 하나는 수호지睡虎地4호 진나라 묘에서 출토된 2장의 목판 서간으로, 흑부黑夫와 경驚 두 명이 2월 신사(19일) 일자로 고향의 어머니와 가족에게 보낸 서간이다. 회양淮陽(회수 북쪽)에서 전쟁에 참가했는데 좀처럼 적의 성이 함락되지 않는 모습을 전하고 있다. 시황 24년(B.C.223) 2월은, 초나라 수도 수춘의 몰락과 초왕이 포로가 되기 직전이었다. 「진시황본기」에서는 시황 23년(B.C.224)에 이미 초왕이 포로가 된 것과는 모순된다. 이때에는 진왕도 스스로 초나라 진陳의 땅에 들어갔다(그림 4-3). 무언가 단호한 생각이 있었을 것이다. 초나라의 수도는 장강 중류의 영郢에 있었는데 소왕 29년(B.C.278) 진나라의 백기白起장군에게 공격당해 회수 북쪽의 진陳까지 북상했고 더욱이 시황 6년(B.C.241)에 회수 유역 남쪽 기슭의 수춘으로 환도했다. 초 지역은 매우 넓다. 남쪽은 장강 하류의 오월 땅을 지배했고 중원에서는 진陳, 기杞, 채蔡 등의 춘추시대 소국의 땅을 지배 영역으로 편입시켰으며 전통이 있는 노나라도 멸망시켰다. 팽성彭城(지금의 서주/徐州)으로부터 동쪽의 해안을 따라 동초東楚, 장강 이남을 남초南楚, 회수 북서부를 서초西楚라고 부르는 것처럼 세 개로 나뉘어졌다. 자원도 풍부했다. 진나라에게는 매력적인 토지였기에 소왕 29년(B.C.278) 옛 수도인 영에 남군을 두고 점령 지배를 실시해왔다.

남군에는 운몽택雲夢澤(현재의 동정호/洞庭湖 주변)이라는 자원의 보고가 있다. 서초는 옻을 생산하고 남초는 광물자원이 풍부하여 금광과 동광銅山이 있고 주석도 채굴할 수 있었다. 화씨지벽和氏之璧(화씨/和氏가 발견한 옥이라는 뜻으로 천하 명옥의 이름–역자 주)에서 잘 알려져 있는 것처럼 옥도 생산하였다. 진왕은 그러한 초나라를 수중에 넣었던 것이다.

오십보 · 백보──죽간이 이야기하는 전쟁터

악록진간嶽麓秦簡에는 초나라가 진나라에 점령되어 멸망해가는 시기의 모습이 사건으로서 기록되어 있다. 앞에서 서술한 『주언서秦讞書』는 중앙정부나 상급관청에 판단을 바라는 재판문서이지만 『사기』에는 기록될 수 없었던 사건이 보인다. 그중 하나는 초나라에서 발생한 도적사건이다. 초나라가 멸망했어도 원래의 초나라 땅에서는 혼란이 계속되고 있었다. 시황 25년(B.C.222)의 문서에서는 진인 네 명과 형荊인 10명이 도적무리가 되어 사람을 살상한 사건을 취급하고 있다. 진나라 도적무리 중 한 명을 생포한 경우에는 금 14냥兩이나 되는 현상금을 지급하지만 타국인을 붙잡은 경우는 2량에 그친다. 형인은 초나라 사람을 말하며 진秦은 장양왕莊襄王 자초子楚의 이름을 피해서 형荊이라고 했다. 진나라가 초나라를 멸망시킨 직후에도 현지에서는 진인과 초인이 함께 도적무리로 행동하는 사태가 지속되었던 것을 알 수 있다.

그 외에도, 이 악록진간 중의 시황 26년(B.C.221) 9월의 문서에서는 50보 · 100보의 고사를 상기시키는 사건이 보인다. 50보 · 100보라는 말은 맹자가 양나라 혜왕惠王에게 말한 것으로 호전적인 왕의 성격을 나타내는 전쟁터에서 사용하는 비유어로서 등장했다. 진군을 명하는 북을 치면서 병사를 독려해도 전쟁이 계속되면 갑옷과 무기를 버리고 도망가는 병사가 나오게 마련이다. 그때 50보 도망간 병사가 100보 도망간 병사를 보고 웃는다면 어떻겠는가라는 맹자의 질문에 혜왕은 둘 다 도망간 것에는 변함없다고 대답했다. 잘 알려진 이 고사는 물론 비유어이며 혜왕 시대에 실제로 걸음의 수까지 집착했다고는 생각할 수 없다.

그러나 진의 법률에는 전쟁터에서 현실적으로 퇴보하는 걸음의 수 차이로 처벌받았다는 것을 출토사료를 통해서 알 수 있었다. 시황 26년(B.C.221) 9월은 통일한 해의 마지막 달로서 통일 이면에서 일어난 구체적 사건은 통일 사업을 잘 정리해서 기술한 『사기』에는 보이지 않는 것으로, 출토사료는 당시 전쟁의 모습을 실감 나게 이야기하고 있다. 진군해야 하는데 두려워서 12보 후퇴해 적의 병사의 추격을 받을 때 활을 쏜 자를 어떻게 처벌해야 하는지에 대한 것이 이 문서의 주요 내용이다. 조사해보니 46보 후퇴한 자도 있고 100보 후퇴한 자도 있었다. 활에 사살된 자도 있는 반면 단검을 가지고 용감하게 싸우다 사망한 자도 있었다. 결국 먼저 도망한 12명에게는 두발을 자르지 않은 채 변경의 축성과 방위에 관한 노역과 귀신제사에 쓸 땔나무를 모으는 노역의 노동형을 명하고 그 다음 도망간 14명은 수염을 깍은 후 노역하는 것으로 명했다고 한다. 1보는 6척, 1.38미터의 길이이며 12보는 16.56미터, 46보는 63.48미터, 100보는

138미터이다. 정확하게 계측되어 있다. 진의 법률에서 전쟁터에서의 오십보 백보는 같은 것이 아니었다. 현실적으로 오십보 도망한 자가 백보 도망한 자를 비웃었을지도 모른다. 과혹한 전쟁터에서의 모습을 잠시 엿볼 수 있다. 병마용1호갱에서도 진군용 북의 흔적과 후퇴용 용종甬鐘(손잡이가 달린 종)이 발견되었다. 진군과 후퇴는 정연하지 않으면 안 되는 규칙이 있었다.

조나라는 울고 진나라는 웃다

앞에서 서술한 바와 같이 연왕은 수도 계(지금의 북경)에서 요동으로 도망가 스스로 태자 단을 참살해서 진나라에 헌상했다고 전해진다. 연은 동쪽의 요동반도나 조선과 연결되어 있고 북쪽은 유목민과 접해 있으며 서쪽은 황하 최북단의 지역까지 뻗어 있었다. 남쪽은 역수를 경계로 하고 갈석碣石이라 불리는 암초 바다에도 접해 있었다. 연왕은 진나라의 추격을 피하고자 조선 세력에 의지했다. 조선에는 주周나라 무왕이 봉한 기자조선箕子朝鮮이 있었다고 전해진다. 기자는 은나라 주왕紂王 일족인 현인賢人으로 전해지고 있다(기자조선의 실존 여부는 자료해석 방향에 따라 여러 학설이 존재하는데 중국과 일본의 학계에서는 이 학설을 강조하고 있는 반면에 한국학계에서는 기자 동래설에 관한 견해는 3세기 이전의 사서인 『논어』와 『죽서기년』에 기자에 관한 내용

만 있을 뿐 조선에 갔다는 기록이 없으며 고고학적으로 기자의 동래 사실이 뒷받침되지 않

는다는 점 때문에 20세기 초 이래 부정되고 있다—역자 주).

그러나 시황 25년(B.C.222) 연왕 희흘가 붙잡히게 되어 연은 멸

망했다. 진나라는 처음으로 바다를 가진 나라를 수중에 넣게 되

었다. 연나라는 물고기와 조개 그리고 소금과 대추, 밤을 생산

하는 나라였다. 북방 유목민족의 초원과 조선반도, 바다로 둘러

싸인 연을 병합함으로써 진나라의 영역은 확대되었다.

연나라와 연계돼 있었던 사람이 후에 대왕代王이 된 조나라 공

자 가嘉였다. 조나라는 왕이 붙잡혔지만 조나라의 대부들이 공

자 가를 북방의 대代 지역에 세워서 6년이나 독립·저항했다. 대

는 현재의 하북성에 있는 울현蔚縣 부근에 있다.

같은 해 연왕에 이어서 대왕도 붙잡혔다. 이 직전에 요동의 연

왕과 대왕 사이에 서간이 왕래되었는데 진나라에 대한 대책을

서로 논의하고 있었다. 대왕은 태자 단을 살해해서 진왕에게 헌

상하면 공격이 멈춘다고 전했지만 결국은 진나라에 공격받았다.

이전에 시황 16년(B.C.231)에 대 지역에서 지진이 일어났다.

『사기』「조세가」에는 "대 지역이 크게 움직였다"라고 기록되었고

집과 담장 벽 등 2/3가 붕괴되었다고 한다. 오늘날 집의 내진과

는 다르지만 진도 7 정도의 강도였을 것으로 생각된다. 대지의

균열도 동서 130보(약 180미터)에 걸쳐서 생겼다. 현재의 산서성

태행산맥 북단, 중국의 화북평원에는 지진대가 있다. 1966년의

형대邢台지진은 한단의 북부, 1976년의 당산唐山 대지진도 태행산과 연결된 연산산맥의 남쪽에서 일어났는데 당산에서는 24만 명이 넘는 사망자가 속출했다. 대의 지진 후 다음 해에는 대기근도 발생해 이 지역의 민중은 다음과 같은 노래를 불렀다고 한다.

"조나라는 울고, 진나라는 웃는다. 믿기지 않는다면 땅에 풀이 나는 것을 보라."

그러한 지역에 조나라를 멸망시킨 사람들이 들어왔다. 진나라에 대한 원한을 품고 마지막까지 저항하고자 했던 것이다.

무혈입성

실제로 마지막까지 남은 나라는 동방의 대국 제나라였다. 진왕은 이 나라에 대해서는 미운 감정이 없었던 것인지 처음에는 멸망시키려고 하지 않았다. 진나라와 제나라, 동서의 두 나라에서 천하를 이등분해도 괜찮다고 생각했던 것 같다.

진나라는 우선 제나라 이외의 다섯 나라와 싸우기 위해 후방의 대국 제나라의 움직임을 누르기 위한 작전을 세웠다고 할 수 있다. 제나라 승상에게 몰래 금전을 주어 제왕이 다섯 제후국을 지원하지 않고 진나라에 조공하도록 했다. 그러나 이미 다섯 제후국이 멸망한 이상 제나라를 그냥 살려둘 이유가 진에게는 없다. 경계해왔던 제나라는 제나라 왕 건建이 승상 후승后勝과 함께 진나라의 사절을 거부하고 제나라의 서쪽 국경을 폐쇄했다. 진나라 장군 왕분은 연나라의 남쪽에서 돌아 들어가 제나라를 공격해, 제나라 왕 건을 붙잡았다. 그리고 왕을 공共의 땅(진나라 점령지 하내군/河內郡)에 보냈다. 제나라 왕은 싸우지도 않고 항복하여 진나라는 국명 그대로 진나라 관할 제군齊郡을 두었다.

제나라가 대국이었던 것은 그 지세와 자원에 힘입은 바가 크다. 제나라의 영역은 현재의 산동성과 거의 필적한다. 제나라는 황하와 산동 구릉과 바다에 둘러싸여 있고, 이 산동 구릉의 연결된 봉우리의 북쪽 고개 능선에 장성을 쌓았다. 원래는 태산泰山의 북쪽 기슭은 제나라, 남쪽 기슭은 노나라로 두 개로 나뉘어 있었다. 제나라 왕 건建이 기원전 265년에 즉위하고 나서 진나라와는 싸움을 하지 않았고 진왕 조정의 치세가 된 이후부터는 진의 함양에 스스로 입조하고 있었다.

제나라가 만일 다섯 제후국을 지원하는 합종책을 채택했더라면 진나라는 육국을 간단히 멸망시키지는 못했을 것이다. 그러나 제왕 건은 그렇게 하지 않았기 때문에 결국 육국 멸망이라는 결말로 끝났다. 제나라 사람들은 제왕의 어리석은 판단을 원망하며 '소나무인가, 측백나무인가, 건을 공共에서 살게 한 것은 빈객 때문인가'라고 노래했다. 진나라의 정복 후 제나라 왕은 공共이라는 땅의 소나무와 측백나무 사이에서 살게 되었다고 하는 것이다. 그리고 이러한 결과가 된 책임은 뇌물을 받고 진나라와 내통하여 제나라 왕에게 진나라와 화해하는 것을 추천한 빈객에게 있었다고 한다. 제나라 왕은 침엽수인 송백이 말라죽는 한랭한 고지로 옮겨졌다. 소나무는 언덕 위에 심는 수목이며 측백나무는 관을 만드는 나무이기 때문에 제나라 왕의 마지막 땅임을 의미하고 있다.

제나라에 남겨진 은 쟁반이 있다. 직경 37센티미터, 두께 5.5센티미터의 원형 모양의 쟁반으로 표면에는 용과 봉황 문양이 있고 은으로 도금을 한 정교한 것이었다. 임치臨淄에 있는 전한前漢의 제왕齊王묘에서 1979년에 발견되었다. 시황제의 연호로 생각되는 33년(B.C.214)의 연호가 새겨져 있어서 제나라에서 제조된 것이 시황제의 손에 넘어간 것이라고 본다. 진나라는 제나라 왕을 제나라 땅에서 쫓아내고 동시에 이러한 제품을 만든 수공업자도 강제로 이주시켰다. 제나라의 제철업자를 멀리 떨어져 있는 서방의 촉나라 땅으로 이주시켰다. 제나라뿐만 아니라 조나라를 멸망시킨 때에도 제철업자 탁씨卓氏를 촉나라로 이주시켰고 위나라를 멸망시킨 때에도 제철업자 공씨孔氏를 남양의 개척지로 이주시키는 등 동방제국 각지의 제철 기술자를 변방으로 이전시키는 정책을 폈다. 후에 공씨의 자손인 남양의 공근孔僅은 전한 무제 때의 대제철업자로 등장하며 무제의 염철전

매제鹽鐵專賣制(소금과 철 전매제-역자 주) 정책을 지지했다. 탁씨의 자손 탁왕손卓王孫도 무제 때 노비 수백 명을 거느린 갑부가 되었다. 즉 왕조교체를 초월해서 시황제의 조치措置가 영향을 미친 셈이다. 철은 주조농기구를 대량으로 생산하는 소재이며 변방 개척에는 없어서는 안 된다. 진나라는 동방의 생산물건을 수중에 넣음과 동시에 기술도 얻게 된 것이다.

육국 왕의 생존

뒤에서 서술할 시황제를 현창한 각석刻石에는 "여섯 왕을 금멸禽滅했다"(동관각석/東觀刻石)라고 적혀 있지만 실제로 육국의 왕들을 금수처럼 죽인 것은 아니었다. 이제까지 보아온 것처럼 여섯 왕은 한나라 왕 안安, 조나라 왕 천遷, 위나라 왕 가假, 초나라 왕 부추負芻, 연나라 왕 희喜, 제나라 왕 건建 6명이며 그 밖에 조나라 왕 천의 형제이며 적자출신으로 아버지의 나라를 다시 계승한 대왕 가嘉가 있다. 진왕의 마음은 흔들렸다. 육국을 멸한 시점에서는 진나라에 복속하는 제후의 왕국으로 부활시켜도 좋다고 생각하고 있었던 것처럼 왕을 죽일 생각은 하지 않았다. 왕을 포로로서 신하로 부리고자 하는 길을 택했던 것이다.

예를 들면 한나라 왕 안安은 시황 17년(B.C.230)에 붙잡혀서 나라는 멸망했다. 그러나 동시대 사료인 앞에서 언급한 『편년기』에 의하면 같은 해에는 "한나라를 공격했다"라는 기록만 있을 뿐 멸망시켰다는 기록은 없다. 한나라 왕은 그 후 4년간 생존했고 『편년기』에는 시황 21년(B.C.226)에 "한왕 죽다"라고 하여 이주한 땅에서 죽었다는 것을 새롭게 알게 되었다. 조나라 왕 천도 시황 19년(B.C.228)에 포로가 되어 나라가 멸망된 다음에 호북성湖北省 무당산武當山 산지의 방육房陸까지 멀리 떨어져 지내면서 고향을 생각하는 노래를 지었다고 한다. 가嘉는 신하와 함께 대로 이주하여 왕이 되었다. 이처럼 제나라 왕 건도 시황 26년(B.C.221)에 붙잡혔는데 그 후 멀리 하내河內(황하)의 공共현 땅으로 옮겨졌지만 생존해 있었다. 시황 21년(B.C.226) 연나라 왕 희는 아들 태자 단을 베어 진나라에 바쳤지만 스스로 요동으로 도망쳤다. 시황 25년(B.C.222)에 붙잡히기는 했지만 죽임을 당하지는 않았다. 이후의 진나라 멸망을 생각해보더라도 한 원년元年(B.C.206), 진나라 3대 황제 자영子嬰은 옥새와 할부割符를 넘기며 패공沛公 유방에게 항복했지만 죽임을 당하지는 않았다. 자영을 죽인 것은 항우이다. 자영이 유방에게 항복하여 왕을 퇴위한 시점에서 진나라는 멸망하였고 왕의 생사는 국가의 멸망과는 관계가 없었다. 전국시대 국가를 나타내는 것은 어디까지나 사직社稷이었으며 왕이 제사지내는 토지의 신社과 곡물의 신稷을 없애는 것이 국가의 멸망을 의미했다.

제5장

황제순행

—'통일'의 실상(39세)

從皇帝而行及舍禁苑中者皆　□□□□☑

皇帝過将者令徒☑

龍崗秦簡(용강진간) 皇帝簡(황제간)

두 개의 황제의 '황(皇)'의 글자는 다르다.

시황제 조정의 50년 생애 중에서, 시황 26년(B.C.221)이라는 해는 최고로 큰 무대였던 것 같다. 이 해는 무엇보다 진나라가 드디어 '중국 통일'을 이룬 해로서(뒤에 나오는 그림 5-1), 『사기』에는 시황 26년 기사에서 통일사업에 대한 상세한 내용을 중앙정부의 선언으로서 높이 칭송하고 있다.

그런데 동시대의 지방관리 연대기인 『편년기』에는 놀랍게도 시황 26년 부분에 아무런 기록이 없는 공백으로 되어 있다. 그 후, 통일을 지방관리에게 철저히 주지시킨 한 장의 조서판詔書版이 오래된 우물에서 우연히 발견되어 「진시황본기」 26년 기사와 중복되는 내용이 다수 확인되었다. 그러나 이 내용도 『사기』의 기술과는 전혀 일치하지 않는다. 이 사료의 출토로 인해 한대 사마천의 눈으로 본 '통일'이 아닌 동시대 사람들에게 '통일'이란 무엇이었는지가 드러난 것이다.

더욱이 통일 이듬해부터 5회에 걸쳐 행해진 황제의 지방순행에는 진나라의 통일 실상을 말하는 중요한 메시지가 숨겨져 있다. 지방관리는 무엇보다도 시황제의 순행을 맞이해야만 했다. 『편년기』에는 통일에 대한 선언은 없어도 순행에 대한 것은 확실히 기술되어 있었다. 일반적으로 진의 통일은 군현제나 문자 · 도량형 · 거궤車軌(마차 폭)의 규격화를 거론하는 경우가 많지만 그것을 단지 '선언'한 것만으로 통일이 실현되는 것은 아니었다. 시황제는 통일을 선언한 다음에 동방 6개국을 정복한 것을 자랑스럽게 여겨 각국에서 무장해제의 의미로 칼을 수거하거나 각국의 수도와 전국시대의 장성 파괴를 실행하였다. 그 이후에 동방 육국으로 순행을 실시하였다. 가장 큰 목적은 황제의 위신을 생생하게 보여주는 것과 통일을 보다 더 견고히 하고자 했을 것이다. 그 와중에 동방의 땅에 태어난 추연鄒衍의 오덕종시설五德終始說, 제나라 팔신八神의 제사, 방사方士의 삼신산三神山 신앙을 알게 되었고 동방의 땅에서 일종의 성지를 발견했을 것으로 생각된다. 그러한 흔적에도 주목하고자 한다.

우선 시황 26년 이후 6년간의 「진시황본기」 기사부터 보기로 하자. 수도 함양에 머물지 않았던 인간 시황제의 적극적인 움직임에 주목하면서 연표를 읽어보겠다. 이렇게까지 적극적으로 지방에 지속적인 연관성을 가지고 있었던 황제가 있었을까? 나 자신도 시황제가 지나간 순행 경로를 실제로 걸어보고 그 역사 현장의 자연경관을 확인하는 작업을 진행해왔다. 그 성과를 개입시키면서 산천과 바다를 제사지낸 것에 숨겨진 시황제 행동의 목적을 살펴보기로 한다.

시황 26년의 『사기』 기사

시황 26년(B.C.221)부터 37년(B.C.210)까지의 12년간은 시황제에

게 1년, 1년이 매우 중요한 시간이었다. 『사기』「진시황본기」의
기사도 그때까지와는 다르게 문자수가 증가하고 있었는데 시황
25년(B.C. 222) 불과 43자에 지나지 않았던 것이 이듬해 26년은
930자로 급상승했다.

*설치 시기에 따른 분류

▢ 내사(전국 진 통치하의 영토)

▢ 전국시대 진(혜문왕~진왕 조정)이 점령지에 설치한 군(郡).
①상(上) ②촉(蜀) ③파(巴) ④한중(漢中) ⑤하동(河東) ⑥상당
(上黨) ⑦남(南) ⑧삼천(三川) ⑨태원(太原) ⑩동(東)
⑪남양(南陽) ⑫영천(潁川)

▨ 통일시기에 동방 육국을 멸망시키고 설치한 군

▨ 통일 후에 흉노(匈奴)·백월(百越)과의 전쟁 시기에 설치한 군

▨ 군을 설치하지 않고 점령한 지역

그림 5-1 통일제국 진(秦)의 지도

사마천은 이 12년 중에서 전반의 6년을 통일사업 시대, 후반 6년을 흉노와 백월과의 대외전쟁 시대로 묘사하고 있다. 통일 사업과 전쟁 그리고 최후에 맞이하는 시황제의 죽음이라는 역사의 흐름 속에서 우선 최초의 6년간을 살펴보기로 하자.

『사기』 본기의 기사는 편년 형식의 연대순으로 기술되어 있지만 월까지 명기되어 있는 것은 예외적인 일이다. 통일 진의 역사 12년 중에서도 월, 일이 함께 기술되어 있는 것은 모두 시황제가 서거한 시황 37년의 두 개의 기사뿐이며 "37년 10월 계축, 시황이 출유하다", "7월 병인, 시황이 모래언덕 평대平臺에서 죽다崩"이다. 월만 기록한 것도 같은 해 37년의 "11월 가서 운몽雲夢에 이르다", "9월 시황을 여산酈山에 묻다"의 2건에 불과하다. 하지만 출토된 행정문서에서는 연월일까지 명기된 것이 많다. 이러한 출토사료를 효율적으로 활용한다면 시황 26년이라는 통일한 해에 월 단위로 정치정세가 어떻게 움직이고 있었는지를 알 수 있다. 거기서 『사기』에도 없는 새로운 사실도 알 수 있다.

시황 26년, 통일한 1년 동안에 무슨 일이 있었는지 『사기』 「진시황본기」의 기사는 전혀 월을 서술하지 않고, 기사를 난잡하게 몰아넣은 느낌이 있다. 그 내용을 쓰여진 순서대로 권말의 연표에 열거했다(이하, 권말 연표의 원 숫자 해당부분을 참조). 진의 통일이라고 하면 황제호칭 채용(②), 군현제의 시행(⑥), 도량형 · 거궤車

軌·문자의 통일(⑨)을 반드시 거론하지만 통일의 정당성을 이론 적으로 주장한 수덕정치水德政治(종시오덕설/終始五德說에 준한 정치, 권말 연표 참조)의 개시(⑤)가 중요하고 또한 동방 육국을 정복하여 무기를 빼앗고 궁전을 파괴하고 미인을 약탈해서 함양으로 이주시켜 살게 한 것(③)처럼 현실적이고 구체적인 행위야말로 진제국의 지배 본질이 나타나 있는 것으로 생각된다. 육국의 무기를 녹여서 만든 대좌에는 일부러 진의 편종(음계가 다른 일련의 종)을 걸쳐놓고 진의 음조로 음악을 연주했다고 하지만(⑧) 이러한 것의 의미야말로 파헤쳐 볼 필요가 있다.

통일 기사 공백의 수수께끼

앞에서 서술했듯이 『사기』에 이 만큼의 기사가 있으면서도 출토사료 『편년기』의 시황 26년 란에는 완전히 공백으로 되어 있다. 남군의 지방관리는 시황 26년에 진이 육국을 멸하고 천하를 통일한 것을 몰랐던 것일까? 그것은 있을 수 없는 일이다. 그렇다면 사마천이 『사기』「진시황본기」에 나열한 정도로 통일사업이 동시대에 확실히 시행되지는 않았던 것으로 볼 수 있다.

한편, 오래된 우물 안에 파기된 리야진간里耶秦簡의 행정문서 출토에 의해 시황 26년의 13개월(이 해는 윤년)의 거의 모든 달의 문서를 볼 수 있게 되었고, 악록진간의 『주언서』에도 26년 9월 기묘일의 문서가 있었다. 또한 주목할 만한 것은, 통일을 말하는 한 장의 조서판이 오래된 우물에서 출토되었다는 점이다. 중앙의 통일 선언은 확실히 지방까지 도달돼 있었다. 그러나 그것도 난잡한 그대로였다. 우선은 『사기』 시황 26년의 기사를 시간의 추이에 따라 정리해보자.

시황 26년의 1년 동안 해는 10월부터 시작하여 12월까지의 3개월간은 겨울이다. 진왕은 동방의 제나라 사람 추연의 오덕 사상에 이끌려 오덕(목화토금수의 덕) 중 수덕을 왕조의 덕으로서 선택했다. 진이 화덕을 덕목으로 하는 주나라에 승리한 것을 강조하기 위한 이론으로서 채용한 것으로 생각된다. 수덕의 수는 6, 계절은 겨울이다. 진이 육국 최후의 제나라를 멸한(①) 때는 대략 10월이었을 것이다. 겨울의 시작과 함께 사태는 커졌다. 그 영향으로 곧장 중앙에서는 중요한 어전회의가 열렸다. 황제 호를 결정하고(②), 군현제의 시행을 선언한 회의(⑥)이다. 동시에 민중을 검수黔首로 부르고 통일을 축하시키기 위해 술과 고기를 하사하여 술잔치酒宴를 여는 것을 인정했다(⑦). 그리고 수덕에 맞는 일련의 여러 정책을 펼쳤던 것이다(⑤).

한편 진의 도량형 기구에 포함된 많은 조서판에는 다음과 같이 적혀 있다. "26살 되던 해, 황제는 천하의 제후를 모두 아울렀기 때문에, 백성들은 크게 평안하고 안정되었다. 새롭게 황제라는 호를 세웠다(만들었다). 그래서 승상(전국시대의 상방) 외상隗狀과 왕관王綰에게 조서를 내려 도량형이 규격에 안 맞아 의심스러우면 모두 하나로 통일시킨다." 바로 여기서 이 선언의 조서가 중앙의 승상에게 내려졌다는 사실을 알 수 있다. 승상을 통해서 중앙과 지방의 모든 관리에게 "진이 처음으로 천하를 합쳤다"는 것이 전해져, 도량형, 거궤, 문자의 통일(⑨)을 선언했다.

또한 리야진간에 따르면 시황 26년 3월에는 동정군洞庭郡 천릉현에서 사공졸산부司空卒算簿가 만들어져 형도刑徒의 노동력을 조사하였다. 진은 통일 직후에 진 왕릉을 황제릉으로 고쳤는데 그 토목공사 요원으로 대량의 형도들이 필요했던 것이다. 정월에는 천릉현의 계릉향 17호의 소속교체를 행하였다. 당시는 군현 아래에 향과 리가 있었으며 민중 공동체를 관할했다. 8월에는 형도들을 관리하는 사공司空이 관 소유의 배가 반납되지 않은 사안을 보고하고 있다. 이 모든 것이 천하통일 직후의 지방관리가 중앙에 대해 충실하게 움직였다는 사실을 보여준다.

그러나 6월에는 월나라 사람이 성에 잠입해 있다가 모반을 일으키기도 했으며 9월이 되어도 진나라에 저항하는 반구(반란집단)와 싸우는 사건이 일어났다. 이것은 통일했다는 현실을 보여주는 사건이며 중앙으로부터 전파된 통일선언만으로 지방이 바로 다스려지지는 않았다는 것을 보여주고 있다. 그런 이유 때문에 더욱 시황제가 친히 지방으로 가는 순행을 취하게 되었던 것이다.

오래된 우물에 버려진 통일 조서판

리야진간은 2002년 호남성 용산현의 리야里耶고성에 있는 오래된 우물에서 진대 간독이 3만 8,000장이나 발견된 것을 말한다.

우물의 깊이는 14.3미터, 그 안에서 겨우 가로 27.4, 세로 12.5센티미터 짜리 1장의 목판이 있었다(그림 5-2). 통일한 시황 26년(B.C.221)의 『사기』의 기술과 합치되는 상당히 귀중한 사료이며 시황제가 통일할 때에 중앙에서 출판된 조서의 내용을 요약해서 조목별로 작성하여 지방관리의 편의를 위해 제공한 목판이었다. 우물은 지하 수위가 유지되어 있다면 귀중한 수원이지만 지하 수위가 내려가 물 환경이 변화하면 마른 우물이 된다. 지방관청에 있었던 이 오래된 우물은 행정문서의 폐기장소가 되었다. 그것이 우리들 입장에서 보자면 안성맞춤의 문서보존 창고가 되었던 것이다.

그 후 2013년에도 같은 장소인 호남성의 익양시益陽市에서 오래된 우물이 발견되어 전국戰國에서부터 진한, 삼국까지의 5,000장 남짓한 간독이 발견되었다. 호남성 장사시 주마루의 오래된 우물에서는 이미 14만장에 달하는 삼국오간三國吳簡이 발견되어 주목받고 있으며, 또한 장사시에 있는 다른 오래된 우물에서는 1만장 남짓한 전한 무제 때의 간독도 발견되었다. 지금의 호남성은 오래된 우물의 고고학을 중심으로 관심 받고 있다.

장강 중류 지역의 동정호에 가까운 적당한 습도와 토사가, 지하의 깊은 묘실과 동일하게 간독을 보존할 수 있었던 것이다.

리야진간의 연대간(연호를 기록한 것)은 통일되기 전년에 해당하는 시황 25년(B.C.222)부터 2세 황제 2년(B.C.208)까지이다. 2세 황제 2년이라는 것은 진승陳勝의 반란군이

14 歸户更曰乙户
15 諸官爲秦盡更
16 故皇今更如此皇旦
17 故曰今更如此皇
18 日産曰疾
19 日旴曰荆
20 毋敢曰王父曰泰父
21 毋敢謂巫帝曰巫
22 毋敢曰豬曰彘
23 王馬曰乘馬

44 王獵曰皇帝獵
   王犬曰皇帝犬
45 以大車爲牛車
46 騎邦尉爲騎尉
47 郡邦尉爲郡尉
48 邦司馬爲郡司馬
49 乘傳客爲都吏
50 大府爲守□公
51 毋曰邦門曰都門
52 毋曰公□曰□
53 毋曰客舍曰實
54 舍

함양 근처의 여산릉酈山陵을 건설하는 장소에까지 압박했던 해이다. 이듬해 3년(B.C.207)에는 2세 황제도 조고에게 살해당했고 한 원년(B.C.206)에는 3대 황제인 자영이 항우에게 살해되어 진은 멸망했다. 리야의 우물에 목판을 폐기한 계절은 토양중의 식물로 짐작해보건대 여름에서 가을 사이의 2개월이라고 한다. 진제국

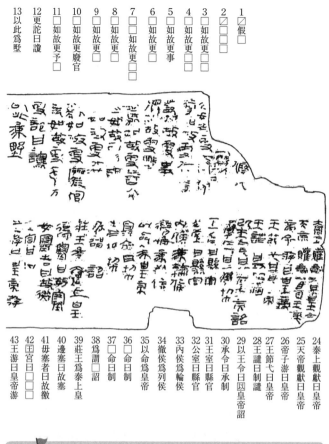

<table>
</table>

13 以此爲墅
12 更詑日譴
11 □如故更予□
10 □如故更廢官
9 □如故更□
8 □如故更□
7 □如故更□
6 □如故更
5 □如故更事
4 □如故更□
3 □如故更□
2 □□
1 □假□

43 王游日皇帝游
42 囝宮日□
41 毋塞者日故徼
40 邊塞日故塞
39 莊王爲泰上皇
38 爲謂□詔
37 □命日制
36 □命日制
35 以命爲皇帝
34 徹侯爲列侯
33 內侯爲輪侯
32 公室日縣官
31 王室日縣官
30 承令日承制
29 以王令曰囚皇帝詔
28 王謚日制謚
27 王節弋日皇帝
26 帝子游日皇帝
25 天帝觀獻日皇帝
24 泰上觀獻日皇帝

그림 5-2 리야진간 통일 조서판

중앙으로부터 내려온 문자 사용 지시는 구체적이며 흥미롭다. "(墅/야·墅/야가 아니라) 이것을 墅(야, 野)로 한다"(13), "(豚/돈은) 豬(저)가 아니라 彘(체) 글자로 한다"(22), "(출생은) 産(산), (병은) 疾(질) 글자로 한다,(18)", "(吳는) 訴(거스르다는 의미), (楚/초는 장양왕 자초·子楚의 글자를 피하여) 荊(형) 글자로 한다"(19), 작위의 명칭에 대해서는, "내후(內侯, 關內侯/관내후)를 윤후(輪侯, 倫侯)"(33), "철후(徹侯)를 열후(列侯)로 한다"(34)로 되어 있다. 황제에게 가장 가까운 19급, 20급의 작명(爵名)에 윤(倫), 열(列) 글자를 사용한 의도가 전해진다.

이 붕괴하는 움직임 속에서 행정문서는 오래된 우물에 폐기되었다는 것이다.

화제를 다시 되돌리면 이 조서판에는 2단에 걸쳐 54개나 되는 사건이 예서가 아닌 소전小篆 서체로 기록되어 있다. 죽간에 모필로 쓴 문자를 예서, 금속이나 돌로 새긴 통일 후의 문자를 소전이라고 하는데, 전자는 기록, 후자는 보여주기 위한 것으로서 조서판을 편서扁書(편은 게시판)라고도 한다. 통일 전의 제도를 통일 후에 어떻게 바꿀 것인가에 대해 각 조목별로 기록되어 있었다. 기본은 왕이 황제로 바뀐 것이고 이에 따라서 자세하게 바뀌어야 할 사항들이 서술되어 있다.

가령, 왕의 '명'을 황제의 '제'로(그림 5-2의 35~37, 이하 같음), 왕의 '영'을 황제의 '조'로 말을 바꾸는 것이 요구됐는데, 이것은 『사기』에서도 볼 수 있다. '제'는 일반적인 황제 명령이고, '조'는 신하의 심의로 시작되어 상주上奏와 황제의 재가裁可를 거쳐서 내려오는 문서이다. 그러나 "왕의 순유(순행/巡行)"를 "황제의 유游"(43), "왕의 사냥(수렵)"을 "황제의 사냥"(44), "왕의 개犬(사냥개)"를 "황제의 개犬"(45)로 말을 바꾸는 것 등은 『사기』에는 없다. 진왕이 사냥을 위해 데리고 다닌 개를 이제부터는 황제의 개로 부른다, 황제를 맞이하는 지방의 관리에게는 통일선언보다도 순행을 맞이하는 데 따른 여러 업무가 더 중요했다는 점을 알 수 있다.

지금까지 황皇이라고 썼던 글자를 황皇이라고 확실하게 써야 하는 것도(16), 황제라는 새로운 칭호를 의식한 명령이었다. 호북성의 용강진간에는 '황제'라는 글자가 2곳 나오지만 모두 황皇의 글자모양이 다르다(본장 속표제지 참조). 가장 중요한 황제의 글자조차도 두 종류가 있었던 점은 흥미롭다.

황제라는 칭호의 발안이 중앙에서 이루어지고 있었지만 지방 관리에게는 그 과정의 의논은 차치하고 황제라는 글자를 소전이나 예서의 서체로 정확하게 써야 했고 황제 순행과 수렵의 접대를 빈틈없이 실행하지 않으면 안 되었다.

사실은 이 중에 더욱더 주의를 끄는 중요한 서술이 있었다. "천제天帝를 관헌觀獻(우러러 보면서 물건을 바치다)하는 것을 앞으로는 황제皇帝를 관헌하는 것으로 한다"(25), "제자帝子가 순행하는 것을 앞으로는 황제가 순행한다"(26)라고 하는 두 가지다. 천제란 만물을 주재하는 우주신, 지방의 관청에서도 이제까지 천제를 제사지내왔지만 앞으로는 황제를 천제처럼 제사지낸다고 한다. 제자는 천제의 아들, 천자라는 뜻이다. 이제까지 왕이 지방을 순행하는 것을 '제자의 순행'이라고 했는데, 이것을 '황제의 순행'으로 말을 바꿀 것을 지시했다. 진왕은 전국시기에는 제자(천자)로 불리어 제帝(천제)와 구별되었지만, 앞으로는 천제에 가까운 황제로 변경한다고 하는 것이다(후술). 황제는 천제의 아들이라는 의미가 사라지고 오히려 천제 그 자체에 가까운 것을 의미한다. 이 새로운 내용은 다음에 중앙에서 행해진 중대한 논의를 이해하는 데 관련이 있다.

황제 칭호를 발의한 어전회의

이미 서술한 것처럼 중앙에서는 진왕과 승상인 왕관王綰, 어사대부인 풍겁馮劫, 정위廷尉인 이사李斯 등의 사이에서 왕호王號를 대신할 새로운 칭호를 심의하는 중요한 어전회의가 열리고 있었다. 그 전말은 『사기』 「진시황본기」에 상세히 기술되어 있다. 당시 승상은 행정을 통괄하고 어사대부는 그 승상을 보좌하고 정위는 재판을 담당하였다. 천하통일의 정치체제를 하루빨리 정비하지 않으면 안 되는 상황에서 진왕 스스로 적극적으로 발언하였다. 우선 승상과 어사대부에 명해서 여섯 왕 위에 군림하는 제호를 고안한 발의를 했다. 이미 소왕의 시대에 제왕이 동제東帝로 칭한 것에 대항해서 서제西帝로 칭한 것이 있기 때문에 진왕은 동제를 대신하는 제호로서 오제를 초월한 칭호를 원했던 것이다. 천하라는 넓고 끝없는 땅을 통치하는데 왕이라는 호칭으로는 부족하여 제帝가 되지 않으면 안 되었다. 여기에 설명을 덧붙이면 중국 고대에서는 왕국王國(나라의 왕이 되다)과 제천하帝天下(천하의 제가 되다)는 별개의 개념이고 제국帝國(나라에 제가 되다)이나 왕천하王天下(천하에 왕이 되다)라는 생각은 있을 수 없었다. 우리가 역사 개념으로서 빈번하게 사용하는 '제국'은 중국에서 극히 드물게 쓰였던 말인데, 이 용어를 번역어로 사용했기 때문에 널리 퍼진 것이다.

국가라는 것은 국경으로 둘러싼 영역을 말하고 천하는 무한의 바다로 둘러싼 영역을 말한다. 진왕은 적대한 여섯 왕을 포로로 함으로써 천하를 통치하는 제帝가 되고 싶었던 것이다. 출토사료로 알 수 있듯이 '제자帝子'로서는 불만이었던 것이다.

이 발의를 수락하여 대신들은 박사들의 지혜를 빌려 오제五帝보다도 오래된 천황天皇, 지황地皇, 태황泰皇의 권위를 원했고 그중에서 태황을 선택했다. 진왕의 제호 요구와 대신의 태황 제안에 차이가 느껴진다. '황'도 '제'처럼 하늘을 의미하며 대신들은 '제'보다도 '황'을 선택했던 것이다. 그러나 신하의 의견에 대해 진왕은 역시 제帝라는 호를 고집하여 태황의 태를 버리고 황을 남겨 황과 제를 조합한 황제라는 칭호를 스스로 선택하고 마지막에 재가하였다. 그 외에 제制, 조詔와 자칭 짐朕이라는 단어를 사용하는 것에 대해서는 신하 의견에 따랐다.

이처럼 신하의 제안과 진왕의 강한 의지가 없었더라면 황제라는 칭호는 탄생하지 못했다. 자주 회자되는 것처럼 황제호의 유래가 지상 세계의 상고에까지 거슬러 올라간 '삼황오제'로부터 왔다고 한다면 황제는 삼황오제를 초월하지는 못한다. 황을 '대단한'이라는 의미로 제를 수식하는 형용사로 생각한다면, 황제란 대단한 상제라고 하는 의미가 되어 삼황오제를 초월한 존재가 된다.

'제'에는 원래 천상세계의 제성帝星(북극성)과 지상세계의 임금帝의 의미가 있었다. 진왕은 처음으로 천상과 지상의 두 황제를 연결시켰다. 천제天帝의 아들로 지상에 있는 인간 황제보다도 인간을 초월한 하늘天의 황천상제皇天上帝에 근접하려고 하였을 것이다. 천제를 제사지내고祀, 임금의 아들帝子을 황제라고 고쳐서 부른 것을 나타내는 조서판詔書版에서는 천자를 초월하여 하늘天에 가까워지려고 했던 진왕의 강한 의지를 읽어낼 수 있다. 이렇게 해서 지상의 칠왕七王의 광대한 영역을 떠맡아버린 진왕은 점차 천제의 권위에 의존하게 된다.

천하 통일(統一)

여기서 다시 한 번 '통일' 단어에 대하여 생각해보고자 한다. '통일'이라는 말은 사실 진나라 시대에는 사용되지 않았다. 당시는 '천하일통天下一統'이라고 했다. 진나라 정치를 맡아온 이사는 법제를 관장하는 정위廷尉에서부터 행정의 책임자인 승상丞相이 되어 '일통'(이하 통일과 구별할 경우는 '일통'으로 한다)이라는 말에 집착하였다. 원래 초나라 지방의 군郡 관리로 시작해 외국인 진에 들어와서 승상에까지 오른 이사는 순경荀卿(순자)에게서 배운 제왕의 통치술을 진왕 밑에서 실현하려고 했다. 제왕의 업적帝業이란 '천하일통'을 말하는 것으로 '일통'이란 진제왕 한 사람에게 정치가 통합되는 것을 의미했다. 진왕 이외 6명의 왕은 신로臣虜로 격하되었으며 한 명의 제왕만이 승자로 남았다. 과거의 주왕周王일지라도 제후를 봉건封建했던 시대에 주왕의 정치는 제후의 영지에 미치지 못해 '일통'이라고는 말하지 않았다.

'천하일통'은 공간적으로는 '병천하幷天下(천하를 아우르다)'였다. 한대에는 '한병천하漢幷天下'라는 와당瓦當(지붕 기와의 처마에 면한 부분) 문자가 있는데 수도 장안長安의 궁전을 장식하고 있었다. 유씨劉氏의 한漢이라는 국가가 천하를 아우른 일을 찬양한 말이다. 마찬가지로 '진병천하秦幷天下'라는 말이 『사기』에 보인다. 와당에도 있어 어색하지 않은 말이지만, 아직 발견되지 않았다. 진이라는 국가가 천하를 아우른 것이다. 『역경』에 의하면 '병幷'자는 사람이 나란히 연결되어 있는 모습을 표현한다고 한다. 앞의 진나라 도량형기度量衡器에는 시황제의 조서 문장이 포함돼 있었는데 "(시황) 26년 황제가 천하의 제후를 겸병하여, 백성들(검수黔首)이 크게 평안해지다"로 기록되어 있다. 시황제가 전국 6왕의 제후국들을 겸병시키자 그 결과 백성들은 평안해졌다고 한다. 진의 박사 숙손통叔孫通은 진 2세 황제에게 "천하는 합하여 한 집一家이 되었다"라고 말한 적이 있다. 이것은 천하의 모든 민중이 한 집안이 되었다는 의미가 아니다. 중국에서는 일반 백성이 황제의 가족이나 자식이 될 수는 없다. 천하 제후의 집을 인정하지 않고, 진왕의 집만이 남았다고 하는 의미이다. 우리들이 말하는 진의 천하 통일이란 시황제에 의한 권력일통(권력이 하나 됨)의 정치임과 동시에 진에 의한 천하 제후의 통합을 의미한다.

이사는 또한 천하를 '바다 안海內'이라고도 말했다. 시황제는 바다에 인접한 연·제·초 삼국을 멸망시킨 일을 계기로 비로소 국경이 바다에 도달하였다. 이사는 "바다 안은 폐하의 신령 덕분으로 통일되어 모두 군현이 되었다"고 말하고 있다. 바깥으로 막연히 끝없이 펼쳐지는 천하보다도 끝없이 펼쳐지는 바다에 둘러싸인 영토라고 하는 편이 알기 쉬웠다. 천하는 통일할 때에는 옛 전국 제왕의 영역이었지만 진이 바다와 만나고 흉노와 백월百越이라는 민족과 마주하게 되었을 때, 더욱 크게 확대되었던 것이다.

승상 이사가 만든 것으로 여겨지는 『창힐편蒼頡篇』이라는 사전(자서/字書)은 환상의 책(환서/幻書)이었는데 한대로 계승된 단편斷片(죽간·목간의 일부-역자 주) 몇 개가 출토돼 있다. 창힐은 새나 짐승(조수/鳥獸)의 발자국을 통해 문자를 만들었다는 전설상의 인물이다. 북대한간北大漢簡에도 약 1,325자의 『창힐편』이 있었다. "한이 천하를 아우르고, 바다 안쪽을 아우르다漢兼天下, 海內幷廁"의 문장은 진 원본에서는 분명 "秦兼天下, 海內幷廁"였을 것이다. 이 사전으로 문자의 읽고 쓰기를 배운 관리는 문자를 쓰면서 '진이 천하를 아울렀다'는 점, '바다 안의 세계가 하나의 원리로 정리되었다'는 의식이 심어졌을 것으로 생각된다.

순행 의도

다음으로 '일통'과 밀접하게 관계되는 중요한 사적으로 '순행'을 들고자 한다. 시황제는 천하를 통일한 이듬해 시황 27년(B.C.220)부터 37년(B.C.210)까지 5회에 걸쳐서 전국을 순행했다(그림 5-3). 2세 황제도 원년(B.C.209)에 선황제先帝가 했던 대로 순행을 1회만 실시했다. 시황 32년(B.C.215)의 제4회 순행까지는 『사기』「진시황본기」 기사는 거의 순행을 중점적으로 기술하고 있다. 『사기』「봉선서封禪書」는 역대 제왕들의 봉선 제사를 논술한 것이지만 시황제 기사 부분은 역시 순행을 중심으로 적고 있다.

수도 함양에서 정무를 보는 황제가 수도를 나와서 지방을 도는 것을 순수巡狩 · 순행巡幸 · 순행巡行이라고 하였다. 그것을 또 '출유出遊' · '유游'로도 표현한다. 여기서 유는 노는 것遊이 아니라, 유학遊學, 유목遊牧할 때의 유遊와 동일한 뜻으로 일정한 장소에 머물지 않고 여행을 하는 것을 말한다. 유사游士는 유세遊說하는 사람士을 말한다. 황제뿐만 아니라 여행 일반을 '유游'라고 하

였지만 '행幸'이라고 할 때는
황제에게만 해당한다.

'유游'는 일상의 거주지를
벗어나는 행위를 말하며 중
국 고대 여행은 다양한 불
안감이 늘 따라다니는 것이
었다. 여행을 나서는 날은
신중하게 선택되었고 여행
지의 방향에 따라 도로 좌
우에서 부정이나 재앙을 없
애는 제사의식을 치렀다.
시황제 제5회째 순행에서는
일부러 한 해의 시작인 10
월 계축일癸丑이 여행 출발
일로 정해져 있었다.

앞에서 언급한 리야진간
에서는 황제의 '유游'와 황제

제1회 B.C.220

제2회 B.C.219

제3회 B.C.218

그림 5-3 시황제 순행도 (제1-3회)

의 '렵獵'을 구별하고 있었다(그림 5-2의 43 · 44).

상고 제왕의 경우는 순행하는 것을 순수巡狩라고 하였으며, 수
렵을 강조하고 있다. 시황제는 수렵하는 것은 별도로 지방의 군
현이나 바다를 둘러보거나 산악을 등반하면서 거기에 제사를

위한 돌을 세웠다.

나는 1991년에 복단復旦대학 역사지리연구소의 주진학周振鶴 교수와 함께 시황제의 동방순행 경로를 조사한 이래 4회에 걸쳐서 시황제의 순행지를 가능한 한 걸으며 『사기』에 없는 정보를 얻어 왔다. 중국에서도 최근 들어 겨우 시황제 순행의 실지조사를 중요시하게 되었다. 2010년에 산동山東대학 동방고고東方考古센터는 중국국가박물관, 산동성문물고고센터와 함께 동방순행의 목적지로서 중요한 전국 제나라의 팔신 지역의 실지조사를 하고 있다. 2015년에는 그 조사에도 참가하여 제의 팔신 연구를 정리한 고궁박물원고고연구소의 왕예王睿 여사와 성산成山의 일주日主 유적을 돌아볼 수 있었다. 현재까지와는 다르게 제사유적의 고고조사가 조금씩 시작되고 있다는 것을 실감했다.

태산 봉선에 도전하다

시황 28년(B.C.219), 통일하고 나서 2년 뒤 시황제는 처음으로 동방 순행을 단행했다. 우선 추鄒나라 역산嶧山에 오르고 이어서 북쪽으로 100킬로미터 떨어진 태산泰山에 올랐다고 한다. 역산은 겨우 545미터에 지나지 않지만 토양이 유출된 표층表層을 커다란 기암이 덮고 있다는 신비로운 경관을 갖고 있다. 시황제는 그 산 정상에 돌을 세워서 제사를 지낸 다음 드디어 태산에 올랐다. 육국 중 마지막 나라 제를 멸하고 '천하통일'을 선언했다고는 하지만 '일통'의 실감은 없었을 것이다. '일통'을 정당화하기 위해서라도 천명을 받은 제왕만이 행할 수 있는 봉선 의식을 실시할 필요가 있었다.

봉선 의식이란 하늘에 제사지내는 봉封과 땅에 제사지내는 선禪을 가리키는 것으로 봉도 선도 제단을 의미한다. 태산에서 하늘에 제사지내고 그 동남쪽에 있는 조래산徂徠山의 남쪽 기슭에 있는 약 288미터쯤 되는 양보산梁父山(태산 남쪽에 위치한 산-역자 주)에서 땅에 제사지낸다. 전국의 제왕齊王에게도 태산만큼은 각별하였으며 굳이 거기서 봉선을 행하지는 않았기 때문에 첫 번째 제의 팔신인 천주天主를 제사지낸 장소는 태산이 아니었다. 패자覇者가 된 제 환공桓公이 관중에게 태산의 봉선을 행하려고 하다가 꾸지람을 들은 적이 있다. 결국 제는 수도 임치臨淄의 동남쪽 겨우 120미터 정도 떨어진 약간 높은 교산蛟山에서 하늘에 제사지내고 있었다. 5개의 샘물이 솟아나 치수淄水로 흘러들어가는 장소가 천제天齊(하늘 중심지)이고 제나라 이름의 유래가 되기도 했다.

진 또한 그때까지 천지의 제사는 진의 영토 내에서 행하고 있었다. 그러나 이제 '천제天帝'를 지향한 시황제는 황제黃帝나 우禹, 은의 탕왕, 주의 성왕 등 72명의 군주가 봉선을 행하여온 동방의 태산에 올라 제사를 행하기로 하였다. 시황제는 주의 성왕

이래 도중에 끊긴 봉선을 행할 수 있다면 주진周秦 혁명을 천하가 인정하게 할 수 있으리라 생각했을 것이다.

동방 대평원의 중앙에 있는 산동 구릉은 평균 500미터 정도의 높이밖에 안 된다. 서고동저인 중국 지형에서 서쪽에는 수천 미터급의 산들이 얼마든지 있다. 하늘에 조금이라도 더 가까워지려고 생각한다면 그런 산에 오르면 좋았을 것이다. 그러나 굳이 그렇게 하지 않았던 것은 동쪽이 낮은 황하 하류 대평원의 중앙에 자리잡은 산동 구릉에서 당시 사람들이 두려운 공포를 느꼈기 때문이었다. 큰 강인 황하조차도 산동 구릉을 남북으로 피하듯이 해서 동쪽 바다로 흘러들어간다. 이러한 태산의 입지로 인해 1,524미터라고 하는 높이 이상의 위용威容을 느낀다. 태산은 황하와 서로 나란히 하고 있다는 점에서 그 위용을 더 뿜어낸다. 이사는 "태산은 토양을 마다하지 않으니, 그런 이유로 큰 산을 이룬다"라고 기술하였다. 아무리 작은 흙이라도 받아들였기 때문에 큰 산악이 되었다고 한다. 황하가 아무리 가느다란 물줄기라도 받아들여서 큰 강이 되었던 것처럼 태산은 남쪽으로 크게 만들어진 산악으로 동서로 뻗어 있는 계곡 사이를 물이 남쪽으로 흐른다. 그 계곡 물줄기를 따라 중앙의 사면을 통해 태산 산꼭대기에 오른다. 남쪽 사면에는 안쪽으로 깊이가 있으며 현재는 7,412개나 되는 돌계단石段을 한 계단 한 계단씩 밟아가면서 꼭대기까지 오를 수 있다. 이와 관련하여 '태泰'의 소전小篆 글자형인 '𡕲'은 大글자 밑에서 양쪽 손手과 물水을 조합한 것이다. 리야진간의 진의 독특한 글자형인 '𡘜'은 태산의 지세 그대로인 것 같다. 물론 시황제 시대에 돌계단이 있었던 것은 아니다. 가마를 탄 채 남쪽에서부터 산 정상을 향해 산길을 올라 꼭대기에 이르러 돌을 세웠다.

옛날에는 부들 포蒲 이삭으로 수레바퀴를 싸서 산에 있는 돌과 초목을 상하지 않도록 했다고 당시 유학자들은 말했다. 그만큼 태산을 숭상하고 있었던 동쪽 지방의 유학자들 입장에서 보자면 서쪽 지방西方의 정복자 시황제의 봉선은 받아들이기 어려웠을 것이다. 『사기』「봉선서」에서는 "시황제는 태산에 오르는 도중에 폭풍우를 만나 봉선할 수 없었다"라고 유생들이 말했다고 한다. 이것은 한대 유학자들의 말이며 사마천도 이것은 위조였다고 말하고 있다. 유학자 입장에서 보면 태산의 비바람이 정복자 시황제의 봉선을 거부한 셈이 되지만 봉선은 실행되었을 것이다. 「진시황본기」에서는 산을 내려가던 도중에 비바람이 불었지만 수목樹木 그늘에서 휴식을 취하였고 그 수목에 제9급의 작위인 오대부五大夫를 하사했다고 한다. 봉선 이후 산을 내려갈 때의 일이다. 현재도 태산에는 운보교雲步橋에 오송정五松亭이 남아 있다. 본기 고사에 따라 언젠가 심어진 소나무일 것이다.

동일한 「봉선서」에는 "시황제는 태산 남쪽에서 산정상에 올라 돌을 세우고, 음도陰道(북쪽 사면)에서 하산하여 양부산에서 선禪 제

130

사를 지냈다"라는 기술도 있다. 「진시황본기」에서 말하듯이 하산 루트를 남쪽 사면의 왕복루트로 한다면 오대부의 수목은 현재처럼 남쪽 사면의 등산로에 있었던 것이 맞다. 사실은 어떠했을까?

하나의 단서로서 태산 상공의 항공사진을 입수했다. 딱히 알려지지 않았지만 북쪽 사면에도 산길을 확인할 수 있다. 태산 남쪽 사면은 이전의 노나라 영토였지만 태산을 북쪽으로 내려오면 전국시대 제나라 영토로 들어가게 된다. 태산 북쪽 기슭에서만 전국시대의 제나라 장성이 동서로 이어져 있다. 이 여행은 무엇보다도 시황제가 모은 제나라와 노나라의 유생들·박사들 70명에게 몸소 행동을 과시하는 것에 의미가 있었다는 점을 생각한다면 북쪽 루트를 취했을 가능성이 꽤 크다. 그 태산 북쪽 기슭의 길 가운데에는 비를 피한 수목이 아무도 모르게 남아 있을지도 모른다.

동방 바다와의 만남

시황제는 통일 이후에도 여전히 수도를 관중關中에 두었다. 함곡관函谷關 서쪽에 있는 관중은 동방의 산동에 대비되는 지역이다. 관중의 함양에 수도를 두었다는 것은 내륙 제국을 수립했다

는 의미다. 분명 시황제는 내륙에 있는 관중 지역을 경제 기반
으로 해서 동방 육국을 멸하여 통일제국을 수립했다. 그러나 순
행 경로를 살펴보면 남북보다도 동서의 지역 차이를 보다 강하
게 의식하고 있었으며 동방 바다에 직접 행차했다. 이런 점을
생각하면 진을 내륙제국이라고 단정할 수 없을 것이다.

　전국시대까지의 진은 분명히 강과 산으로 사방이 막힌 내륙
국가였다. 사방이 막힌 영역은 전국시대에는 군사적으로 유리
한 위치優位에 설 수 있다. 시황제는 중원 국가인 한·위·조를
물리쳤으며 또한 동방의 해역국가였던 연·제·초를 멸하였다.
천하 제후들을 하나로 통일한 시황제는 필시 여기서 동방에 펼
쳐져 있는 바다를 의식했을 것이다.

　발해 연안의 갈석碣石과 동해(현재의 황해) 연안의 낭야대琅邪臺에
장대한 이궁離宮을 만들어 시황제는 바다와 마주했다. 현재의 연
운항連雲港의 바다에는 진제국의 동문東門을 건축하였다. 수도 함
양에서 동문까지 똑바로 동쪽으로 거의 동일한 위도의 직선으
로 이어진다. 문자 그대로 제국의 동서축이다. 시황제는 수도
함양과 동일한 별자리를 바라보았을 것이다. 바다를 따라 세워
진 각석刻石(갈석·지부·동관·낭야대)에는 시황제가 바다를 향하여 '천
하일통'으로 향한 길을 회고했다고 기록되어 있다. 시황제는 바
다와 만나면서 천하가 바다에 둘러싸인 사해四海이며 바다 안海內
이라는 점을 실감했다. 현실에서는 동방의 제후들을 합한 것이

'천하일통'이었지만 눈앞의 동쪽 바다도 제국에 포함시키려 했다. 제국 국경의 북쪽은 장성에 둘러싸여 있고 동쪽은 바다에 둘러싸여 있었다. 진은 내륙제국과 해역제국 양 측면을 갖고 있었다고 해도 무방할 것이다.

동방해역은 단순히 천하를 의식하는 선에 그치는 해안선이 아니었다. 본래 전국의 해역국가인 제는 산과 바다를 소유한擁 국가였다. 동쪽은 낭야(동해), 북쪽은 발해와 바다에 접해 있으며 서쪽은 제수, 남쪽은 태산에 둘러싸인 지역으로 진과 마찬가지로 사방이 막힌 나라라고는 하지만 내륙과는 사정이 달랐다. 수도인 임치의 인구는 7만호로 35만 명에 달하는 대도시였다. 경제는 '어염魚鹽의 바다' 즉 해산자원에 의존하는 바가 컸다. 연燕도 북쪽은 호胡와 인접해 있었지만 동쪽으로 조선과 요동, 남쪽으로 갈석 바다에 접해 있었다. 발해와 갈석 사이에 위치하여 역시 '물고기, 소금, 대추, 밤'이 풍부했다고 한다. 진은 이러한 해역국가의 자원도 손에 넣었다.

시황제는 제의 임치에서 발해 연안을 통과하여, 산동반도의 돌출한 끝자락突端에 갔다. 그 경로 도중에 수광현壽光縣이 있다. 이곳에는 북위의 『수경주水經注』에 나오는, 시황제가 바다를 바라보는 누각이 있었다고 전해진다. 근래 제사용의 청동제약기青銅製樂器와 제사 도구祭祀器가 출토되었으며 제사 건축물의 부연와敷煉瓦도 별도로 발견되었다. 부근에는 은주시대의 제염공장 유적도 발견되었다. 지하 10미터 깊이인 우물이 보이며 제염은 해수를 운반하는 것이 아니라 해수가 몇 배나 농축된 지하수를 퍼 올려서 도기陶器에 넣고 아궁이에서 오랫동안 끓여 만들었다는 사실을 알게 되었다. 현재는 염전에 지하 80미터에서 퍼 올린 지하수를 부어 넣어 햇빛으로 천천히 수분을 증발시키면서 결정화하는 수법을 취하고 있다. 측정하면 지하수의 염분 농도는 13.7%나 되고 해수의 4배나 농축된다. 전한시대, 수광현을 비롯하여 발해 연안의 산동반도에는 11개나 되는 국영國營 염관鹽官(제염을 관할하는 관청)이 설치돼 있었다. 전 지역 해안의 염관 총계는 16개이기 때문에 매우 집중돼 있었다고 볼 수 있다. 시황제도 당연히 이 지역의 해염을 입수했을 것이다.

1996년 이후 서안西安에서 발견된 진의 봉니封泥는 시황제 순행과 이러한 자원 관계를 말해준다. 봉니란 물자物資와 문서文書를 끈으로 묶어서 그 매듭 부분에 점토를 부착시켜, 발신 지역의 관리가 그 위에 압인하여 굳어지게 만든 것이다(그림 5-4). 5천 건을 넘는 봉니가 대거 출토된 장소는 그만큼 많은 물자가 집중된 곳으로 단순한 함양 한 곳의 궁전과 관청이라고는 생각할 수 없다. 나는 이 장소가 진의 극묘極廟, 즉 시황제 사후에는 시황제 묘로 삼은 지역과 근접하다고 추측하여 중국에서 논문을 발표했다.

전국에서 제사 때문에 특산물들이 모여들었던 곳으로 금원禁

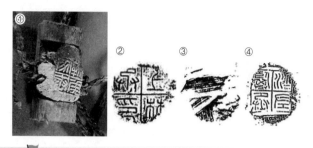

그림 5-4 봉니의 실제 사례

『馬王堆漢墓文物(마왕퇴한묘문물)』호남출판사, 1992년)

①봉니 사용의 사례(馬王堆前漢墓). 포장한(곤포/梱包) 끈 매듭부분에 점토를 바르고 압인하여 봉한다.
②「상림승인(上林丞印)」 봉니. 상림원(上林苑)은 아방궁 부근에 있던 금원(어원/御苑).
③「상림승인(上林丞印)」 봉니 뒷면. 물건을 포장한 대바구니 등의 흔적을 알 수 있다.
④「강좌염승(江左鹽丞)」 봉니. 장강 하류 제염공장에서 수도 함양으로 소금을 수송한 사실을 알 수 있다.

苑(국유지)이나 금, 소금, 감귤류를 관리하는 관청 봉니가 보인다. 장강 하구에는 강좌염승江左鹽丞, 강우염승江右鹽丞이라고 하는 제염공장의 관청이 있었던 사실을 알 수 있었다. 시황제는 산천과 바다의 제사를 지내는 한편 산천과 바다의 경제적 자원으로서의 중요성을 충분히 인식하고 있었다. 지방의 제사에는 그 지방의 특산물을 바치게 하고 중앙의 제사를 위해서도 중앙에까지 운반하여 헌상하게 했던 사실을 알 수 있다.

제의 팔신을 제사지내다

시황제는 제를 멸하였지만 제의 오덕사상五德思想과 팔신의 제사를 계승하였다. 팔신이란 『사기』「봉선서」에 따르면, 천주天主(제의 수도 임치의 샘물이 솟아오르는 하늘의 중심 지역에서 하늘을 제사지내다)·지주地主(태산 주변의 양부산에서 땅/地을 제사지내다)·병주兵州(제의 서경/西境 지역에서 병신/兵神인 치우/蚩尤를 제사지내다)·음주陰主(삼신산을 본뜬 발해 연안의 삼산 지역에서 음기/陰氣를 제사지내다)·양주陽主(발해에 돌출한 지부도/之罘島, 현재 이름은 之罘를 芝罘로 적는다)의 남면/南面에서 양기를 제사지내다)·월주月主(발해를 바라보는 내산/萊山에서 달을 제사지내다)·일주日主(산동반도 동쪽 끝자락에 있는 성산/成山에서 일출을 맞아 제사지내다)·사시주四時主(제의 동쪽/東方에 있는 낭야대에서 사계/四季를 제사지내다)를 말한다. 제나라에서 제사를 지내는 장소는 구릉과 해변의 자연경관 속에 분산되어 있었다(그림 5-5).

시황제는 제2회 순행에서 제의 수도 임치에 들어가 제의 사직과 종묘를 파괴했지만 팔신은 남겨두었고 순행에서도 팔신 지역을 모두 방문했다. 제3회, 제5회에서도 그 일부를 방문했던 점으로 미루어보건대 시황제가 팔신에 얽매여 있었다는 사실을 알 수 있다. 시황제는 추연鄒衍의 『종시오덕의 운』이라는 논저를 주상奏上받아 그 사상에 경도돼 있었으며 팔신 지역에서 자연의 순환이 끊임없이 행해지기를 기원했다(그림 5-6).

산동 구릉은 황하 하류지역 동쪽 대평원에 떠오른 고도孤島와

그림 5-5 제나라 팔신(八神)의 제사 장소(사진②는 왕예/王睿 제공)

같다. 그 대평원이 동쪽 바다에 접해 있다. 황하와 산동 구릉과 바다에 둘러싸인 제의 독특한 경관이 팔신을 만들어냈다. 산동 구릉 북쪽에는 제수淸水와 하수河水라는 두 개의 큰 강이 동쪽으로 흐르다가 발해로 흘러들어간다. 제수는 현재의 황하이고 당시의 황하인 하수는 그 북쪽을 병행하여 흐르고 있었다. 고대에 하류로는 두 개의 황하가 있었다고 해도 과언이 아니다. 당시의 하수는 현재 물이 없고 흔적만이 사지砂地 형태로 남아 있다. 진이 하수를 덕수德水로 했던 것도 목화토금수木火土金水라고 하는 오덕五德이 영원히 순환하듯이 황하 물이 고갈되거나 흘러넘치는 일이 없도록 바랐기 때문이다.

오덕사상의 무대는 중국 전 지역으로 확대되었지만 팔신 신앙은 어디까지나 제나라 땅에 국한되어 있었다. 시황제는 승자

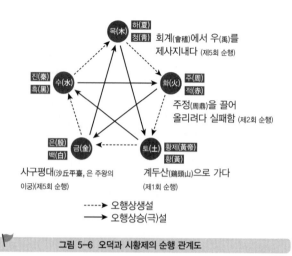

회계(會稽)에서 우(禹)를
제사지내다 (제5회 순행)

주정(周鼎)을 끌어
올리려다 실패함 (제2회 순행)

사구평대(沙丘平臺, 은 주왕의
이궁)(제5회 순행)

계두산(鷄頭山)으로 가다
(제1회 순행)

- - - -▶ 오행상생설
━━━▶ 오행상승(극)설

그림 5-6 오덕과 시황제의 순행 관계도

인 제왕황제帝王黃帝와 순舜임금과 우禹임금의 사적을 전국적으로
방문하였지만 팔신의 경우는 시황제에게 패한 패자의 제사라고
말할 수 있다.

팔신 중에 황제黃帝에게 패한 치우신蚩尤神이 포함돼 있었던 사
실은 상징적이다. 치우는 제와 같은 강성姜姓이며 제에게는 국경
을 지키는 신이었다. 후한 때의 산동사람들은 칼이나 창 등 다
섯 종류의 병기를 제조한 전쟁신軍神 모습을 화상석畫像石에 기괴
한 모습으로 그려냈다(그림 5-7). 양쪽 손발과 머리 위에 무기가
붙어 있다. 시황제는 태산 서남쪽의 동평육東平陸 땅에서 치우신
과 우연히 만났다. 제의 서쪽 국경에 위치하여 제의 수호신으로
있었다.

戟 弩 劍 弓 矛

그림 5-7 치우 화상석 (무씨사/武氏祠)

유방劉邦도 군사를 일으켰을 때 황제와 치우를 동시에 패沛 지역에서 제사지냈다. 천하 일통을 상징하는 황제와 동방인의 전쟁신인 치우를 시황제는 모두 말살할 수 없었다. 자연 순환이 정체되어버리면 가뭄과 기근이 발생하고 사람들은 다투어 전란을 일으킨다. 자연신에 견주어 전쟁신을 포함시킨 이유이다.

나는 지주地主를 제외한 팔신 지역을 조사했다. 병주兵主는 황하의 범람원汎濫原에 있었는데 전쟁보다도 황하의 수해로부터 지킨다는 의미가 있었던 것 같다. 바다에 접한 월주月主, 음주陰主, 양주陽主, 일주日主, 사시주四時主는 내륙에 있는 진 사람들에게 검푸른紺碧 바다가 펼쳐지는 또 다른 세계였다. 양주의 지부之罘, 일주의 성산에서는 제사에 사용한 옥벽玉璧, 옥규玉圭 등의 옥기玉器가 출토되어(그림 5-8) 제사의 건축유구遺構와 시황제가 머물었던 이궁의 존재가 조금씩 드러났다.

산동반도의 돌출된 쪽에 있는 성산은, 세 방향이 바다에 둘러싸여 있고 가장 동쪽 끝자락에 위치해서 일출을 제사지내기에

매우 적합한 장소
이다. 나도 춘분
즈음에는 동쪽에
서 떠오르는 붉은
태양이 검푸른 해
수면에 붉은 길을
만들어내고 그것

그림 5-8 성산(成山) 일주(日主) 제사 유적 출토 옥기
(옥벽玉璧과 옥규玉圭. 영성榮成 박물관 소장)

이 조금씩 수평선으로 뻗어가는 광경을 실제로 보았다. 시황제
도 이러한 신비로운 경관을 직접 보았기에 태양이 떠오르는 동
방의 바다에 봉래蓬萊·방장方丈·영주瀛洲의 삼신산三神山이 있다
는 제 사람들의 강한 신앙에 이끌렸던 것이다.

칠각석의 의미

『사기』에 따르면 시황제는 순행할 때에 동방의 산과 바다에 7
개의 각석刻石을 세웠다고 한다(그림 5-9). 역산嶧山, 태산, 낭야대,
지부산(지부와 동관/東觀의 두 곳), 회계산會稽山에서는 산 위에 세우고
갈석에서는 해안의 암초에 문자를 새겨 넣었다. 낭야대, 지부
산, 회계산은 바다를 바라보는 산이었다. 정확히는 제사를 지낼
때에 자연석을 세우고 그 다음에 문자를 새겼다고 할 수 있을 것

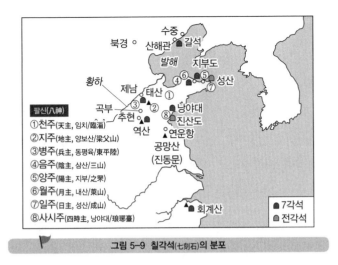

그림 5-9 칠각석(七刻石)의 분포

이다. 현존하는 것은 그중 겨우 두 개의 각석 잔편에 지나지 않기 때문에 세웠을 때의 상황을 알 수는 없다. 태산 기슭의 대묘岱廟에 남겨진 태산 각석은 겨우 10자에 지나지 않으며 더구나 2세 황제가 아버지 시황제를 위해 새긴 문자의 일부이다. 북경 중국국가박물관의 낭야대 각석도 글자 수가 83개나 되지만 역시 대부분이 2세 황제의 문장이다. 시황제 때에 새긴 문장은 『사기』 「진시황본기」에 인용된 것을 볼 수밖에 없다.

역산각석은 서도書道 세계에서는 소전小篆의 글씨본으로서 귀하게 여겨왔지만 현존하지 않는다. 서안 비림碑林박물관과 산동성 추현鄒縣의 맹자 묘에 세워진 두 개의 역산각석도 전자는 북송, 후자는 원대에 이사의 소전서체 글씨본으로써 복각한 것으로 본래의 모습과는 상당히 거리가 멀다. 현재 우리들이 보는 『사기』에는 칠각석 중 역산각석만은 수록되어 있지 않다. 역산의 원각석原刻石은 시황제에서 1세기 이후의 사마천 시대에는 이미 파괴돼 있었을 것이다. 또한 사마천은 전반 부분이 결락된 갈석각석을 인용하고 있지만 정작 사마천 자신은 결락된 것에 대해서는 알지 못했다. 진에 의해 각석이 세워진 동방 사람들 입장에서, 각석 문장의 내용에 굴욕적인 부분이 있었으므로 파괴됐을 것이다. 거기에는 육국의 왕은 무도함이 극에 달하여 민중을 학살했기 때문에 정의의 전쟁을 치른 것이며 시황제는 덕을 구비한 대성大聖이 되었다고 한다.

그래서 나는 각석 본래의 형상을 복원하는 작업을 시도했다. 문장 자체는 신하가 시황제 사업을 과잉 현창한 것이지만 복원에 의해 사마천이 전달하지 않았던 새로운 정보를 끌어낼 수가 있었다. 각석 복원의 중요 포인트는 각석 전체 문자수에 있었다. 시황제 사업을 현창한 각석의 문자는 기본형이 12자 12행의 144자로 12자째에 있는 문자마다 압운(음절의 맨 첫 번째 자음을 제외한 부분을 운모라고 하여 이것을 공유하는 것)으로 하여 거기서 행을 바꾼

그림 5-10 낭야대 각석
(중국국가 박물관 소장)

현존하는 두 개 각석 중의 하나.

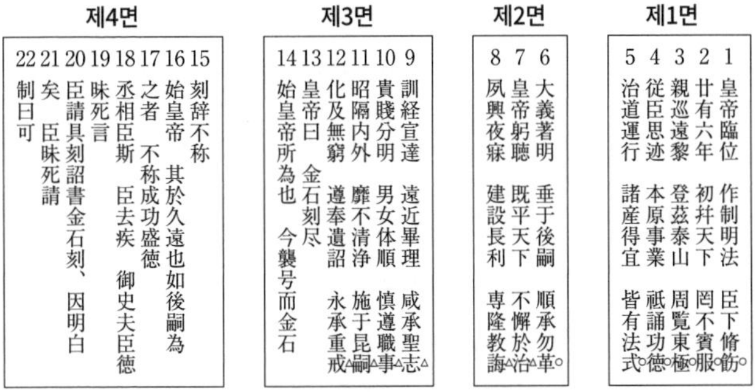

태산 각석 복원도(그림 5-11)의 각면 명문:

제1면
1. 皇帝臨位　作制明法　臣下脩飭
2. 廿有六年　初并天下　罔不賓服
3. 親巡遠黎　登茲泰山　周覽東極
4. 從臣思迹　本原事業　祇誦功德
5. 治道運行　諸産得宜　皆有法式

제2면
6. 大義著明　垂于後嗣　順承勿革
7. 皇帝躬聽　既平天下　不懈於治
8. 鳳興夙寐　建設長利　專隆教誨

제3면
9. 訓經宣達　遠近畢理　咸承聖志
10. 貴賤分明　男女順理　慎遵職事
11. 昭隔内外　靡不清淨　施于昆嗣
12. 化及無窮　遵奉遺詔　永承重戒
13. 始皇帝所為也　今襲号而金石
14. 刻辭不稱

제4면
15. 始皇帝
16. 其於久遠也　如後嗣為
17. 之者不稱成功盛德
18. 丞相斯　臣去疾
19. 御史夫臣德
20. 臣請具刻詔書金石刻　因明白
21. 矣　臣昧死請
22. 制日可

그림 5-11 태산 각석 복원도

시황제의 현창문(顯彰文, 1–12)과 2세 황제의 추각(追刻, 13–22).
○과 △는 상고음의 압운(押韻, 각각 [-ək] [-əg])

다. 역산, 태산, 지부, 동관각석이 이들 형식에 해당되고 갈석각석은 정확히 모두 부분의 3행 27자가 빠져 있다. 낭야대각석(그림 5-10)과 회계각석은 기본형의 배에 해당하는 24행 288자이며 낭야대각석만은 206자가 더해졌다. 나중에 시황제가 죽고 2세 황제가 순행할 때 모든 각석의 여백에 추가로 77자를 새겼다(그림 5-11).

시황제는 동방의 산천제사의 중요한 장소에 교묘하게 각석을 세웠다. 각석의 문장은 시황제의 존재를 정당화하는 정치적인 내용이 표면에 나타나 있지만 제사에 관한 정보도 숨겨져 있다. 지부각석 · 동관각석을 통해 중춘仲春 2월(양력 3월 춘분 이전)에 양기가 생겨나기 시작했을 때 방문했다는 점을 알 수 있다. 낭야대

각석에는 "節事以時(절사이시) 諸産繁殖(제산번식)"으로 기록되어 있으며, 계절별 행사를 분명히 하여 생산이 왕성해진다고 하였다. 이러한 어구로 미루어, 어떻게든 동방 땅으로 들어가서 전쟁이 아니라 제사를 통하여 통일사업을 침투시키려는 진의 입장을 엿볼 수 있다. 일반적으로 상상되는 것처럼, 중앙에서 통일을 선언하는 것만으로는 도저히 완전하게 다스릴 수 없을 정도로 진제국의 영역은 광대했다. 시황제 스스로가 몇 번에 걸쳐 지방을 순행했던 의미를 이해할 수 있다.

제6장

중화의 꿈
―장성과 분서갱유(47세)

다키가와 가메타로(瀧川亀太郎) 『사기회주고증(史記會注考證)』(전10권, 도호분카가쿠인(東方文化学院), 1932–34년, 재판1956–60년) 진시황본기 시황 34년

일본에 전해진 초본(抄本)도 참조하면서 중국어와 일본어로 된 『史記』의 주석을 망라하고 있다. 중국에서도 높이 평가받았으며 2015년 상해고적출판사로부터 활자를 재편성한 정리본이 출판되어 읽기 쉬워졌다.

史註會注考證 卷六

敢有藏詩書百家語者悉詣守尉雜燒之有敢偶語詩書者

弃市

以古非今者族吏見知不舉者與同罪令下三十日不燒黥為城旦

所不去者醫藥卜

筮種樹之書若欲有學法令以吏為師

制曰可

시황 26년(B.C.221) 통일 이후, 6년간 지속되었던 '평화'는 끝났다. 제4회째에 처음으로 선택한 북방 순행이 전기가 되었다. 시황제는 옛 전국 육국 중 가장 북쪽에 위치한 연 지역에 통일 후 처음으로 방문했다. 진왕 때에 암살미수사건을 일으킨 나라이다. 옛 수도에는 들어가지 않고 전설의 우禹가 방문했던 갈석의 아름다운 해안을 찾아가 새롭게 건설된 진의 거대한 이궁에서 묵었다. 낭야대琅邪臺에서 방사 서시徐市를 만난 것 같이 여기서는 연의 방사 노생盧生이 등장한다. 노생에게도 불로불사不老不死인 선인仙人을 찾도록 시켰지만 노생은 뜻밖에도 진의 멸망을 예언하는 서書를 제시했다. 시황제는 그것을 오히려 이용해서 대규모 군사행동을 시작하는 계기로 삼았다.

시황 32년(B.C.215), 시황제 군대는 북쪽의 흉노가 있는 변경 지역을 빼앗고 또한 남쪽의 백월 변경 지역에도 전선戰線을 확대했다. 이러한 남북 동시전쟁을 계기로 시황제는 다시 군사체제를 굳건히 해나갔다. 만리장성을 쌓아 군사도로의 직도直道를 정비하여 수도 함양과 직접 연결시켰고 장대한 궁전인 아방궁을 건축했다. 장성 바깥의 주변 민족을 오랑캐夷狄로 보고 중화세계의 존재를 강조하였다. 동방의 바다에는 제국의 문을 두어 분명 시황 26년 통일정책의 단계와는 변화가 있었다. 이러한 중화와 오랑캐의 차이를 강조한 전시체제 시대에 분서갱유 정책이 시행되었다. 분서갱유 정책만을 분리시켜놓고 보면 흔히 일컬

어지는 것처럼 폭군 시황제의 전면적인 유가 억압이라는 도식이 만들어지는데, 법치를 존중하는 시황제의 이러한 폭거暴擧는 과연 어디에서 나왔을까? 오히려 새로운 전시체제를 그 배경으로 생각해야만 하지 않을까. 시황 32년(B.C.215)부터 시황 35년(B.C.212)까지의 3년 동안의 역사 흐름을 재검증해보겠다.

승상 이사의 새로운 전쟁

시황제는 전국을 통일하고 나서 6년이 지나자 다시 전쟁을 시작했다. '천하일통' 당시의 전쟁과 이 새로운 전쟁은 목적이 달랐다. 통일전쟁에서 진군은 스스로 정의의 병사로 칭하고 괴팍하고 잔인한 왕의 지배에서 해방시키겠다며 육국을 멸하고 천하를 군현화하려는 의도가 있었다. 이번 전쟁에서는 군현화한 제국을 바깥에 있는 만이蠻夷로부터 지키는 것이 목적이었다. 고대에서도 전쟁을 정당화하는 이념은 필요했다. 시황제는 동쪽 바다에 정착하여 육국이라는 적을 잃은 지금, 남북을 향하여 만이라고 하는 새로운 적을 내세운 것이다. 시황제의 전쟁은 잠깐 휴식을 취하고 또다시 활발히 시작되었다.

그러나 이 전쟁은 만이를 멸하고 복속시키려는 것은 아니었다. 시황제는 진제국의 주변에 만이를 두어 중화와 만이의 세계를 대치시킨 제국을 쌓아올리고 싶어 했던 것이다. 결국은 '천하일통'의 '진제국'에서 '중화제국'이라는 제국의 제2단계를 향한 꿈을 추구했던 것이 시황 33년(B.C.214)부터 시작된 진의 움직임이었다. 시황 26년(B.C.221)에 육국을 멸하였어도 그것은 중화제국이라고는 말할 수 없었다. 동방의 바다를 꿈꾸며 천하의 무한한 세계를 알게 되었고 게다가 만이의 세계에 위신을 보여야만 중화인 것으로 시황제는 생각했다.

새로운 대외전쟁을 적극적으로 추진했던 사람은 승상 이사이다. 뒤돌아보면 '천하일통'의 제왕의 통치를 실현하는 제1단계에서 실제로 큰 역할을 수행한 것은 정위 이사였다. 정위란 중앙의 승상(행정)·어사대부(감찰)·태위(군사) 아래의 구경九卿 중 하나로서 재판을 주관하였다. 이때에 이사에게는 진의 법치를 옛 육국 땅에 철저히 관철시키는 것이 '일통'이었다. 행정 문서, 도량형, 수레바퀴 규격(폭)의 일원화 등을 위반한 관리는 법으로 엄격하게 처벌했다.

이사는 마침내 황제에 가장 가까운 행정 통할統轄의 최고책임자인 승상에 올랐다. 그는 단순히 법제로써 천하를 '일통'하였을 뿐만 아니라 공간적인 제국시스템을 만들려고 했다. 통일 당시의 진은 서쪽의 유사流沙(사막), 동쪽은 동해東海라는 자연을 제국의 경계로 하고 있었다. 시황제 자신은 이때까지의 4회에 걸친 순행으로 서쪽은 전국戰國 진의 장성 내의 농서隴西 고원을 돌고 동쪽은 발해와 동해의 바다를 실제로 보았다. 이에 비하여 제국의 북쪽은 대하大夏, 남쪽은 북호北戶라 하였는데 그 국경은 애매한 것이었다. 대하는 하왕조의 자손이라 칭하는 흉노 등 북방 유목민들이 섞여서 살고 있던 북방 지역이다. 북호는 혹서酷暑 때문에 그늘이 생기는 북쪽으로 창문을 만드는 남쪽 지역을 막연히 가리키는 말이다. 그 애매한 남북의 토지에서 이사는 만이와의 경계를 분명히 하는 전쟁을 시작한 것이다. 앞에서 언급한 『창힐편』은 승상 이사가 편찬한 관리 교육을 위한 사전字書으로서 그 안에 있는 말은 당시의 정치를 반영하고 있다. 북대한간에는 이때까지 알려지지 않았던 말이 있었다. "호胡에 초류噍類 없음"에서는 북방의 호胡는 생물도 생존하지 않는 토지라며 업신여기고 얕잡아보는 감정을 읽어낼 수 있고 "융적戎翟이 급빈給賓하다"에서는 일찍이 진나라 역시 서쪽의 융적으로 불렸음에도 불구하고 바야흐로 중화의 주인으로서 융적의 조공을 받고 있다는 자부심이 느껴진다.

진을 멸망시키는 것은 호이다

은주殷周시대부터 춘추전국시대의 중국에는 여러 민족이 섞여서 살고 있었다. 융적戎狄, 융이戎夷, 융적戎翟으로 총칭되는 민족에는 견융犬戎, 산융山戎, 의거義渠 등이 있었다. 견융은 주나라 유왕幽王을 여산驪山 기슭에서 살해하였고 산융은 연나라를 넘어 산동까지 남하하여 제나라와 전쟁하였다. 융적戎狄은 주의 양왕襄王을 추방하고 낙읍洛邑 근처의 육혼陸渾에 머물렀다. 진秦의 문공文公은 융적戎翟을 내쫓고 진의 목공穆公은 서융 팔국을 복속시켜 서융의 패자가 되었다. 소왕의 어머니인 선태후宣太后는 의거의 융왕과 관계를 가져 아들 둘을 두었지만 선태후는 융왕을 죽이고 의거를 멸망시켰다. 한편 북방 유목민을 총칭하여 호胡라고 불렀으며 임호林胡, 루번樓煩, 동호東胡, 흉노 등이 있었다. 흉노는 옛날에는 훈죽薰粥, 험윤獫狁으로 불렸던 민족이다. 전국 칠국은 관대冠帶의 나라 즉, 관을 쓰고 대帶를 착용한 중화 풍속의 나라라고 하였다. 유목민이 입는 통소매에 바지스타일의 호복胡服 습속習俗과 구별되지만 현실에서는 전국 제국도 통일 진나라도 문文의 관대와 무武의 호복이 혼재돼 있었다.

시황제와 동시대 흉노에서는 두만선우頭曼單于(?–B.C.209)라는 강력한 리더가 등장했다. 두만(토우먼)이란 흉노의 말로 만인의 장이라는 의미이고 선우란 광대한 하늘을 나타낸다. 끝없이 펼쳐지는 녹색 초원과 파란 하늘의 대비, 그러한 자연환경 속에서 초원을 지배하는 흉노의 왕은 하늘에 의해서 세워졌다고 여겼다. 정확히 동일한 시기에 진왕 조정도 하늘 상제에 필적하는 '황제'라고 칭한 점은 무척 흥미롭다. 『사기』「흉노열전」에는 2명의 리더를 결부시키는 시점은 없지만 그 움직임은 연동돼 있었을지도 모른다. 하늘을 의식한 두 군주의 군사들이 하남河南(오르도스) 초원에서 충돌한 전쟁에서는 진나라의 승리로 끝났다.

시황제가 이미 필적할 육국의 왕이 없는 가운데 만이의 힘을 의식했던 것은 두만선우의 존재가 컸다. 시황 32년(B.C.215) 장성까지 갔던 북순北巡은, 실현되지는 않았지만 두 사람이 가장 접근할 수 있는 기회이기도 했다.

진의 북쪽은 흉노, 서쪽은 월씨月氏와 접해 있었다. 사실 중원에서 본다면 전국시대까지의 진도 역시 중국(중원)의 여러 제후의 회맹會盟에 가담하지 않는 오랑캐(이적/夷狄) 나라였다. 주왕으로부터 진에 백伯의 작위가 주어져서 중화의 일원으로 들어가게 된 것은 목공과 효공孝公 때의 일이다. 그 이후 시황제의 증조부인 소왕 때에는 한때 서쪽 황제西帝가 되어 동쪽 황제東帝인 제나라 왕과 천하를 둘로 나눌 정도의 세력을 가지게 되었다.

중원에서 보면 먼 변방에 위치한 진의 영역은 진의 옛 영토에서서 보면, 동방의 중원에도 서방의 유사流沙에도 열려 있었던 토지라고 할 수 있다. 흉노의 두만선우가 월씨 나라에 태자 묵돌冒頓을 일부러 질자로 보낸 것도 시황제의 진나라에 대항하기 위함이었을 것이다. 그 당시의 월씨는 옥玉 교역이 활발하여 기련산맥祁連山脈과 인접한 하서회랑河西回廊의 교통 요충지를 다스리고 있었고 진제국의 서쪽 영역은 고작 농서 지역정도에 지나지 않았다.

시황 32년(B.C.215) 제4회째 순행에서 시황제는 처음으로 북변을 돌았으며 상군上郡에서 함양으로 되돌아왔다(그림 6-1). 흉노의 움직임을 직접 살펴보고 공격할 계기를 찾으려 했을 것으로 여겨진다. 물론 승상 이사가 아니면 이러한 일을 준비할 인물은 없었다. 그런 뜻을 알았다는 듯이 연나라 사람 노생이『녹도서』를 주상했다. 거기에는 "진을 멸망시키는 것은 호胡이다"로 되어 있었다. 도서圖書란 하도낙서河圖洛書를 일컫는 것으로 하수와 낙수에서 나타난 예언서를 의미한다. 이후 후한의 유학자 정현鄭玄은 "호는 2세 황제 호해胡亥를 가리킨다. 진은 인명이라는 사실을 모른 채 북방의 호에 대비했다"며 다른 시점으로 파악했다. 그러나 '호'라는 나라는 단순히 흉노를 가리킬 뿐이며 이사는 흉노를 공격할 정당한 이유를 예언서에서 찾았던 것이다. 즉각 시황제는 몽염蒙恬장군에게 30만 명의 병사들을 동원시켜 호(흉노)를 공격하여 하남 땅을 빼앗는다.

시황제와 두만선우 두 사람은 신기하게도 동일한 시기를 전후하여 죽는다. 시황제가 죽게 되자 막내아들 호해가 장자인 부소扶蘇를 누르고 태자가 되어 2세 황제가 되지만(제7장에서 서술) 같은 해에 두만선우는 막내아들을 황제로 세우려고 했기 때문에 태자에게 살해되었는데 그 아버지를 죽인 태자가 묵돌선우(재위 B.C.209-B.C.174)가 되었다. 두 사람의 왕위계승은 대조적이다. 2

그림 6-1 순행도 (제4회)

세 황제는 진제국을 멸망으로 이끌었는데 묵돌선우는 더욱 강력한 흉노제국을 굳건히 만들어갔다.

서·북·동 세 곳이 하수(황하)에 둘러싸인 풍요로운 초원지대는 그 이름을, 명대明代 이후 이곳에 이주한 몽골 부족명을 따서 오르도스라고 한다. 당시에는 하남이라고 했다. 두만선우의 흉노는 이 풍요로운 초원지대를 점거하고 있었다. 국가가 군마軍馬를 길러 강력한 군사력을 유지하기 위해서라도 시황제에게는 이 광활한 초원이 필요했다.

사막과 바다를 잇는 장성

북변北邊을 유목민과 접하는 전국시대의 진·조·연 삼국은 호의 남하를 두려워하여 장성을 쌓았다. 장성을 새塞라고도 한다. 장성을 넘는 행위를 월새越塞라 하며, 월새는 안에서든 밖에서든 엄격하게 금지되어 있었다. 장벽을 직선으로 연결시켜 수십 만 규모의 기병 침입을 방어한다. 높이는 2미터, 폭도 2미터 정도인 벽이라 충분히 저지할 수 있었다. 전국시대에 탄생한 기동성 있는 기병군단에 대항하는 새로운 착상이다. 기병전법이 전국 제국諸國에 받아들여지게 되면서부터 전국 제국은 국경에 장성을 앞다투어 만들었다. 북변뿐만 아니라 변경의 내지內地에도 장성이 건축되었다.

진은 토양이 풍부한 지역에서는 판축版築을 이용한 '흙 장성'을 만들었으며 토양이 척박하고 건조한 초원지대에서는 돌로 쌓는 (적석/積石) '돌 장성'을 만들었다. 영하회족寧夏回族 자치구 고원固原 평원에는 전국시대 진의 '흙 장성'이 고스란히 남아 있다. 한편 내몽골 자치구 고양현固陽縣에는 음산산맥陰山山脈의 구릉 능선을 따라 통일 진의 '돌 장성'이 남아 있다(그림 6-2). 음산은 암석이 많으며 평평한 돌조각을 하나씩 정성껏 쌓아 올리면 접착제가 없더라도 돌 위쪽의 무게 때문에 고정된다. 높이 4미터, 폭 4미터의 규모로 산 능선에 시선을 끌 수 있게 쌓아올려져 있어서 북방에 대해서도 위협적인 역할을 수행하였다.

시황 34년(B.C.213), 시황제는 임조臨洮에서부터 요동에 이르는 만여 리나 되는 길이의 장성을 쌓았다. 이것이 만리장성이다. 진이 모든 장성을 이 당시에 새로 만들었다는 것은 아니다. 가장 심혈을 기울인 부분은 두만선우의 군사들을 오르도스로부터 몰아내고 하수와 음산산맥 사이에 쌓은 통일 진의 '돌 장성'이었다. 그 동쪽은 조와 연의 장성을 답습하였다. 이 만리장성에 의

그림 6-2 진 장성(長城, 내몽골 자치구 고양현)

해 만이와 중화의 구별은 명확해졌다.

통일 진의 돌 장성 바로 남쪽에는 나란히 '하수'가 흐르고 있다. 하수는 진에게는 모체가 되는 강으로 전국시대 진의 영토를 동서로 둘러 감싸듯이 흘렀다. 앞에서 서술한 바와 같이 진은 통일 당시에 '하수'를 일부러 '덕수'라는 이름으로 변경하였다. '하河' 글자는 원래 큼직하고 격렬하게 굴절돼 흐르는 모양을 나타내고 '덕德' 글자는 시황제의 각석에도 있듯이 '진悳'으로도 표기하였으며 똑바로 완만한 흐름을 상징하는 듯하다. 그러나 진은 하수의 상류 유역을 모두 진압한 것은 아니었다. 흉노가 하란산맥賀蘭山脈에서부터 음산산맥의 하수를 진압하고 있었다. 두만선우는 음산산맥에서부터 완만한 하수를 자유롭게 건너 오르도스의 초원으로 들어갈 수 있었다. 한편 시황제 군사들은 오르도스의 초원을 피해 비스듬히 뻗어 있는 전국의 장성을 넘지 못했으며 유목 기마군단과의 힘의 차이를 느끼고 있었다. 동방 육국과 전투를 벌이고 있을 때에는 주변 민족을 적으로 돌릴 여유가 없었다.

하지만 지금 하수를 따라 하란산맥 쪽에는 34개 현성縣城을 두고 음산산맥 쪽에는 장성을 쌓았다. 간신히 하수를 자신의 강으로 만든 것이다.

진의 만리장성은 분명히 북방 유목민의 남하를 막는 데 효과적이었다. 하지만 동시에 진의 만리장성이 동쪽 바다에 도달했다는 점은 별로 주목받지 않았다. 진이 연나라 장성을 그대로 계승한 것이라면 연나라 장성 서쪽은 조양造陽(내몽골 자치구)에서 시작하여 동쪽은 양평襄平(요동군)에서 끝났기 때문에 진의 장성 동단東端도 양평이 되는 셈이다. 양평현은 요동군의 군치郡治이고 요수遼水의 동쪽인 현재 요녕성遼寧省 요양시遼陽市에 있다. 진의 통일 장성은 임조에서부터 요동까지 전부 확인된 것은 아니기 때문에 진의 만리장성에는 몇 개의 지도가 존재하는데 동단을 양평현에 두는 것, 압록강 하구인 현재의 단동시丹東市에 두는 것, 압록강을 넘어서 북한의 평양平壤에까지 이르는 등 각각의 종류가 있다. 담기양譚其驤 씨의『중국역사지도집』에서는 평양 서쪽 해안에서 끝나는데 이것이 실제 모습에 가깝지 않을까? 진이 요동반도에 집착했던 이유는 연과 흉노와 조선이 교착하는 중요한 지역이었기 때문이며 삼자의 연계를 끊기 위한 것이었다. 그러기 위해서라도 장성의 동단을 바다에 둬서 발해의 제해권制海權을 장악할 필요가 있었다.

초원과 사막으로의 길

시황 35년(B.C.212), 시황제는 돌 장성의 새로운 국경에 직도直道라고 하는 고대의 군사고속도로를 만들어 수도 함양에 배치되었던 병사들을 재빠르게 이동시키려고 했다(그림 6-3). 가장 북쪽에 있는 장성의 구원군九原郡 지역(내몽골 자치구 포두시/包頭市)에서부터 운양雲陽(섬서성 순화현/淳化縣)까지 1,800리, 약 700킬로미터, 기점은 함양을 피해서 교외의 운양에 만들어, 5만 가구의 이주자들에게 지키게 하였다. 운양에 있는 감천산甘泉山은 일찍이 흉노가 하늘을 제사지냈던 곳이라고 하니 원래는 융적戎狄의 땅이었다. 경수涇水를 거슬러 올라간 고원에 위치하여 함양의 더위를 피한 이궁인 임광궁도 있었다. 남쪽은 표고 1,600미터 정도 되는 자오령子午嶺 고원 위에 판축으로 다져진 탄탄한 도로를 만들었다.

직도直道조사는 근래에는 섬서성고고연구원陝西省考古研究院 · 진직도고고대秦直道考古隊의 장재명張在明 씨와 황효분黃曉芬(일본 동아대학) 씨 등에 의해 진행되고 있다. "산을 깎아 골짜기를 메웠다"라는 『사기』의 기술은 실제로 "산 쪽 사면에 있는 흙을 깎아서, 그 흙으로 골짜기 쪽을 메웠다"라는 것이 확인되었다. 도로 폭은 평균 30미터, 최대 50미터나 되었다.

황토고원 도로의 난적은 황토 그 자체였다. 황토고원 특유의 잎맥(엽맥/葉脈)처럼 넓어지는 침식곡浸食谷을 우회하는 길을 피해서 곧장 뻗은 능선을 골라 시간을 크게 단축시키려고 했다. 능선을 취하게 되면 하천의 물에 의한 차단을 피할 수도 있다. 조사에 의하면 노반路盤 판축의 두께는 20-50센티미터, 노면에는 입자가 매우 조밀한 흙을 전면에 깔았으며 갓길에는 배수 도랑도

후허하오터시(呼和浩特市)
구원군
포두시
내몽골 자치구
다라터치(达拉特旗)
동승
이진훠뤄기(伊金霍洛旗)
유림
황하
영하회족 자치구
산서성
지단
연안시
자오령
부현
감
황릉
숙
순읍 임광궁
성
운양 함양시
위하
서안시
하남성
섬서성

- - - - 종래 추측한 진직도
───── 확인된 진직도 루트

그림 6-3 진직도(秦直道)유적도

(황효분 〈동아대학(日)〉 제공)

만들어져 있었다. 강과 골짜기를 건너는 다리(교량)의 기초도 발견되었다.

북쪽 오르도스에 들어가자 시야가 훤히 트인 초원이 펼쳐져 있어 간단히 장성과 직결될 수 있었다. 1,800리나 되는 거리는 역전驛傳의 말로 달릴 경우 하루에 85리로 20일 걸리지만 군

마軍馬의 경우 며칠간만 달려도 돌파할 수 있었다. 진의 전차·기병·보병부대를 언제든지 북변으로 출동시킬 수 있는 태세는 정비되었다. 시황제가 몽염蒙恬에게 명령한 사업이었다.

장성과 직도는 시황제에게 중화제국의 꿈을 실현할 큰 토목사업이었다. 수도 함양에서는 동방의 바다를 향하여 치도馳道라는 국유도로가 방사선 모양으로 뻗어나가는 한편 내지에 있는 장성은 폐기되어, 중화제국 지배 네트워크가 북쪽의 직도와 남쪽의 운하運河(영거·靈渠, 뒤에 서술)에 의해 완성되어가고 있었다. 그러나 한편으로는 제국 네트워크를 지키는 일이 제국 자신에게도 진의 백성들에게도 과중한 부담이 되고 있었다.

오르도스 초원을 일시적으로 잃었지만 점점 오르고 있는 흉노제국의 기세는 그칠 줄 몰랐다. 흉노는 몽골고원의 초원 유목민을 동서로 조직해갔다. 선우의 거처는 정庭이라는 궁로穹盧(활모양으로 친 천막)였으며 진과 같은 성곽 도읍都은 없다. 아무리 시황제라도 선우의 거처까지 공격할 힘은 없었다. 흉노 24명의 장長은 1만에서 수천에 이르는 기마를 가지고 분산시켜 한 해 3회에 걸쳐 제사를 위해 집결하였다. 정월에는 선우의 정庭, 5월에는 농성籠城, 가을에는 대림蹛林에 집합했다. 그들의 집합장소가 어디인지는 막연하게만 알 수 있다. 두만선우 때에, 몽골고원 동부는 아직 동호東胡 세력이 강한 데다가 하서회랑은 월씨가 할거하고 있었다. 그러한 세력관계 속에서 진은 오르도스를 일시적으로 점거한 것에 지나지 않았다.

백월의 세계

　한편 북방의 하수(황하)가 진과 만이의 경계지역이라면 남방에서는 강수江水(장강의 옛 명칭)가 경계지역이었다(그림 6-4). 강수를 넘으면 월나라 세계가 된다. 시황제는 그때까지 진행된 네 번의 순행에서도 강수를 넘은 일은 없었다. 제2회 순행 때에는 강수 중류에 있는 운몽택雲夢澤(현재의 동정호 주변)에 이르러 상산사湘山祠를 제사지내려고 했지만 큰 바람을 만나 배를 움직일 수 없었다. 이곳에는 옛 오제인 요堯의 딸이자 순舜의 아내가 모셔지고 있었다. 시황제는 분노하여 형도刑徒 3,000명에게 상산의 수목들을 벌채하여 민둥산으로 만들었다고 한다.

　신기하게도 순은 더 남쪽, 상수를 거슬러 올라간 구의산九疑山에 모셔지고 있었다. 현재는 구의산九嶷山으로 표기하며 호남성의 최남단, 광동성廣東省, 광서장족자치구廣西壯族自治区와의 경계에 있다. 글자 그대로 9개의 연결된 봉우리連峰이며 마왕퇴 전한 3호묘 출토의 지형도에도 그 구연봉九連峰이 그려져 있다. 한대 제사 유적도 발견되었다. 진에게는 생각지도 못한 영역 밖의 산악이었다.

오제 중 가장 마지막 제인 우禹도 회계산會稽山에 묘가 있다. 우혈禹穴로 불리고 있었는데 그때까지의 4회에 걸친 순행에서는 영역 밖이라 방문하는 일이 불가능했다. 시황제도 이사도 오제와 비교되는 것을 싫어했기에 오제를 능가하는 권력을 자랑하려고 했지만 마음속으로는 오제의 존재에 계속 신경 쓰고 있었다. 황제의 묘는 진나라 영역 내의 섬서성 황릉현에 있는 교산橋山에 있다. 전욱顓頊과 제곡帝嚳의 묘는 하수 하류의 복양濮陽에 있다. 그러나 우와 순의 묘는 제사를 지내고 싶어도 영역 밖에 있었다. 시황제는 오제의 권위를 넘기 위해서라도 오제의 땅에 발을 내디디려고 했다. 오제와 관련이 있는 토지에서 시황제가 오제를 제사지내는 일도 진에게는 전쟁의 대의였으며 그저 미개한 지역을 침략하는 것은 아니라고 생각했다.

몽염이 오르도스를 빼앗은 직후, 시황 33년(B.C.214) 진은 능양陵梁 지역을 빼앗았다. 능양은 연속된 교량梁과 같은 산맥을 말한다. 호남성·강서성과 광서장족자치구·광동성을 분단하는 오령산맥五嶺山脈은 남북방향 5개의 고개嶺가 옆으로 늘어서 있는 독특한 지형을 하고 있다. 시황제 군대는 이곳을 넘어서 결국에는 남해南海로 향했다. 고대 남해는 현재의 대만해협臺灣海峽 이남의 남중국해가 아니라 장강 이남의 동중국해로부터 남쪽 바다를 가리킨다. 시황제는 동해를 대신해서 새로운 바다를 목표로 했던 것이다.

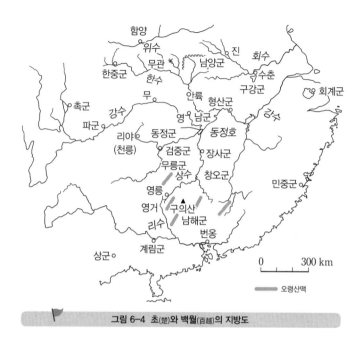

그림 6-4 초(楚)와 백월(百越)의 지방도

남해에는 흉노에 대항한 30만 명을 능가하는 50만 명이나 되는 병사를 보냈다. 흉노와 백월과의 전쟁은 남북 모두 무모한 전쟁이었다. 그러나 시황제는 중화 바깥과의 전쟁을 통해 진과 옛 육국 지역에 일체감을 부여하려 했던 것이다.

남해의 물자(物資)를 찾아서

실제로 백월 땅에 갔던 것은 정규 군대라고 하기보다는 강제로 끌려간 이주 무장집단이었다. 고온다습한 풍토에 북방 진나라 사람들은 당혹스러웠다. 누군가가 나서서 참가한 것도 아니고 본적을 벗어나서 갈 곳 없는 도망자들, 지독한 가난 때문에 데릴사위로 들어가 몸을 파는 것과 마찬가지인 남자들, 그리고 조그맣게 점포를 내는 영세한 장사치들이 더위가 극성을 부리는 영남 땅에 들어와 계림桂林·상象·남해라는 3군이 설치되었고 점차 그곳의 주민이 되어갔다. 사실, 월은 하나의 덩어리로 결집된 국가가 아니다. 산간 지역과 하천연안의 평지에 흩어져 거주하는 사람들을 백월이라 총칭했다. 이 경우도 국가 간의 전쟁이라기보다는 50만 명이나 되는 인간을 영남 지역에 개척 이주시켰다고 하는 편이 맞을 것이다.

시황제는 이 전쟁에 의해서 남해에서 생산된 코뿔소의 뿔·상아·대모瑇瑁·비취·진주·산호 등의 생산물을 손에 넣었다. 모두 고가의 장식품으로 북방에서는 손에 넣을 수 없는 것들이었다. 진주는 조개류의 몸속에 들어간 미립자微粒子를 핵으로 탄산칼슘이 결정結晶된 것이고 산호는 산호충의 석회질 골격이 모여서 형성된 산호초에서 산출된다. 상아는 아프리카 코끼리, 섬유질로서 한방에도 사용되는 코뿔소 뿔은 인도코뿔소 등 먼 곳에서 입수된 것이다. 시황제도 남해에서 생산되고 또 남해연안으로 모여드는 신기한 산물物産에 매혹되었다. 이들 남해에서 생산된 재화는 진제국이 붕괴할 때에 건국된 남월국의 제2대 문왕文王(자국 내에서는 문제/文帝로 자칭)의 묘에서도 볼 수 있다. 여기에는 상아도 그대로 보관돼 있었는데 상아는 인장印章 · 술잔 · 주사위 (육박/六博)의 말(구/駒), 산가지(산목/算木)로 정교하게 가공되었다.

이주한 사람들은 원주민인 월인越人과 공존해야만 했다. 그러나 이주자들과 월인들 사이에는 각 지역에서 충돌이 발생하였다. 리야진간이 출토된 호남성 용산현의 리야고성도 북방에서 온 이주자들이 개척한 도시였다. 동정호에서 원수沅水와 유수酉水를 거슬러 올라간 곳에 천릉遷陵이라는 현이 설치되었는데 이곳이 현재의 리야이고, 상서湘西의 토가족土家族과 묘족苗族 자치주에 위치하며 고대에도 오계만五溪蠻 · 무릉만武陵蠻이라는 민족이 있었다. 현의 관리는 시황제 정치를 지방에서 행하고 있었는데 주변의 산악지대에 진의 통치를 받지 않는 사람들이 있더라도 무리는 아니다. 하천을 따라 진나라 사람들이 거주하는 현과 성을 벗어나면 산악지대에는 월인들의 세계가 펼쳐졌다. 진의 지배는 이 지역에서 점点과 같은 지배에 지나지 않으며 점과 점은 하천을 따라 생긴 교통로로 겨우 연결돼 있었다.

운하의 건설

진은 군대와 식량을 남방으로 수송하기 위하여, 군감郡監의 녹

祿이라는 사람에게 거渠(운하)를 건설하게 하였다. 군위郡尉인 도휴屠睢는 누선樓船(군선)의 병사들을 이끌고 백월을 공격하였는데 진나라 군사들은 크게 패하였다. 그 이후, 진의 현령縣令이며 나중에 남월국을 세우게 되는 조타趙佗가 우위를 점하며 병사들을 진군시켰다고 한다. 남해에 도달하고자 하는 갈망이 배를 통한 남북 항행을 실현시켰다. 시황제 시대의 영남에 이르는 운하는 현존하는 영거靈渠로서 자연 하천을 포함하여 전체 길이 34킬로미터에 뻗어 있다. 영거는 북쪽의 흉노와 전쟁할 때의 직도에 해당한다.

장강 중류에 있는 남군南郡은 남방 지배의 거점이며 거기서 곧장 남하하게 되면 번옹(번우/番禺)항으로 나올 수 있다. 이 루트는 우선 상수湘水를 남쪽으로 수원源流까지 거슬러 올라가면 바로 근처에는 이수離水의 지류가 상수와는 반대로 남쪽을 향하여 흐르고 있다. 두 하천의 분수령은 고작 2킬로미터밖에 떨어져 있지 않지만 상수 지류와의 고도 차이는 몇 미터나 되기 때문에 직접 연결되지는 않는다. 하지만 상수의 수위를 상승시키면서 이수와 연결하면 배를 항행시킬 수 있다. 배가 항행할 수 있도록 하기 위해서는 계절에 따른 수량의 증감에 상관없이 수위를 확보해야 한다. 그러기 위하여 상수의 흐름을 3개로 나누어 중앙에는 보(언/堰)를 두고 남북에는 북거北渠와 남거南渠를 뚫었다. 남거를 이수와 직접 연결시키고 북거는 상수에 되돌렸다. 보와 북거에 의해 남거의 물의 양을 확보하여 물이 증가하면 보에서 상수

의 고도古道로 배출
되었다. 현재 북경
과 항주를 연결하는
운하(경항대운하/京杭大
運河)와 파나마운하
에서는 수문의 개폐
에 의해 수위를 올
리거나 내리거나 했
지만 영거에서는 보

그림 6-5 영거(靈渠) 모식도

(참고, 후지타 가츠히사/藤田勝久, 1987)

와 두 개의 거에 의해 자연스럽게 수위의 차이를 조절하였다(그
림 6-5).

광동성廣東省 광주廣州는 고대에 번옹이라고 하였다. 주강珠江
델타 지역의 서강西江·북강北江·동강東江이 합류하는 지역에 위
치하며 남해 거점의 항만도시이다. 번番은 오랑캐蕃, 옹(우/禺)은
지역의 구석을 의미한다. 번옹성(번우성/番禺城)은 현재보다도 주
강에 인접해 있어서 남해(남지나해)에도 가깝다. 영거 개통에 의해
이곳까지 내륙을 항행할 수 있게 되었다.

진은 이곳에 조선공장을 지었다고 한다. 1975년과 1994년
에 발굴이 이루어져 긴 목재材木가 레일처럼 두 개씩 남북으로
세 개가 줄지어 늘어서 있고 그 레일 위에는 수직으로 짧은 목
재가 늘어섰으며 레일 아래에는 침목枕木이 깔려 있었다는 것을

알 수 있었다. 배를 지탱하였고 만든 이후에는 배가 바다 쪽으로 밀려 나아가게 하는 선거船渠와 같은 것이다. 그 모양을 살펴보면 30~60톤의 연해 항행용의 평저선平底船을 만들었을 것이라고 한다. 그러나 이후 동일한 장소에서 1994년에 '번지蕃池'라고 하는 연못, 1995년에는 우물, 1997년에는 연못과 암거暗渠로 이어진 150미터나 되는 곡수구曲水溝, 2003년에는 궁전유적, 2004~2005년에는 우물에서 1백여 장의 목간과 나중에 독립한 남월국의 왕궁과 어원御苑 유적이 계속해서 출토되었다. 이들 유적은 진의 조선造船 공장과 매우 인접해 있어 한쪽을 진, 다른 한쪽을 남월국의 유적이라고 하는 주장에 대해 반론이 나오는 것도 납득이 간다. 2000년에는 목제인 수문 유적이 번옹성 남단에서 발견됐는데 해항海港도시 번옹성의 방조시설로 보인다. 바다에 면한 남월의 해항도시로서의 전모가 분명해지고 있으며 진의 조선공장 유적도 재검토가 요구되고 있다.

원래 진의 백월 지배와 그 이후의 남월 독립은 진에서 남하한 동일한 사람에 의해 이루어졌다. 조타는 황하 하류의 북쪽에 위치한 진정眞定 지역 출신으로 월에 들어가 진의 남해군의 용천龍川 현령이 되었다. 시황제 사후, 2세 황제 때에 멀리 중원에서 반란이 일어나 진이 멸망했기 때문에 남월을 건국하여 무왕武王(자국 내에서는 무제로 자칭)이 되었다. 조타 주변의 지배자는 원래는 진에 정복당한 옛 육국지역 사람으로, 월인들을 기반으로 하여 그들이 정복왕조를 세웠다. 그 국가모델은 진제국이고 다양한 통치 기술도 이 지역에 들어왔을 것이다.

공자와 시황제

본장 마지막으로 이 시기의 중요한 주제인 유가儒家와의 관계를 살펴보기로 한다. 문화대혁명文化大革命(1966-1976년) 때에 공자가 비판을 받은 반면에 시황제가 평가를 받았던 것은 잘 알려져 있다. 당시 유법투쟁사관儒法鬪爭史觀에서는 춘추시대 말의 공자(B.C.551-B.C.479)와 260년이나 지나서 등장한 시황제는 엄격하게 대립되었다. 공자는 노예주귀족奴隸主貴族의 대표이고 시황제는 신흥지주계급의 대표로 인식되었다. 시황제 밑에서 이사가 실시한 분서갱유는 시황제의 유가탄압정책으로 보통 이해한다. 시황제 시대는 이미 공자의 9대 자손의 시대였으며 공부孔鮒 등은 진 말기의 농민반란을 지도한 진승陳勝의 박사가 되기 위하여 노魯를 나와서 진陳의 땅으로 갔다. 공자를 신봉하는 제자들도 제나 노를 중심으로 전국으로 확산되어나갔다. 공자를 계승한 맹자(B.C.372 무렵-B.C.289 무렵)는 시황제 시대(B.C.259-210)에 가까운 인물이다. 순자(B.C.298 무렵-B.C.235 무렵)의 제자인 한비(-B.C.233)와 이사는 법가法家로서 시황제의 정치를 지지하고 있었다.

이 무렵 수도 함양에서는 무모하다고도 할 수 있는 2개의 전쟁에 대한 비판이 박사들 사이에서 분출되었다. 박사란 태사太史라고 하는 사관史官과 마찬가지로 국가의 제사와 예의禮義를 관할하는 태상太常에 소속돼 있는 지식인을 말한다. 진의 박사는 유가뿐만 아니라 법가 · 도가 · 묵가 등 제자백가 학문을 전하였다. 진의 정책에 오래된 사상을 유용하게 적용하는 것이 그들의 역할이고 『논어』「위정편」에 있는 공자가 말한 '온고지신溫故知新'이 그 역할을 상징한다. 이 말은 '옛것을 익히고 새것을 알면, 이로써 스승이 될 수 있다'라는 뜻이며 원래 『논어』의 문장이다. 옛 시대 것을 익혀서 현재에 살리는, 그런 사람이야말로 스승에 알맞다는 의미이다. 그들은 만이를 쫓아내는 중화의 전쟁에 불안을 갖고 있었다. 비판의 화살은 시황제가 아니라 전쟁 수행의 정책을 추진한 대신들을 향한 것이었다.

시황 34년(B.C.213) 시황제는 함양궁에서 술 잔치酒宴을 열어 70명이나 되는 박사들을 전원 출석시켰다. 복사僕射(활을 쏘게 해서 관리의 능력을 평가하는 관/官) 주청신周靑臣은 그 자리에서 만이를 내쫓는 전쟁을 찬미했지만 박사들은 묵인할 수 없었다. 특히 유가를 전하던 제나라 출신 박사인 순우월淳于越은 강하게 반론하며 주청신의 발언은 폐하의 과실을 반복하는 것이라고 했다. 그들은 현재의 군현제보다도 이전의 봉건제에서 배워야 된다고 주장했다. 봉건제를 부정하고 군현제만으로 통치한 진의 체제는, 제국

내에 황제 외에는 한 명의 왕도 두지 않는다는 것이 철칙이었다. 시황제를 지지하기 위해서는 왕을 두는 것이 필요하다는 주장이었다.

시황제는 대신들에게 의논하게 했다. 승상인 이사는 박사들이 "옛것으로써 지금을 비난하는 것은 인민을 유혹하는 행위"라고 강하게 비난하여 분서령焚書令을 제안했다. 이사는 '옛것을 익히고 새것을 알다'를 '옛것으로써 지금을 비난하다'라고 판단한 것이다. 그는 철저하게 박사들의 움직임을 봉쇄하려고 했다. 지금의 법령만 익히면 옛 학문은 필요 없다고 하면서, "만약 법령을 배우기를 원한다면 관리를 스승으로 삼아라"라며 박사에게 사사하기보다는 관리에게 사사하라고 하는 명령까지 내리고 있었다. 박사들은 조정에서는 면전에서 시황제를 비난하지 않지만 밖에 나가면 군중들 앞에서 황제를 비방한다. 이사의 눈에는 그렇게 보였다.

군신부자의 질서

시황제 순행 당시에 세웠던 각석 문장에는 시황제 통일사업을 현창한 다음에 관리와 검수가 힘써야 되는 내용을 나타내는 말이 이어지고 있다. "귀천의 차이를 분명히 하고 남녀는 각각 예에 따라서 삼가 행동하라"(태산각석) 혹은 "존비와 귀천의 경계를 넘지 않고 사악한 행동을 용서하지 않으며 모두 양심과 정숙함에 노력하라"(낭야대각석) 또는 "남자는 농업을 즐거워하고, 여자는 그 생업을 익히며 남녀에게는 각각 해야 할 일이 정해져 있다"(갈석각석)라는 말 등은 법치주의라기보다는 신분의 귀천과 남녀 분업을 지켜야 한다는 예치주의禮治主義라고 해도 좋을 것이다. 시황제는 법치만으로는 통치가 어렵다는 것을 잘 알고 있었다.

이러한 『사기』에 인용돼 있던 각석 문장과 새로이 출토된 죽간 문장은 일치했다. 지방 관리의 묘에서 출토된 '관리가 되는 길(위리지도/爲吏之道)'(수호지진간)과 '관리가 되어 관官과 백성黔首을 다스리다(위리치관급검수/爲吏治官及黔首)'(악록진간)로 제목을 붙인 문서는 각석에서 나타낸 말에 정확하게 부합한다. 그 가운데 하나인 "군주된 자는 은혜로워야 하고, 신하된 자는 충성해야 하며, 아버지는 자비로워야 하고, 아들된 자는 효도해야 한다는 것이 정사의 근본이다"(그림 6-6)라는 말은, 공자가 한 말과 아무런 차이가 없는 것으로 보인다. 공자는 정사에 관하여 물었던 제나라 경공에게 "군주는 군주답고, 신하는 신하답고, 아버지는 아버지답고, 아들은 아들다워야 한다"(『논어』 「안연 제12」)고 대답하였다. 또 북대진간에도 『선여자지방善女子之方』이라는 서적書物이 있어 남편과 아내의 도道가 설명되어 있다. 춘추시대 말에 태어난 공자는 주왕을 중심으로 하는 질서가 붕괴되는 가운데 새로운 정치를 제

為人君則惠　為人臣(則)忠　為人父則茲(慈)　為人子則孝

그림 6-6　악록진간(嶽麓秦簡)

후들에게 바랐지만 그 이상의 실현은 이루어지지 않았다. 하지만 공자의 이상은 제자들에 의해 전해져 지속적으로 확산되었기에 공자 사후 220년이 경과하고 나서 전국시대 말에 태어난 시황제가 국가와 군신과 집안의 부자 간의 질서를 정치의 기본에 두었어도 이상한 것이 아니었다. 그 사상의 실제를 보지 않고 시대를 초월한 공자와 시황제를 굳이 정반대 위치에 세우는 것은 피해야 한다. 정반대의 위치에 둔 것은 사마천이 아니라 오히려 후한의 유가들이다.

시황제가 정치의 근간으로 바랐던 것은 사사로운 정을 개입시키지 않고 권력에 우쭐해하지 않고 냉정하게 백성들의 능력과 역량을 헤아리며 군주에게 충실하고 청렴결백한 관리였다. 그러한 근간이 무너져 관리가 부패하게 되었을 때 제국은 요동치며 민중들은 과감하게 권력에 맞선다. 시황제는 그 두려움을 권력자로서 충분히 알고 있었던 것이다.

분서갱유(焚書坑儒)

시황 34년(B.C.213)의 분서령은 다음과 같이 내려졌다. 실제로 내용을 제안한 사람은 이사이다. 진의 역사 기록을 제외하고 사관史官에 있는 문서를 전부 소각하라. 지금의 진의 기록은 필요하지만 과거 전국 육국의 사기史記나 옛날의 하夏·은殷·주周 3대 왕의 기록 등은 현실 정책에 필요하지 않다고 판단하였다. 그리고 박사들과 같은 관官이 서적을 소장하는 것은 인정하지만 민간에 소장하고 있는 시詩(『시경』)·서書(『상서』)·백가百家의 책은

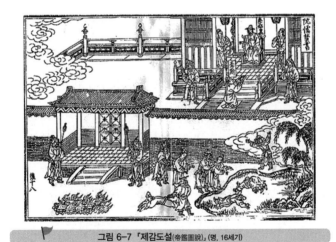

그림 6-7 『제감도설(帝鑑圖說)』(명, 16세기)

「갱유분서(坑儒焚書)」(1606년, 도요토미 히데요리/豊臣秀頼 목활자판)

오른쪽 위에 시황제와 이사, 왼쪽 아래에 분서, 오른쪽 아래에 갱유가 묘사되었다. 시황제가 의자에 앉아 있는 것과 왼쪽 아래에서 종이 서적을 태우고 있는 것은 후대의 오류이다. 당시 의자에 앉는 문화는 없었으며 서적은 죽간이었다.

모두 군수郡守에게 내놓았으며 군위郡尉에게 정리하여 소각하게 하였다(그림 6-7). 이사가 두려워했던 것은 박사들이 각각 제자백가를 배우는 것은 상관없지만 밖으로 정치적인 발언을 하는 것이었다.

이것을 잘 읽으면 알 수 있듯이 유가의 서적 전부를 소각한 것은 아니었다. 각 국의 가요를 모은 시詩에는 미묘한 정치적 풍자가 포함돼 있었으며 진에 대한 공격이 될지도 모른다고 이사는 생각했던 것 같다. 서(『상서』)는 시황제 이전 시기의 제왕을 찬미한 것이다. 오제부터 하·은·주 3대의 제왕의 역사를 정리한 것이며 옛 정치를 찬미하게 되면 지금을 비판하는 것이 된다. 그 시·서를 두 사람 이상이 모여 의논하면 기시棄市(시장에서 죄인의 목을 베어버리는 사형죄)로 논죄하였다. 시장 사람들 앞에서 목을 베어 버려두는 것은 엄한 처벌이었다. 옛것으로써 현재를 비방하는 자는 일족 모두를 죽였다. 관리가 알면서도 묵인하면 동일한 죄로 처벌하였다. 이 법령이 내려지고 나서 30일이 지나도 소각하지 않을 경우는 문신하는 형벌을 집행하고 국경에서 축성築城하는 노동형벌勞働刑을 추가하였다. 의약과 점술卜筮과 종수種樹에 관한 책(농업서적)은 대상으로 하지 않는다(북대진간에 『의방/醫方』 80여 매, 『우구책/禹九筴』 50매가 보인다. 전자에는 약물치료방법, 후자에는 1에서 9까지의 숫자에 의한 점술이 기록되어 있다). 가령 법령을 배우고 싶은 자는 관리를 스승으로 삼는다.

시황제는 이러한 이사의 분서령 제안에 동의했다. 80만 명이나 되는 인원들을 강제로 동원하여 치루고 있는 전쟁, 겉으로는 만이를 내쫓는다고 하지만 실제로 그 부담은 컸다. 이사는 전쟁을 비판하는 언론을 억압하였다.

이러한 진의 분서령에 대항하여 『상서』 등의 죽간 서적을 벽 속에 숨기는 자가 있었다. 진의 박사였던 복생伏生도 그 가운데 한 명이었다. 공자의 옛 집에 『상서』를 숨겼다고 한다. 나중에 공자의 자손인 공안국孔安國도 공자 집안에 전해지던 『상서』를 발견해서 전한 무제에게 헌상하였다. 무제의 배다른 형제인 하간헌왕河間獻王 유덕劉德도 분서를 당하지 않은 『상서』 등 선진의 고문으로 기록된 유가의 서적을 전하였다.

분서령이 있고 나서 그 이듬해 시황 35년(B.C.212), 시황제는 이번에는 함양의 제생諸生으로 인민을 유혹한 자 '460여 명을 구덩이에 생매장했다'고 한다. 이것을 '갱유坑儒'라고 한 사람은, 이미 유가가 왕조국가의 학문의 중심에 놓인 후한 사람들이었다. 『사기』에서는 "술사術士를 구덩이에 생매장한다"라고 기록되어 있다('阬'을 본자로 '坑'으로도 적는다). 실제로는 유생뿐만 아니라 유생들도 포함한 제생 모두가 대상이었다. 제생 중에는 공자의 학문을 계승하는 자도 있었지만 이유는 그것뿐만이 아니었다. 공자의 학문 그 자체를 탄압했던 것이 아니라 전시체제하의 인민들을 불안하게 했던 점이 법에 저촉되었기 때문이었다. 물론 잔인한 행위가 있었던 점은 부정할 수 없지만 일반에게 유포된 '분서갱유'의 이미지와는 상당히 다르다.

당대唐代에는 여산의 서북쪽 기슭에 민유향愍儒鄕이라는 마을이 있는데 진이 갱유한 장소로 전해져 왔다. 460명이나 되는 구덩이에 생매장된 사람들의 희생의 진위는 확인조차 할 수 없다. 가능한 것은 후세의 유학자들이 만들어낸 공자와 시황제 간의 대립 도식을 조금씩 무너뜨리는 것이다. 시황제 시대의 출토자료는 그 틈새를 조금씩 메워준다.

제7장

제왕의 죽음
—유언의 진상(50세)

昔者秦王趙正出斿(游)天下、環(柏)唱(還)至白人而病、篤恩然流涕長大(太)息謂左右、

吾忠臣也、其議所立。丞相臣斯御史臣去疾昧死頓首言曰、今道遠而詔

(辈)期寡臣恐大臣之有謀、謂立子胡亥 爲代後、王曰、可。王死而胡亥立即殺其

2376簡　　2372簡　　2172簡

북경대학 소장 전한 죽간 『조정서(趙正書)』

전체 50간(簡) 가운데 3매. 2376간에는 진왕 조정(趙正)이 순행 도중 위독해진 일, 2372간에는 후계를 승상 이사와 어사대부(御史大夫) 풍거질(馮去疾)에게 의논하게 한 일, 2172간에는 호해를 황제로 추대하는 일이 진왕에게 재가 받았던 일로 기록되어 있다.

시황 37년(B.C.210), 마지막 순행 도중 시황제는 사망했다. 『사기』는 그 시기를 '7월 병인'으로 표기한다. 『사기』에 의하면 그 전조는 전년에 해당하는 시황 36년(B.C.211)부터 계속 나타났다고 한다. 혹성의 변이와 운석의 낙화부터 시작해 수많은 불길한 예언들은 모두 시황제의 죽음과 관련된 것이었다. 뒤에서 자세히 살펴보겠지만, 죽기 전 해의 징후로 여겼던 혹성의 변이가, 사실은 시황제가 사망한 해의 현상인 것을 알게 된다. 그러한 관점에서 볼 경우 확실히 사마천이 정리한 시황 36년의 기사는 이듬해에 있었던 시황제 죽음을 유도하는 1년간으로 너무나도 깔끔하게 정리되었다. 실제로는 큰 병을 앓지 않았음에도 불구하고 1년이나 전부터 시황제 죽음을 예측할 수 있을 리 만무하다. 그렇다면 무슨 이유로 그런 기사로 정리한 것일까? 현실에서는 도대체 어떤 1년간이었는지 깊이 생각해보고자 한다.

시황 37년 10월 연초에 시황제는 제5회째 순행에 나섰다. 경로는 제2회째 순행을 거꾸로 더듬어 가는 순행으로 도중에 갑자기 죽게 되었지만 그 행정行程은 결과적으로 최대의 거리, 1년 가까운 기간이 소요되는 가장 긴 장대한 순행이었다. 사마천은 이 순행을 죽음의 전조를 타파하는 행동으로 받아들였지만 실제로는 어떤 목적을 가진 순행이었을까?

또한 잘 알려져 있는 것처럼 죽음 직전에 장자인 부소에게 남긴 유조遺詔가 조고趙高에 의해 파기되어, 사후에 만들어진 두 개의 위조된 조서를 바탕으로 시황제 사후의 정치가 암암리에 움직였다. 『사기』에 보이는 이러한 사관을 흔드는 사료가 근래에 출토되었다. 시황제는 부소가 아닌 막내아들 호해에게 후계를 부탁했다고 한다. 다시금 시황제의 죽음부터 장례에 이르는 경위를 시간적 추이에 따라 정리하여 사실을 살펴보고자 한다.

마지막 순행

시황 37년(B.C.210) 10월 계축일癸丑日, 시황제는 마지막 순행에 나섰다. 주가산30호 진묘에서 시황 37년의 역보曆譜(달력)가 출토되었는데 계축은 10월 3일을 말한다. 네 번째 순행으로부터 5년이 지난 뒤이다. 이 시기 동안 흉노와 백월과 전쟁을 치렀고 전시체제를 굳건히 하기 위하여 장성과 군사도로 직도를 건설하였으며 분서갱유 사건이 있었다. 통일 직후와는 달리 어수선한 분위기가 계속되는 가운데 수도 함양을 비워둘 수는 없었지만 겨우 일단락되어 순행을 재개할 수 있었다.

그러나 『사기』에 의하면 출발하기 직전의 시황 36년(B.C.211)에는 불길한 사건이 계속 일어났다. 우선 형혹熒惑(화성)이 동방의 심숙心宿(전갈자리) 위치에 머물렀다고 한다. 빨갛게 빛나는 화성은 재해나 전쟁을 불러일으키는 별이었다. 전갈자리 심장에 해당하는 안타레스는 붉은색 거성$_{巨星}$의 일등별이고 중국에서는 청룡 심장에 해당하는 불길한 별로 여겼다. 거기에 붉은 형혹이 다가와 머물렀다. 이때 화성은 동쪽을 향하여 순행하다가 잠시 멈춘 뒤에 서쪽으로 역행하고 또 잠시 지난 뒤에 동쪽으로 순행한다.

중국 고대에서는 1년간의 태양 궤도인 황도$_{黃道}$에 28개의 별자리를 배치했다. 태양, 달, 오성$_{五星}$(혹성/惑星)의 움직임을 관측하는 좌표축과 같은 것이다. 동방 하늘의 7개 별자리 가운데 6개를 연결하면 청룡$_{青龍}$이 밤하늘에 떠오른다. 용의 뿔이 각숙$_{角宿}$, 목은 항숙$_{亢宿}$, 가슴은 저숙$_{氐宿}$, 배는 방숙$_{房宿}$, 심장은 심숙$_{心宿}$, 꼬리는 미숙$_{尾宿}$이다. 1987년 서안$_{西安}$교통대학 구내에서 발견된 전한시대의 벽화묘는 관리의 작은 묘이지만 거기에는 2000년 전의 매우 선명하고 화려한 색채의 천문도가 그려져 있어 크게 참고가 된다(그림 7-1). 주색$_{朱色}$인 태양과 은백색인 달이 대치되어 있고, 태양 중심에는 검은 까마귀, 달 중심에는 두꺼비가 붙어 있었다. 태양과 달 사이의 공간에는 녹색과 엷은 자색을 겹친 상운$_{祥雲}$이 굼실거리고 10여 마리의 선학$_{仙鶴}$이 어지러이 날아다닌다. 황도상의 이중 원을 따라 28개의 별자리가 도안화$_{圖案化}$되어 있다. 사신$_{四神}$인 청룡(동)·백호(서)·현무(북)·주작(남)은 각 방향의 별자리에 감춰져 있었다. 그 밖의 별자리가 은백색인 것과는 달리 용의 별자리만이 붉게 색칠돼 있다. 대화$_{大火}$

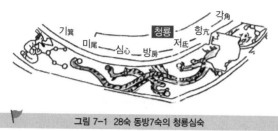

라고도 불렸다.

그 밖에도 불길한 전조로서 운석이 동군東郡에 떨어졌는데 그 돌에는 "시황제가 죽고 땅이 갈라질 것이다"라는 불길한 예언이 새겨져 있었다고 한다. 황제에게는 본래 '사死'라는 문자는 사용하지 않고 '붕崩'(자연인 산악이 무너지는 의미, 죽음을 직접 표현하는 것을 꺼렸다)이라고 한다. "땅이 갈라질 것이다"라는 것은 운석이 대지에 충돌하여 대지가 갈라진다는 비유를 들어 영토가 분열된다고 하는 의미일 것이다. 동군은 황제黃帝와 싸워서 패배했다고 하는 전쟁의 신인 치우蚩尤를 제사지내는 장소이다. 시황제는 어사를 파견하여 조사했지만 범인은 붙잡지 못했기 때문에 부근의 주민들을 모두 살해하고 운석도 태워 녹였다. 동방의 현장에 파견된 사자가 되돌아오자 제2회 순행 때에 강수에 가라앉혔던 옥벽玉璧을 가진 자가 길에 나타나 "올해 조룡祖龍이 죽는다"라는 불길한 예언을 말했다. 조룡의 조祖는 시조, 용龍은 군주를 의미하므로 결국은 시황제를 가리킨다. 시황제는 불안한 마음을 달

래기 위해 박사에게 진인眞人의 시를 짓게 하고 악사樂人에게 노래를 부르게 했다고 한다. 점을 보자, 여행游(순행)과 이사徙(이주)를 하면 길하다고 나왔기 때문에 연초인 10월에 순행에 나섰다. 해가 바뀌고 예언이 빗나간 것에 안도했을 것이다.

예언의 연대 수정

이상이 『사기』에 묘사된 예언의 전말이다. 하지만 중국고대의 천문역법 연구자에 따르면 화성이 안타레스(고대 중국에서는 화성이 안타레스에 다가가는 것을 가장 불길하다고 여겼다. 즉 이 천문이 나타난 시황 36년 이듬해에 진시황이 붕어하고 2세가 즉위하지만 진이 망하게 됨을 가리키는 것이다─역자 주)에 다가가 머무는 것은 기원전 211년이 아니라 이듬해인 기원전 210년이라고 한다. 더군다나 오자와 겐지小沢賢二 씨가 최근 분명히 밝힌 점은 기원전 210년의 시황제 죽음이 있던 8월 병인일(21일)에 다시 순행한 화성이 안타레스에 가장 가깝게 접근하고 있다는 것이다. 뒤에서 서술하겠지만 나는 시황제의 죽음은 7월이 아니라 8월 병인이라고 생각하고 있다. 그렇다면 46년 주기인 이 특이한 천문현상은 시황 37년의 시황제가 죽은 날에 발생한 것이 된다. 이 우연한 사실을 어떻게 생각하면 좋을까?

8월 병인일의 밤하늘에서 발생한 불길한 천문현상을 본 사람들은 매우 많았을 것이다. 그 날 정말로 시황제가 죽었다는 사실이 극비였다고 해도 당시 시황제가 병중에 있다는 것을 알고 있었다면 그 죽음을 연상했을지도 모른다. 적어도 『진기秦記』라고 하는 진 본래의 사서에는 황제가 죽은 날짜가 분명 정확하게 기록되어 있었을 것이다. 그러나 『사기』의 기술은 그렇게 되어 있지 않다.

황제의 죽음을 1개월 더 앞당겨서 7월 병인일에 죽었다고 고쳐 쓰고 또 불길한 징조(화성이 전갈자리의 안타레스에 접근하는 것, 이를 형혹수심/熒惑守心이라 칭한다. '심'은 안타레스가 소속된 별자리를 말한다―역자 주)를 1년이나 이전의 천문현상으로 만든 사람은 도대체 누구일까? 아마도 동시대 사람들이 개찬改竄한 것이 아니라 시황제의 죽음을 전년의 전조에서 시작되는 스토리로 만든 사람의 작위일 것이다. 혹시 그 사람은 사마천일까? 사마천은 어떤 서적을 참고했을까? 단정하기에는 아직 이르다. 가령 사마천이라면 「진시황본기」 전체를 통하여 시황제에 의한 통일 사업부터 시황제의 죽음에 의한 통일의 붕괴라는 스토리를 시간의 흐름 속에서 보다 더 부각시켜 그려내고자 했던 것은 아닐까.

예언만이 실제로 들어맞는다고는 할 수 없지만 『사기』에 의하면 "조룡이 죽는다"는 말에 시황제는 상당히 동요했을 것이다. 현실은 어떠했을까? 적어도 시황 37년(B.C.210)의 제5회 순행은 (그림 7-2) 결과적으로 죽음 직전의 마지막 순행이 되었는데 시황

그림 7-2 순행도(제5회)

제에게는 쌓아올린 중화제국을 주유하는 적극적인 행동이었다.

다만 한 가지 말할 수 있는 것은 시황제는 천문의 움직임을 매우 중시했다는 점이다. 이 순행 루트는 제2회 때의 순행 루트와는 달리 왼쪽부터 시작하는 루트를 취했다. 이것은 천체상의 북두칠성 등의 별자리 움직임과 동일하다. 시황제는 우주의 움직임을 거스르는 일은 하지 않았으며 중화제국 주변의 정치 상황을 확인하기로 했을 것이다. 황제든 서민이든 고대 사람들에게 천문은 일상생활과 결부돼 있었다. 예를 들면 호북성 강릉 왕가대 15호 진묘에서는 28개의 별자리를 사용하는 점술 도구인 식반式盤이 출토되었다.

서복(徐福)전설의 배경

이 밖에도 시황제의 죽음을 둘러싼 몇 개의 전설이 더 있다. 하나하나 검증해보고자 한다. 제5회 순행 중에 시황제는 북상하여 낭야대에서 방사인 서시徐市를 다시 만났다. 서시는 시황제로부터 원조를 받으면서도 선약仙藥을 못 구했기 때문에 허위로 이야기할 수밖에 없었다. "봉래에 있는 약은 구할 수 있습니다만 큰 상어가 괴롭혀서 갈 수가 없습니다. 부디 활을 잘 쏘는 명사수와 함께 가서 연발의 노弩로 쏴죽였으면 합니다"라고 하였다.

『사기』「진시황본기」 세 곳의 기술을 종합해보면 방사인 서시가 어린 남녀 수천 명을 데리고 바다에 들어가 삼신산三神山에서 신약神藥을 구하는 것은 실패로 끝났다고 한다. 그러나 『사기』에는 전한의 회남왕淮南王 유안劉安의 열전 가운데 또 하나의 전설이 남아 있다. 회남왕 유안은 전한 고조 유방의 손자인데 무제 유철劉徹은 모반을 일으켰다고 하여 그를 주살했다. 무제는 이후 시황제와 마찬가지로 흉노와 남월과 대대적인 전쟁을 치루었으며 또한 동東에서는 시황제도 못 했던 해전을 시작하여 평양平壤에 수도를 두고 있었던 위만조선衛滿朝鮮을 멸망시켰다고 한다.

이런 가운데 오피伍被라는 사람이 회남왕 유안에게 민심이 떠났을 때에는 국가가 붕괴되는 법인데 지금은 그 시기가 아니라고 하며 행동을 간諫했다고 한다. 시황제가 죽은 지 100년이 지나 초나라 사람 오피는 진이 멸망한 것은 민심이 떠났기 때문이라며 구체적인 이유를 세 개 들었다. 첫 번째는 장성의 과혹한 건설 때문에 헤아릴 수 없을 정도의 희생자를 낸 점, 두 번째로 서복(여기서는 서시가 아님)이 젊은 남녀 3,000명을 데리고 바다를 건너 평원과 드넓은 못이 있는 곳으로 가서 왕이 되어 돌아오지 않았기 때문에 젊은이들의 가족이 진에 원한을 품은 점, 세 번째로 백월과의 전쟁 때에 현지에 머물러 남월을 건국한 시황제 병사들을 위하여 진이 과부 1만 5천명을 남월에 보낸 이유로 그 가족들의 원한을 사게 된 점을 들 수 있다. 민중의 원한은 진의 정치에 대해 폭발하였다(덧붙여 말하자면 시황제 때는 백월과 전쟁을 했지만 아직 남월은 건국되지 않았기 때문에 여기서 남월이라고 하는 것은 잘못이다). 남월왕 위타尉佗(조타)에 관한 것은 남월왕 3대째인 조매趙眜의 무덤과 수도 번옹 유적이 발견되는 것을 보면 사실史實이다. 그러나 생각해보면 세 개의 사건은 단순한 전설이 아니라 시황제가 추진한 사막과 바다에서의 활동이 그 배경이었다.

오피에 의하면 서복은 바다에서 돌아와 해신과 만났다고 거짓말했다. 그리하여 다시 남녀 3,000명과 백공百工(기술자)을 데리고 오곡五穀을 챙기고서 출발하여 평원과 넓은 못이 있는 땅에서 왕이 되어 돌아오지 않았다고 한다. 평원과 드넓은 못은 중국에서 말하자면 황하, 회수淮水, 장강 하류 지역의 평원과 거기에 점재하는 호수와 늪지대(호소/湖沼)를 말한다. 그곳에서는 수로망을 확대하여 치수관개에 힘썼으며 점재한 호수와 늪지대 역시 농업용수의 공급지였다. 서복 등이 새롭게 건너간 땅에서도 평원과 호수와 늪지대를 찾아 오곡 재배에 전념했다고 한다.

방사인 서복이 수천 명의 미혼 남녀들을 데리고 도착한 곳이 '단주亶洲' 땅이라고 하는 전설은 삼국시대에 이미 존재했다.

알려져 있는 것처럼 서복 일행은 일본열도를 표류하다가 이곳에 도착했다는 전설도 있지만 이것은 10세기까지 내려간다. 오대 시기 후주後周의 승려 의초義楚가 저술한 불교관계 서적인 『의초육첩義楚六帖』에는 일본국日本國을 예로 들어, "왜국倭國이라고도 하고 동해 가운데 있으며 진나라 때에 서복이 5백 명의 젊은 남자들과 5백 명의 젊은 여자들을 데리고 이 나라에 이르렀다", "오늘에 이르기까지 자손은 하타(진/秦) 씨라고 한다"라고 기록되어 있다. 동일한 10세기의 정사正史인 『구당서舊唐書』도 동이전東夷傳 안에는 '왜국'과 함께 처음으로 '일본국'이라는 기재가 보인다. 7세기 이래의 견당사 왕래에 의해 당은 왜가 아닌 일본이라는 나라의 존재를 인식하고 그 가운데 일본의 서복 전설도 중국에 전해졌다. 일본 각지에는 서복 일행의 상륙지와 서복의 무덤이라는 사적도 많다. 현재, 시황제 시대에 서복 일행이 일본열도에 건너왔다고 하는 확증은 없다. 그러나 시황제의 존재가 후대 동아시아 세계 전체에도 커다란 영향을 끼쳤던 것은 부정할 수 없다. 한반도에서 일본열도로 건너온 진秦(하타) 씨는 시황제 자손이라는 권위를 가졌으며, 혹은 서복이 스스로 시황제라고 속였기 때문에 그 자손들이 하타 씨라고 하는 전설이 생겼을지도 모른다.

해신(海神)의 꿈

시황제의 죽음과 관련되는 또 하나의 불가사의한 전설 가운데 '해신의 꿈'이 있다. 순행 중 시황제는 해신과 싸우는 꿈을 꾸었다. 동행했던 박사는 꿈을 분석하여 큰 물고기가 나타났다면 근처에 수신水神이 있는 징후라고 전했다. 시황제는 큰 물고기를 잡을 수 있는 도구로 연발의 노弩를 가지고 성산成山에서 지부之罘까지 갔으며, 결국 노를 쏘아 큰 물고기를 죽일 수 있었다고 한다. 큰 물고기는 아마 고래일지도 모른다. 고래 중에서도 귀신고래는 겨울이 되면 번식을 위해 한반도 부근으로 남하했다가 회유回遊하는데 해안 가까이에서 지내다가 암초 근처에서 출몰한다고 한다. 현재도 연태煙台 박물관에서는 고래 골격이 전시되어 있다. 시황제는 함양 교외에 위수의 물을 끌어다가 난지蘭池라고 하는 연못을 만들고 봉래 · 영주 등의 선인의 섬과 고래의 석상石像을 만들어 두었다고 한다.

시황제가 꾼 꿈에 대해 박사가 점을 쳤다고 했는데 출토사료에 의하면 당시 점몽占夢은 황제와 관리, 또한 서민에게도 일상적이고 현실적인 행위였다는 사실을 알 수 있다. 수호지진간의 『일서』 속에도 '꿈을 점치는 것'이 있고 악록진간에도 『점몽서占夢書』라는 서적이 정리되었다(그림 7-3). 고대 사람들이 어떤 꿈을 꾸었는지 어떤 꿈을 길흉으로 판단하였는지, 꿈에도 시대와 문화가 반영돼

夢見飲酒不出三日必有雨

(꿈에서 술 마시는 것을 보면,
3일 안에 반드시 비가 내린다)

그림 7-3 악록진간 『점몽서(占夢書)』

있다. 현대의 꿈 심리분석과 비교해보면 매우 흥미롭다.

꿈은 뇌파가 움직이는 얕은 수면 중에 반복해서 꾸게 된다. 『점몽서』에서도 초저녁晦(일몰 후) 꿈, 밤중夜半(오전 0시) 꿈, 새벽(오전 2시) 꿈 등 3개로 구분돼 있는 것이 흥미롭다. 수면 직후에 깊은 잠에 빠져들어 얕은 잠과 깊은 잠을 반복하면서 점차 얕은 잠을 자게 된다. 마지막 새벽鷄鳴녘의 얕은 잠을 잤을 때의 꿈이 기억에 잘 남는다. 춘하추동 사계절에 따라 꿈도 다르다고 한다. 한낮에 꾸는 꿈白日夢과 취몽醉夢은 점을 보지 않는다는 것도 꿈을 꾸는 안정된 정신 상태를 중요시했기 때문일 것이다.

『점몽서』를 살펴보면 당시 사람들은 일상생활을 벗어난 세계를 꿈속에서 찾았던 것 같다. 높은 산에 오르거나, 배를 타거나, 강하(장강과 황하)를 건넌다. 일반 사람들에게는 실로 꿈같은 이야기이지만 시황제에게는 순행에 의해 이미 현실화되어 있었다. 그리고 꿈속에서는 귀신과도 만난다. 귀신이라는 죽은 자의 영혼 중에는 본인의 조상이 있는가 하면 전쟁으로 죽은 자도 있다. 시황제는 전국의 산, 하천, 바다의 여러 신들과 꿈속에서 만났다. 꿈에는 나쁜 꿈도 있는 반면 좋은 꿈도 있다. 악몽을 꾸게 되면 눈을 떴을 때 서북쪽을 향하여 머리를 풀고 완기宛奇라는 꿈을 먹는 신에게 소원을 말한다. 꿈에 대해서는 꿈을 꾼 날의 간지와 내용에 따라 길흉을 판단한다.

"무기일戊己에 검은 꿈을 꾸면 길하여 좋은 일이 생긴다"라는 것은 진에서는 검정을 귀하게 여겼기 때문이다. 동물 꿈을 점치는 것도 있다. "범과 표범을 만나면 귀인이 된다"라고 하는 것도 진에서는 이를 귀하게 여겼기 때문이다.

시황제는 해신 꿈을 꾼 직후에 병에 걸린다. 해신은 바닷가 사람들에게는 두려움의 대상이기도 했지만 제사祭祀를 지내는 대상으로 싸울 수 있는 상대가 아니었다. 시황제에게 해신 꿈은 정몽正夢이었던 것일까?

유조(遺詔)의 행방

시황제는 평원진平原津에서 병에 걸렸다. 병명은 모르지만 갈수록 악화되었기 때문에 시황제는 유언을 준비했다. 황제의 유언을 유조遺詔라고 한다. 장자인 부소에게 보낸 겨우 12문자로

된 "以兵屬蒙恬(이병촉몽염), 與喪會咸陽而葬(여상회함양이장)"이 『사기』「이사열전」에 기록돼 있다. "군대는 몽염에게 맡기고 함양으로 와서 내 유해를 맞이하여 장례를 지내라"라는 간단한 유언이었지만 황제 최후의 말로서 그 의미는 매우 심오하다.

부소는 분서갱유 때에 시황제에게 간한 것으로 북방의 상군上郡으로 쫓겨나서, 직도 건설을 지도하고 있었던 몽염을 감시하는 역할을 다하고 있었다. 그 부소에 대한 유조는 "군사는 몽염에게 맡기고, 함양에서 자신의 장례유체를 맞이하게 되면 매장하라"는 의미이다. 시황제는 함양으로 돌아올 때까지 자신의 병상태가 완전히 회복되지 못할 것을 알고 있었던 것이다. 순행 도중에 죽음을 맞이하게 되면 살아 있는 육체가 아닌 상喪이 함양으로 돌아오게 된다. '상'이란 원래 '사람이 없어지다'라는 뜻으로 죽은 육체를 의미한다. 순행 경로는 북방의 장성에서부터 직도를 통과하여 함양으로 되돌아오는 것이었다. 그 경로에 있는 상군에 몽염과 부소가 쫓겨나 있었기 때문에 그들이 장례 즉 죽은 시황제에 따라붙어 함양에서 만나는 것은 어려운 일이 아니었다. 시황제는 본인의 '상喪'과 '장葬'의 의식에 대해서도 부소에게 맡기고 장군 몽염의 군사력을 뒷배경으로 삼으려고 했던 것이다.

상례喪禮는 관棺 앞에서 행하는 일련의 행사로 장례는 관을 무덤墓穴에 넣는 것이었다. 고대 중국에서 상은 동시에 태자의 황제즉위의 장이 되기도 했다. 장례葬에서는 관을 지하에 묻고, 판축으로 무덤을 메워, 지상에 봉분墳丘을 만든다. 이때까지의 건설공사는 형도들을 동원했지만 장례葬에서는 병사들을 동원한다. 몽염의 군사력에 기대하는 의미는 여기에도 있었다.

어쨌든 이 유조는 장자인 부소를 시황제의 후계자로 인정한 것이다. 왕이나 황제는 갑작스런 사태에 대비하여 태자를 세워 놓지만 시황제는 아직 세워두지 않은 상태였다. 문서는 황제의 새인璽印을 이용하여 엄중히 봉인되어 중거부령中車府令인 조고趙高의 손에 쥐어졌다.

사구(沙丘) 평대(平臺)에서 죽다

순행 대열은 평원진平原津에서 사구평대를 향해 걸음을 재촉했다(그림 7-4). 평원진에서 바로 서쪽으로 향하면 이전의 조나라 이궁離宮, 조나라의 무령왕武靈王이 죽었던 장소에 도착한다. 무령왕은 호복기사胡服騎射(승마용의 통수/筒袖와 바지 차림으로 말 위에서 활을 쏨)를 중원에 처음 들여온 왕이다. 시황제는 이러한 장소에 몸을 맡기며 최후를 맞이했다.

평원진의 진이란 하천을 건너는 나루터를 의미한다. 이 당시 평원진에는 하수(황하)가 흐르고 있었다. 지금의 황하는 남쪽으

그림 7-4 시황제 죽음의 관련지도

로 이동하여, 산동성山東省 성의 도읍都 제남 부근을 흐른다. 진津은 관關과 마찬가지로 교통의 요충지에 설치되었으며 국가의 교통 네트워크로서 중요했다. 예를 들면 함곡관函谷關이나 낙양洛陽 북쪽에 있는 맹진孟津은 잘 알려진 곳이다. 평원진도 전국시대의 제와 조의 국경을 흐르는 하수의 중요한 나루터였다. 평원진은 현재의 산동성 평원현 남쪽의 진기점津期店이라는 마을인데 필자가 방문했을 때에도 아직 2200년 전의 모습이 남아 있었다. 작은 하천이 주변에 흐르고 주위의 논밭에는 예전부터 황하가 흘렀던 강 자국으로 붉은 빛을 띠는 황토 모래와 진흙 산이 여기저기 보였다.

한편 사구평대는 현재의 하북성 광종현廣宗縣의 태평대太平臺에

그림 7-5 현재의 사구평대

있고 장하漳河 근처에 조그마한 사적史跡이 남아 있었다(그림 7-5). 현재의 마을사람들도 고대의 제왕이 죽었던 장소라는 것을 잘 알고 있다. 물어보니 밀밭에 둘러싸인 길가 흙더미인 '사구평대'라고 기록된 비석을 가리켜주었다. 광종현 인민정부와 하북성 인민정부가 2002년에 세운 것으로, 만든 지 얼마 지나지 않은 것이었다. 이 주변에도 한 면에는 붉은 모래흙이 펼쳐져 있었다. 이 사구는 또한 오랜 전설 속의 우禹 시대에 황하를 9개 물줄기로 나누었던 구하九河가 있었던 장소에 있다. 황하는 상류 황토고원의 흙을 옮겨서 하류에 퇴적시켰다. 흐름이 변했기 때문에 하천 바닥의 물이 바싹 말라 모래가 퇴적되었다. 모래가 아래에 깔려 있고 가는 점토질인 진흙이 위층을 이룬다.

1989년에 호북성에서 발견된 진대 죽간(용강진간/龍崗秦簡)에는 '사구원沙丘苑'이라는 문자가 기록되어 있다. 『사기』에서는 볼 수 없는 표기이며, 사구에는 어원御苑(황제 정원)이 존재했음을 알 수 있었다. 2000년 전 시황제의 마지막 시기의 사구는 녹음이 짙은 황제의 정원이었다. 근처에는 현재 완전히 소멸된 대륙택大

陸澤이라는 호수와 늪이 있는데 지금과는 상당히 다른 녹음 짙은 자연이 거기에 있었다고 여겨진다. 생각해보면 '주지육림酒池肉林'으로 알려진 은의 마지막 주왕의 궁전도 이곳 사구에 있었다. "술을 가득 채워 연못을 만들고 고기를 나뭇가지에 걸어서 숲을 만들어 남녀를 벌거벗은 채로 그 사이를 뛰어다니게 하는 잔치를 열었다"라는 것은 폭군인 주왕에 대한 각색된 전설이었지만 많은 새와 짐승들이 살아 숨 쉬는 호수와 늪과 삼림의 풍요로운 자연이 있었다는 사실을 이 말을 통해 읽어낼 수 있다.

"7월 병인, 시황제 사구평대에서 죽다." 『사기』「진시황본기」는 시황제 최후를 이렇게 간단히 기록했다. 앞서 서술한 바와 같이, '붕崩'은 산릉山陵(자연 산악)이 붕괴되는 것으로 주 이래로 천자의 죽음을 의미했다.

그런데 사실은 주가대진묘에서 출토된 역보에도 시황 37년 7월에 병인일은 없다. 6월에는 병인이 있지만 8월 병인(21일)의 착각으로 보면 된다. 이 해는 윤년에 해당하여 9월 뒤에 다시 한 번 후9월(윤9월)이 있기 때문에 8월 21일은 예년의 7월 하순 즉 현재의 8월 초순 정도의 기후였다고 여겨진다. 뒤에서 보겠지만 『사기』에서 더위 때문에 수레 안의 유체가 이상한 냄새를 풍겼다고 하는 것은 사실일 것이다.

시황제는 마지막에 태자의 황제 즉위를 공표하지 못하고 죽음을 맞이했다. 장자 부소에 대한 최후의 새서璽書가 태자를 세운 문서가 될 뻔했다. 새서는 황제의 새인에 의해 봉封한 가장 중요한 죽간문서이다. 도쿄국립박물관 동양관에는 '황제신새皇帝信璽'의 봉니가 소장돼 있다. 글자가 새겨진 면印面 부분은 사방 2.6센티미터, 문자 부분은 '전田'자 모양의 4개의 틀 안에 1글자씩 둘러싸이듯이 새겨져 있다. 전자격田字格이라는 것은 진대부터 전한초기 도장印의 특징이다. 대를 물려 전해지는 이 봉니는 시황제가 새인을 찍었을 가능성이 있다.

시황제는 몇 개의 새인을 소지하고 있었다. 장가산한간張家山漢簡에 의하면 한 고조 때에는 적어도 '황제신새'와 '황제행새皇帝行璽'가 있었다. '신새信璽'는 지방의 군대나 무기를 동원할 때에 사용하고 '행새行璽'는 사신 파견이나 왕후 임명에 사용했다. 유조는 분명 '황제행새'로 봉인되어 있었다. 태자의 황제 즉위 유언이기 때문에 최고 기밀에 속한다. 그러나 그 봉서는 조고 등에 의해 파기되었다.

위조된 유조

죽은 시황제의 유체 앞을 왔다갔다 다닌 사람은 조고와 호해 그리고 이사 세 사람이었다. 그들은 사구에서의 시황제 유조를 파기하고 새롭게 조서를 위조했다. 위조는 2개가 있는데 호해를 태자로 세운다는 것과 부소와 몽염에게 각각 사죄를 내린다는 것이었다. 시황제는 이미 죽은 몸이었기 때문에 시황제의 새 인을 새롭게 기록된 문서의 봉인에 사용하는 것은 어려운 일이 아니었다.

온량거輼輬車(밀폐된 상자 모양으로 작은 창을 개폐하여 온도를 조정하는 수레)에 실은 시황제의 유체를 아는 자는 조고 등 3명과 가까운 신하 5, 6명밖에 없었다. 가장 황제와 가까운 환관宦者이 동승하여 시황제가 살아 있는 것처럼 식사를 바치고 상주문上奏文도 결재했다. 순행은 죽은 시황제의 유체를 태우고 주위에는 살아 있는 것처럼 시황제를 치장해서 본래의 루트를 다녔다. 순행 행렬은 정형井陘에서 태행산맥太行山脈을 넘어 일부러 북변의 장성이 있는 구원군九原郡에까지 북상했을 때 더위 때문에 유체가 부패하는 악취가 풍겨나기 시작했다. 수레에는 1석石(30킬로그램)의 포어鮑魚를 쌓아두어 유체 냄새와 분간이 가지 않게 하였다.

『사기』의 이 부분에 대한 서술은 유체가 썩는 냄새를 숨기고자 했던 내용에만 치중되어 있었는데 귀중한 정보도 감추어져 있다. 포어라는 것은 후대에 말하는 전복이 아니라 소금에 절여서 발효시켜 보존한 어패류를 말하는 것으로 그것이 이상한 냄새를 풍겼던 것이다. 마왕퇴전한묘의 죽간에는 사슴고기와 포어와 죽순 국물 요리가 기록되어 있다. 그러나 이러한 소금에 절인 어패류를 내륙 지역에서 갑자기 대량으로 구할 수 있을 것으로는 생각되지 않는다. 포어를 대량으로 수레에 실었던 이유는 해변 지역을 돌았을 때 실제로 헌상되었기 때문일 것이다. 해산물은 잘게 썰어 생선회로도 먹었지만 소금에 절인 것과 말린 것, 어장魚醬 등의 보존방법이 있었다. 앞에서 서술했듯이 서안에서 발견된 봉니 가운데 장강 하류의 염관鹽官 봉니가 있었는데, 이것은 수도 함양에 해염海鹽이 운반되었다는 증거이다. 발효시킨 포어나 해염 등은 해산물을 구할 수 없는 내륙 사람들에게 요오드를 섭취하기 위한 중요한 식품이었다. 요오드는 갑상선에 흡수되어 인간의 발육에 필요한 호르몬이 된다. 시황제는 죽기 직전에 산동 반도의 발해연안을 통과하고 있다. 제5장에서 언급한 바와 같이 이곳은 예전부터 여러 염전지대가 운영되고 있었다.

그런데 유체를 극비리에 운반한 일행은 몽염에 의해 이제 막 만들어진 군사도로인 직도를 통해 서둘러서 함양으로 돌아왔다. 시황제에게는 처음으로 가는 곳이었지만 이미 죽음을 맞이해버린 것이다. 앞에서 서술한 바와 같이 마지막 제5회 순행 루트는 결국 가장 긴 거리를 이동하였다. 파촉巴蜀을 제외한 진제국 전 지역을 둘러보았는데 북은 흉노와의 국경지역이고, 남은 처음 장강을 넘어서 오월 땅에 들어섰다. 시황제는 본인의 죽음에 대한 불안한 마음을 품은 채 주변에 대해서는 순행을 통하여 중화제국 제왕으로서의 위신을 지속적으로 보이고자 했던 것이다. 이러한 일정 가운데 계속해서 호해, 조고, 이사 등은 죽은 시황제를 살아 있는 것처럼 대했다. 결국 시황제의 죽음을 모르는 사람들에게는 아직 시황제는 살아 있는 존재였다. 동행하는 신하들을 속일 경우 지방 사람들에게는 알려질 리 없었다. 장성에서는 시황제가 흉노를 위협하는 존재였을 것이다. 시황제 죽음을 흉노가 알게 될 경우 흉노가 언제 장성을 넘어 올지 모른다. 흉노를 속이면서 일행은 직도에 들어서서 단숨에 함양으로 향했다.

부소와 몽염이 있는 상군을 통과했을 때였을까, 조고 등은 2개의 위조를 실행했다. 호해를 태자로 삼고 부소와 몽염에게는 사신을 보내 사죄를 내렸다. 부소는 이때 아버지가 이미 죽은 몸이라는 것을 생각지도 못했기 때문에 아버지에게 이전에 간했던 불효를 이유로 검을 내리자 순순히 자해했다. 몽염은 사태를 의심했기 때문에 양주 땅에 감금되었다.

함양에 돌아온 뒤에 상喪을 발표했고 대행大行의 상례가 치러졌다. 황제가 죽고 나서 아직 시호諡가 없을 때에는 '대행大行'이라 한다.

태자가 된 호해가 즉위하여 새로운 황제가 되었다. 2세 황제라고 부르는 명명법은 시호를 대신하는 사후의 칭호이기 때문에 어디까지나 호해가 황제이고 눈앞의 관에 들어 있는 죽은 시황제는 대행이었다. 공식적으로는 매장되고 나서 비로소 시황제로 불리게 된다.

『조정서』가 말하는 새로운 고사

이상의 시황제 죽음에 관련되는 전말은 『사기』에 따른 것이다. 그런데 잘 알려진 이 스토리를 완전히 부정하는 사료가 등장하였다.

앞에서 서술한 바와 같이 새롭게 발견된 『조정서』에는 『사기』의 내용을 뒤집는 진왕 조정의 고사가 50매의 죽간의 약 1,500자로 기재돼 있었다. 『조정서』의 경우, 시황제는 통일 이후도 진왕으로 계속 있었다고 하여 황제로서 인정하지 않았다. 이 책이 그려내는 시황제의 죽음은 이하에서 말하는 바와 같다. 진왕(시황제)은 평원진이 아니라 백인柏人 땅에서 병세가 매우 무거워졌다(그림 7-4). 이때 진왕은 눈물을 흘리면서 좌우에 있는 신하들에게 충신이라 부르며 후계자에 대하여 의논하게 하였다. 승상 이사와 어사대부인 풍거질은 먼 거리를 순행하는 가운데 신하들에게 조詔를 내리면 대신들의 음모를 야기할 수도 있음을 염려하여 호해를 비밀리에 후계자로 택하도록 제안했다. 진왕 자신의 재가가 있고 나서 진왕은 죽고 호해가 즉위했다. 시황제가 죽은 장소는 분명하지 않지만 백인은 사구의 서쪽이기 때문에 적어도 사구는 아니다. 즉 이 고사에는 장자인 부소는 등장하지 않고 시황제 자신이 호해를 정식으로 후계자로서 인정한 것이다.

『조정서』가 무제 만년에 편찬된 『사기』보다도 이른 무제 전기의 책이라면 사마천도 이 책의 존재를 알고 있었을 가능성은 있다. 다만 사마천은 '호해 후계의 고사'를 다루지 않고, '부소 후계의 고사'를 택한 것이 된다. 시황제와 관련된 고사는 수없이 전해지고 있어 사마천도 선택을 할 수밖에 없었다. 『사기』에 이설을 병존시키는 경우도 있는 반면, 이설을 배제하는 경우도 있었다. 시황제의 후계를 둘러싸고는 장자 부소와 막내 호해를 각각 지지하는 세력의 대립도 있었을 것으로 생각한다. 전자가 몽염·몽의蒙毅의 일족, 후자는 이사와 조고 등이었다. 『사기』 이야기는 전자인 패자敗者의 입장에서 쓰였고 『조정서』는 후자의 입장에서 쓰였다. 사마천은 전자를 선택하고 승자인 항우와 유방으로 연결하였다.

어쨌든 『조정서』 죽간의 발견에 의해 시황제 죽음을 둘러싸고 『사기』의 기술을 전면적으로 신뢰하는 것은 불가능해졌기 때문에 유조 문제도 앞에서 서술한 병인丙寅의 죽음 수수께끼도 바로 결론짓기는 어렵다. 『사기』가 시황 36년에 기술한 "올해 조룡이 죽는다"의 예언도 1년 전이 아니라 죽은 해에 해당하는 시황 37년에 생겼을 가능성도 있지만 이에 대해서는 현재 단서가 없다. 결국 우리들은 새롭게 발견되는 사료에서 눈을 뗄 수 없게 되었다.

제8장

제국의 종언

—영원한 시황제

行從直道至咸陽，發喪。太子胡亥襲位，為二世皇帝。九月，葬始皇酈山。始皇初即位，穿治酈山，及并天下，天下徒送詣七十餘萬人，穿三泉，下錮，而致椁，宮觀百官奇器珍怪徙臧滿之。〔二〕令匠作機弩矢，有所穿近者輒射之。以水銀為百川江河大海，機相灌輸，〔三〕上具天文，下具地理。以人魚膏為燭，〔四〕度不滅者久之。〔五〕二世曰：「先帝後宮非有子者，出焉不宜。」皆令從死，死者甚衆。葬既已下，或言工匠為機，臧皆知之，臧重即泄。大事畢，已臧，閉中羨，〔六〕下外羨門，盡閉工匠臧者，無復出者。樹草木以象山。〔七〕

〔一〕集解徐廣曰：「一作『鋃』。」鋃音莨。正義顏師古云：「三重之泉，言至水也。」

〔二〕正義言家內作宮觀及百官位次，奇器珍怪徙滿冢中。臧，才浪反。

〔三〕正義覆音釜。輸音成。

〔四〕集解徐廣曰：「人魚似鮎，四脚。」正義廣志云：「鯢魚聲如小兒啼，有四足，形如鱧，可以治牛，出伊水。」異物志云：「人魚似人形，長尺餘。不堪食。皮利於鮫魚，鋸材木人。」項上有穴，氣從中出。秦始皇家中以人魚膏為燭，即此魚也。出東海中，今台州有之。按：今帝王

「사기」 권6 「진시황본기」 시황37년 (2014년·중화서국 수정본)

중화서국본(1959년)을 개정하여, 현재 가장 많이 활용하는 텍스트.

즉위한 2세 황제는 아버지 시황제를 매장하고 시황제의 능원 완성을 서둘렀다. 『사기』「진시황본기」에는 지하궁전의 모습이 기술되어 있다. 능묘 자체는 발굴되지 않았지만 『사기』의 문장과 리모트 센싱remote sensing 방법으로 지하의 모습을 재현할수 있다. 이에 따르면 시황제의 유체(시신)가 잠들어 있는 지하세계에는 시황제가 생전에 순행했던 세계가 재현되어 있다. 우주의 중심에 자신을 두려고 하면서도 한편으로 동방세계의 사상에 경도되어왔던 시황제라는 존재를 능묘의 모습에서도 엿볼수 있다.

사실 『사기』「진시황본기」에는 제국 종언의 역사 기술에 대하여 가장 많은 문자수로 서술되어 있다. 게다가 진왕조 내부의 권력 투쟁과 지방 반란이 동시에 진행된 역사를 3개의 본기(「진시황본기」·「항우본기」·「고조본기」)와 1개의 세가(「진섭세가」)에 중복해서 기술하고 있다. 또한 2개의 열전(「이사열전」·「몽염열전」)을 통해 조고를 중심으로 한 권력투쟁을 그리고 있다. 사마천은 조고를 직접적으로 열전에서 서술하지 않고 조고에게 숙청당한 인물의 역사에서 간접적인 형태로 묘사하는 수법을 취하였다.

마지막 장이 되는 본장에서는 죽은 시황제를 둘러싸고 움직였던 제국의 종언終焉이 되는 3년의 역사를 뒤돌아보려고 한다. 능묘에 매장된 시황제는 사람들의 마음속에는 선제先帝로서 여전히 살아 있었다.

『사기』에서 보는 시황제릉

우선 『사기』에서 기술하고 있는 내용을 확인해보자. 『사기』 「진시황본기」 시황 37년(B.C.210)조에 시황제릉에 관한 기술이 있다. 이하 10군데이다. ①시황 37년 9월에 시황제를 여산에 매장했다. ②시황제가 진왕에 즉위한 때부터 여산을 만들기 시작해 천하를 통일하고 나서부터는 노동력으로 70여만 명이나 되는 형도들을 투입하였다. ③3층의 지하수맥을 파내려가 지하수가 침투하지 않도록 동銅으로 막아서 곽실을 만들어 거기에 궁중이나 백관의 귀중한 기물을 가득 채웠다. ④장인들에게 명하여 기계器械 장치인 노弩를 갖추어 접근하는 자에게 발사토록 했다. ⑤수은으로 천하의 하천, 강하(장강과 황하), 대해를 모방하여 기계 장치를 이용하여 흐를 수 있도록 세공했다. ⑥묘실의 위에는 천문, 아래에는 지리를 그렸다. ⑦인어人魚의 기름膏을 등불삼아 항상 꺼지지 않도록 했다. ⑧2세 황제는 선제의 후궁으로 아들이 없었던 자를 밖으로 내보내는 일은 좋지 않다고 하여 순장시키는 바람에 많은 사람들이 죽었다. ⑨매장이 끝나자 중선中羨을 폐쇄하고 외선문外羨門을 내려서 내부의 비밀을 아는 장인들을 가두었다. ⑩초목을 심어서 산의 모양을 만들었다.

여기서는 시황제릉의 입지(①)나 외관(⑩), 조영 과정(②), 지하궁전의 모습(③④⑤⑥⑦), 순장(⑧) 등이 기술되어 있다. 이러한 기술

여산(驪山)

시황제릉(역산/酈山)

그림 8-1 시황제릉

의 진위를 확인하기 위해서는 고고자료가 도움이 된다. 능묘의 분구墳丘(그림 8-1)와 그것을 둘러싼 세로로 긴 장방형의 내외성(내성은 남북 1,355, 동서 580미터, 외성은 남북 2,165, 동서 940미터)이 현존하고 있고 분구의 중심 지하에 시황제가 매장되어 있지만 아직 발굴되지 않았다. 따라서 지하 궁전 내부의 모습을 직접 확인하는 것은 불가능하다.

그러나 내외성과 그 주위의 넓은 땅에서 물건을 매장한 배장갱陪葬坑과 사람을 매장한 배장묘가 상당수 발굴되었다(그림 8-2). 1974년의 병마용갱 발견 이래로 40년이 경과했다. 현재 발견된 것은 동차마갱銅車馬坑, 진수이수갱珍獸異獸坑, 마구갱馬廐坑, 동물갱動物坑, 석개갱石鎧坑(K9801, K는 갱/Keng의 첫 번째 문자, 네 자릿수의 숫자 중 앞의 두 자릿수는 발견된 연도를 말하고, 뒤의 두 자릿수는 그 연도의 총/総 번호를

206

말함), 백희용갱百戲俑坑(K9901), 문관용갱文官俑坑(K0006), 수금갱水禽坑(K0007) 등이다. 이들 배장갱의 존재는 『사기』 기술에는 없으며 추계 8,000구에 달하는 병마용갱은 사마천도 몰랐다는 것이다. ⑧의 기술만 해당하는 유적이 있는데 내성 동북부의 배장묘 지

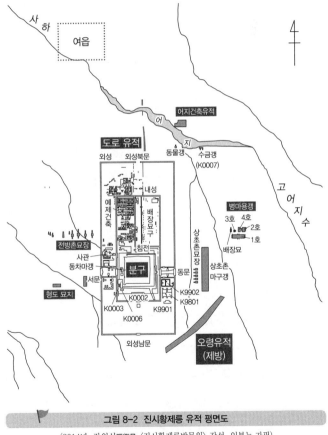

그림 8-2 진시황제릉 유적 평면도

(2014년, 장위성張衛星 〈진시황제릉박물원〉 작성, 일부는 가필)

역으로 보이며 접혀 꺾인 여성의 골격이 발견되었다.

리모트 센싱에 의한 조사

　직접 발굴이 아직 불가능한 『사기』에서 언급한 지하궁전은 중국에서 실시한 과학적인 탐사에 의해 그 존재가 확인되었다. 1981~82년에 지표면의 수은량 조사가 이루어져 ⑤에서 말하는 수은 하천과 바다의 존재가 발견되었다. 또한 2004년에는 새롭게 「고고요감考古遙感(리모트 센싱)과 지구물리종합탐측기술」로 불리는 국가고기술연구발전國家高技術研究發展 863계획이 실시되었다. 이것은 시황제릉의 분구를 중심으로 23개 부분의 절단면을 설정해서 단층 사진을 찍는 것처럼 지하의 구조를 화상화하는 것으로 지하궁전의 구조를 과학적으로 탐색한 조사이다. 22종이나 되는 물탐物探 방법을 채용하여 리모트 센싱과 지구물리학이라는 최첨단 기술로 지하를 탐사하는 연구가 중국의 국가 프로젝트로서 인정받았다. 고광보요감高光譜遙感(리모트 센싱), 3유탄성파CT維彈性波(3차원 컴퓨터 단층촬영) 기술, 고분변순간변전자高分弁瞬間變電磁(전자파), 맥충탐지뇌달脈衝探地雷達(펄스 레이더/PulseRadar법에 따른 지하 매장물 인식), 고정도자장법高精度磁場法 등 모두 시황제릉의 지하궁전을 발굴하지 않고 우선 바깥쪽에서 내부 구조를 탐사하고자 하는 것이다. 2200년이나 닫혀 있었던 지하궁전을 그대로 지상에서 탐색하려는 시도로서 그 성과는 조사보고서로서 출판되었다(국가고기술연구발전계획/國家高技術研究發展計劃(863계획)·중국지질조사국연합자조/中國地質調査局聯合資助『秦始皇陵地宮地球物理探測成果與技術/진시황릉지궁지구물리탐측성과여기술』지질출판사/地質出版社, 2005年). 이러한 과학탐사에 의해 종래『사기』「진시황본기」의 문헌에서 추측되었던 지하궁전의 구조가 확인됨과 동시에 새로운 의견도 제출되었다. 지하 30미터의 깊이에 큰 공간이 있는 것 외에도 지상의 분구 내부에는 계단 피라미드 모양의 흙무덤이 감추어져 있는 것도 확인되었다.

필자가 근무하는 가쿠슈인學習院대학에도 2009년부터 현재까지 위성화상분석의 전문기관인 도카이東海대학 정보기술센터의 에타야 마사히로惠多谷雅弘 씨 팀과 함께 시황제릉의 자연환경을 위성화상에서 복원하는 공동연구를 진행하고 있다.『사기』에 기재된 시황제릉의 기술을 증명한다기보다는 사마천도 전하지 않았던 새로운 능묘 건축의 비밀을 발견하기 위한 것이다.

시황제릉의 입지

우선은『사기』의 기술 ①에 주목했다. 시황제릉을 동시대에는

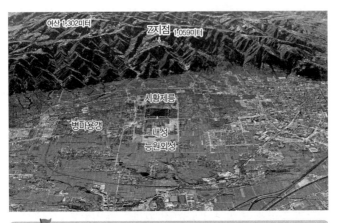

여산 1,302미터
Z지점 1,059미터
시황제릉
병마용갱
내성
능원외성

그림 8-3 여산과 시황제릉(그림 아래쪽이 북쪽)
화상처리 : 도카이(東海)대학정보기술센터.
데이터:WorldView-2 2011/01/07 및 2010/12/30 촬영데이터의
모자이크화상(ⓒDigitalGlobe/히타치日立솔루션즈)

시황제릉으로 말하지 않고 여산酈山(『사기』) 또는 여산驪山(『한서』)이라 했는데, 자연의 산악인 '여산驪山'과 구별하지 않았던 것은 중요한 사실이다. 헷갈리기 때문에 본서에서는 '酈山陵(시황제릉)'과 '驪山(자연의 산악)'라는 식으로 구분해서 사용하기로 한다. 즉 시황제는 산악인 여산의 북쪽 기슭 경사면에 매장되었고 거기에 인공 분구를 만들면서 사람들은 그 분구를 산과 동일한 명칭으로 불렀던 것이다.

여산에 매장된 것의 의미를 찾아보기 위해 우리들은 각종 위성 영상을 분석하고 여산의 북쪽 기슭의 입지를 상세히 검증했다. 우선은 Landsat 7호(분해능력 15미터), ALOS(다이치, 분해능력 10미터),

QuickBird(분해능력 0.6미터)를 조합하여 4K위성 3차원 영상을 작성하고 여산 주변의 지형을 관찰했다. 그 결과 여산을 전방위로 촬영한 동영상을 한 번 보기만 해도 분명히 알 수 있다. 여산과 위수가 가장 근접해 있었던 여산의 북쪽 기슭에는 병풍처럼 서 있는 독특한 지형이 있고 그 중앙에서 보호받고 있는 듯 시황제릉이 위치해 있었다(그림 8-3).

계속해서 SPTM/DEM(미국 스페이스 셔틀 탑재 디지털 지형 모델·수치 지형 모델)에서 작성한 시황제릉의 분구 정상을 중심으로 하는 남북, 동서 방향의 단면도를 작성했다(그림 8-4). 시황제릉의 장소는 평지가 아니고 남북방향(정확히는 북북서 방향)으로 경사져 있다. 분구를 둘러싼 외성의 남북 경사도는 2도, 현지의 지표에서는 빗물이 세차게 잘 흐를 정도의 경사도이다. 시황제릉 주변은 서북 방향에 오래된 하도河道 흔적이 많고 CORONA화상에서 유출해보면 오령五嶺유적이라는 능의 동남쪽에 있는 제방이 분구로의 하천 유입을 막으며 능묘를 지키고 있다는 것을 알 수 있다. 시황제릉의 분구 쌓는 방법도 보인다. 표고 500미터의 등고선을 살펴보면 시황제릉이 있는 곳에서 부자연스럽게 돌출되어 있는 것을 알 수 있다. 시황제릉의 기초인 수평면을 내기 위해서 여산 기슭의 토양을 잘라버린 것이다.

여산의 경사면을 이용한 것은 ③의 기술과 관련이 있다. 시황제의 유체나 관, 곽실이 지상의 온도나 습도의 변화에 영향을

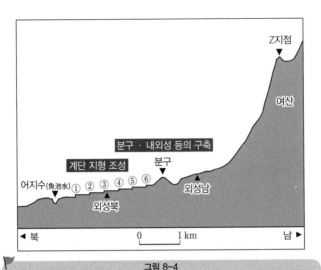

그림 8-4
CORONA 화상을 통해 상정되는 능원 건설 당시의 남북중추선상의 지형단면
SRTM/DEM · ALOS/DSM 데이터를 기본으로 도카이대학정보기술센터가 작성.
높이는 약 10배 강조(©TRIC/NASA/JAXA/PASCO)

받지 않고 썩지 않은 채 잘 남아 있기 위해서는 구덩이를 깊이

팔 필요가 있었다. 지하 수맥을 3층까지 파 내려가면 지하수가

유입된다. 이 지하수를 경사면으로 흘러 보내 배출하고자 했던

것이다. 이 지역 지하수의 깊이는 진 시대의 오래된 우물의 깊

이에서 보면 15, 16미터이다. 배장묘, 배장갱의 깊이는 지하수

를 피해서 이 이하이며, 시황제릉의 지하궁전은 30미터까지 일

부러 파 내려갔다. 『사기』에는 지하수를 피하기 위해 동으로 막

았다고 하지만 그것만이 아니다. 중국 측의 조사를 통해서는 지

하에 제방이 설치된 것을 알 수 있었다. 지하수가 경사면을 흘

러 지하궁전에 침투하는 것을 제방으로 막았다. 이렇게 지하궁전을 지하수로부터 지키고 시황제의 유체를 30미터 정도의 지하에 밀봉하여 썩거나 흩어지지 않도록 했던 것이다.

2개의 여산

다음으로 ⑩의 인공 분구를 만들어 거기에 초목을 심어서 자연 산을 본뜬 것의 의미는 무엇일까? 현존하는 분구는 동서 345미터, 남북 115미터, 높이는 경사면에 위치하고 있기 때문에 남쪽에서 측량하는 것보다 높다. 원래 크기는 동서 485미터, 남북 515미터, 높이는 115미터였다고 한다. 최대한으로 하더라도 시황제릉은 여산 높이까지는 도저히 미치지 못한다.

우리들은 당초 여산 정상에 무슨 실마리가 있지 않을까 생각해서 조사했지만 산 정상에서 시황제릉은 바라볼 수 없고 시황제릉에서도 여산의 정상을 바라볼 수 없다는 것을 알게 되었다. 시황제릉 내성의 남문에서 조망에 들어오는 여산은 동쪽으로 희수戱水, 서쪽에 화청지華淸池까지의 10킬로미터 정도의 산들이었다. 그 병풍 같은 둥근 활모양의 산기슭은 좌우대칭이고 그 중앙에 위치한 뾰족한 봉우리 하나가 시야에 들어온다. 근처의 정가장鄭家庄(Zhengjiazhuag) 마을의 앞 문자를 따서 'Z지점'이라 명하고 시황제릉과의 관계를 탐색하였다(그림 8-3 참조).

도카이대학이 작성한 매우 상세한 4K위성 3차원영상은 시황제릉의 경관을 어디에서든지 조망할 수 있다. 그 결과 바깥 성 서쪽 벽의 남북 축선을 시황제릉의 정상에 평행 이동시켜보면 그 남북 중축선상에 Z지점이 중복되는 것을 알 수 있다. 시황제릉은 여산의 산 정상이 아닌 3킬로미터 떨어진 여산의 북쪽 기슭의 둥근 활모양 면의 중심의 Z지점(표고 1,059미터)을 랜드마크로 삼았다는 것을 알 수 있다. 시황제릉은 여산의 Z지점을 중심으로 한 시야에 들어오는 일련의 봉우리와 일체화된 경관을 갖고 있었던 것이다. 광대한 여산의 산맥 전체와 일체화된 경관을 가질 수는 없으므로 랜드마크를 정해서 거기에 전망이 가능한 경관을 구축하고자 했던 것이 아닐까. '자연의 산'과 일체화된 경치를 만들고자 한 것은 틀림없는 사실이다.

아울러 WorldView-2(미국 디지털 글로버사의 지구관측위성, 분해능력 약 50 센티미터) 화상으로 정밀도를 높여서 남북축을 확인하니 현재 지도상의 정북방향보다도 동쪽으로 1.4도 기울여져 있는 것을 알 수 있었다. 분구를 둘러싼 내외성이나 병마용갱 등 많은 배장갱도 같았다. 이것은 2200년 전의 북극성 위치에 합치되며 그것을 기준으로 남북을 측정한 것이다.

확대해가는 능원의 공간

또한 공동연구자인 에타야 마사히로 씨는 분구의 남북축과 직접 교차하는 동서방향으로 중복되는 지형의 직선을 CORONA 화상에서 찾아냈다. 남북축이 동쪽으로 치우쳐 있기 때문에 동서선도 지도상의 동서와 맞지 않았다. 6개의 동서 직선은 동시에 외성 바깥 분구의 북쪽에 있었다. 우리들이 즉각 현지에서 확인하니 약 2~3미터의 단차를 가진 계단 모양의 지형인 것을 알 수 있었다(그림 8-4 참조). 1960년대의 CORONA화상은 아직 해당 지역에서 시행된 개발의 영향을 받지 않았다. 즉 계단 모양의 고르게 정리된 땅이 능묘 건설의 일환으로 행해졌을 가능성이 있다.

사마천은 시황제릉의 분구와 그것을 둘러싼 내외성의 존재를 분명 알고 있었을 것이다. 그러나 외성 바깥의 지하에 만들어진 상당수의 배장갱에 대해서는 알지를 못했다. 시황제릉의 능원이 외성 바깥의 어디까지 펼쳐져 있었는지는 아직 확정하기 어렵다. 병마용갱은 외성의 동쪽 1.5킬로미터나 떨어진 지점에 있다. 위성 영상에서 발견한 외성 바깥의 계단지형은 여산 북쪽 기슭의 경사면을 계단모양으로 정지整地하여 수평면을 산출해낸 다음에 배장갱 등을 만든 흔적일 것이다. 현재도 경사지에 건축

할 경우 먼저 수평이 되도록 토지를 고르게 정지한다. 고대에도 동일한 작업을 했다는 것이다. 여기에 어떤 형태로든 유구遺構가 아무도 모르게 매장돼 있을 가능성이 매우 크다.

시황제릉의 북쪽에는 여읍麗邑이라는 도시와 어지魚池라는 호수와 늪이 있었다(그림 8-2 참조). 묘장지는 거주지 도시와 분리하는 것이 일반적이었지만 시황제릉에는 이미 시황 16년(B.C.231)에 여읍이 설치되어 시황 35년(B.C.212)에는 3만 가구를 여읍에 이주시켰다. 시황제가 생존하고 있던 때에 이미 거대한 도시가 건설 중인 묘장지 근처에 만들어져 있었던 것이다. "여읍麗邑에 매장하다葬"(「진시황본기」 부록 「진기」의 기사)라고 하는 표기는 '여읍酈/麗邑'과 여산릉驪山陵이 같은 곳이었다는 것을 의미한다. 시황제에서 시작된 이 제도는 전한에서는 능읍陵邑이라 했으며 이것은 그대로 계승되어갔다. 1988년 신풍진유가채新豊鎭劉家寨에서 여읍의 건축 유구가 발견되었다. 한대漢代가 되어도 고조(유방)는 이 도시를 중시하여 신풍현新豊縣으로 인계했다.

어지魚池는 시황제릉 분구의 흙을 파낸 장소에 물이 고였던 연못이라고 전해지지만 시황제릉과 여읍 사이에 위치하여 여러 기능이 있었다. 시황제릉으로 하천이 유입되는 것을 막는 유수지遊水池이자 여읍에 거주하는 사람들의 급수원給水源이며 또한 지하궁전으로 지하수가 침투되는 것을 막는 저수지이기도 했다. 못 근처 지하에는 수금갱水禽坑이 발견되었으며 청동제로 만든 백조, 학, 쇠기러기 등의 조류가 지하 물가에 나란히 서 있었다. 지상의 어지魚池 광경을 방불케 한다.

수은이 흐르는 영원의 세계

진시황본기 시황 27년(B.C.220)조에 의하면 이 해에 시황제는 함양의 극묘極廟에서 여산까지를(그림 8-5) 도로로 연결시켰다. 더군다나 시황 35년(B.C.212)조에는 아방궁 조영 및 여읍 이민과 아울러 함양과 시황제릉에서 정확하게 동쪽으로 1,000킬로미터나 떨어진 동해 해변에 동문을 설치했다. 수도와 능묘와 제국의 동문을 직선으로 연결한 것이다. 동문의 저쪽은 늙지 않고 죽지 않는 삼신산의 세계이다. 그 지상의 장대한 공간은 지하궁전 속에도 응축되어 표현되었다. 중국의 물리탐사에서 지하궁전의 크기는 동서 170미터, 남북 145미터, 묘실은 동서 80미터, 남북 50미터, 높이 15미터로 되어 있었다(그림 8-6). 묘실을 둘러싸고 있는 벽은 석회암으로 구성되어 있으며 주위는 16-22미터의 두꺼운 판축 토벽으로 덮여 있다고 한다.「진시황본기」⑤의 기술처럼 지하궁전 내부에는 수은에 의해 전국의 하천이 장강과 황하로 흘러들어 그것들이 동쪽 대해로 흐르는 구조를 재현하는 기계장치를 만들었다고 한다. 철보다 무거운 비중比重(20도

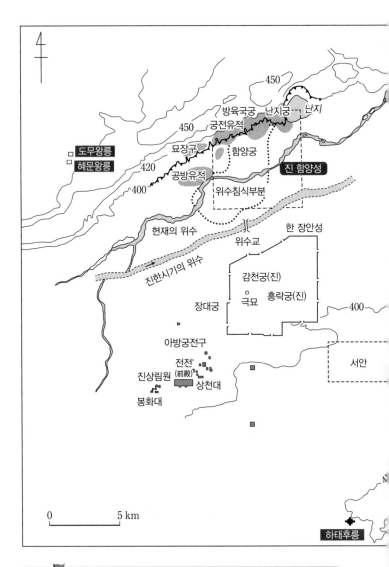

그림 8-5 함양과 시황제릉

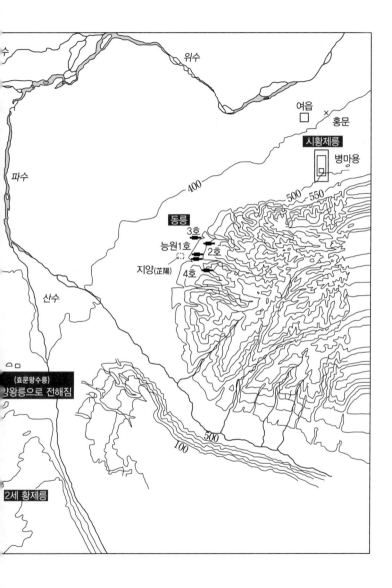

위수

여읍   ×   홍문

시황제릉

병마용

파수

400

500   550

동릉

3호

능원1호   2호

지양(芷陽)   4호

산수

(효문왕수릉)

양왕릉으로 전해짐

2세 황제릉

500

100

그림 8-6 시황제의 지하궁전 모형

에서 13.54)으로 상온에서 액체 금속은 무겁게 흐른다.

분구 지표의 수은조사 그림 속에 지하궁전과 묘실의 위치를 겹쳐 보았다. 지하 묘실 내의 동북부에서 280ppb(10억분의 1그램, 나노그램)로 높았고 지하궁전의 남측에도 확대되어 있다. 수은은 모두 증발한 것은 아니기 때문에 지하궁전에는 지금도 대량의 수은이 분명 액체인 채로 남아 있을 것이다. ⑥에 있는 것처럼 묘실 위에도 천문, 아래에는 지리를 그렸다고 한다. 시황제 본인이 순행으로 방문했던 곳의 지리, 즉 산악 세계가 벽화로 표현되었다. 천문은 북극성을 중심으로 돌고 하천은 끊임없이 사방의 산악에서 흘러나와 동방 바다로 흘러들어간다. 이러한 영원의 세계 속에서 시황제 유체를 남기려고 생각한 것이다. 그리고 ⑦에 있는 것처럼, 인어(듀공/dugong과 같은 바다에 서식하는 포유류의 기름일까?)의 두꺼운 피하지방인 고膏로 영원히 등불을 밝히고자 했다.

병마용갱의 발견

1974년 3월 봄철의 가뭄 때문에 임동현臨潼縣(현재 서안시/西安市 임동구/臨潼區) 서양촌西揚村의 감나무 과수원에서 우물파기를 하고 있었다. 1미터 정도 파 들어가니 빨갛고 딱딱한 흙층에 다다르게 되었는데 5미터까지 파내려간 곳에서 신기한 도자기 조각陶片이 나왔다고 한다. 당초에는 시황제릉과 관련 있다고는 생각할 수 없었지만 어느덧 '병마용'으로 불리게 되었고 실물 병기兵器에 상방 여불위의 명문銘文이 있다는 점에서도 시황제릉과 밀접한 관계가 있다는 것을 알 수 있다(그림 8-7). 등신대 병사와 말과 용俑은 황토 흙을 개어서 구운 것이다. 『사기』에는 전혀 기사가 없었다. 갱은 3개가 있는데 분명히 진 군대를 재현한 것으로 추정컨대 8,000체(體)나 이르는 배장갱은 40년을 지나도 여전히 발굴이 끝나지 않았다.

우리들은 남북60미터, 동서200미터 정도의 병마용갱이 있는 장소의 CORONA화상을 분석했다. 1960년대의 미소냉전시대 미국의 군사위성은 발견 전의 병마용갱 장소가 주위의 경작지와 다른 황무지였다는 사실을 말해주었다. 지하의 광대한 갱 공간으로 인해 흙이 무너져 묻혀버렸다고는 하나 토양에 보수保水 능력이 없고 모래와 자갈이 많은 토지이기 때문에 밀밭으로는 적합하지 않아 묘지나 과수원으로 이용되어왔다. 배장갱은

그림 8-7 병마용갱

물이 나오는 지하수위까지 파내려가는 일은 없다. 병마용갱에서 5미터, 동차마갱銅車馬坑에서 8미터까지 파서 거기에 공간을 마련하여 매장했다. 그렇기 때문에 지표에서 1미터를 파

들어가면 배장갱 천정 판축의 딱딱한 층에 닿는다. 배장갱 지상의 토양에는 어떤 형태로든 흔적이 남는다. 위성화상을 분석한다면 제2의 병마용갱 발견도 꿈은 아니었다. 다만 그때는, 병마용갱은 시황제릉의 동방에 유일하게 만들어졌다고 하는 정설을 뒤집게 되었다.

2호 갱에서는 산뜻하게 채색된 병사용이 계속 발견되었다. 이때까지 흙색 병마용에 익숙해 있던 우리들에게는 이채로운 것이었다. 생생한 등신대의 병마용은 시황제 이전에도 이후에도 그 유례가 없다. 왜 그런 것을 만들었을까?

진에서는 이미 헌공獻公(재위 B.C.385~B.C.361)의 시대, 헌공 원년(B.C.384)에 순장 제도는 폐지되었다. 왕이 죽게 되면 가까운 신하나 여관女官들에게 강제로 독약을 먹여 왕의 묘 안에 매장했다. 왕이 애용했던 수레와 말도 산채로 매장된다. 그것이 순장 제도였다. 한 사람의 왕 시대를 왕의 주변 사람들과 함께 지하

에 묻어버리는 것을 의미했다. 진의 옛 수도 옹성雍城의 남쪽에 있는 진공1호 묘에서는 162명이나 순장돼 있었다. 진 무공武公(재위 B.C.698-B.C.678)은 668명, 목공穆公(재위 B.C.660-B.C.621)은 177명이나 순장자가 있었다고 『사기』에는 기록되어 있다. 또한 목공이 진나라의 어진 신하 3명을 순사시킨 일을 진나라 사람들이 애도하여 황조黃鳥 시를 지었던 것도 언급하고 있다. 그 이후에 출생한 공자도 이러한 순사를 비판했다.

공자가 동시에 용俑(진흙으로 빚은 사람 모양)을 비판하고 있었던 사실은 별로 알려지지 않았다. 공자의 "처음 용을 만들었던 사람은 그 후손이 없을 것이로다!(자손이 없어지다)"의 말은 『논어』에는 없고 공자를 계승한 전국시대의 맹자가 전한 것이다(『맹자』 「양혜왕장구」 상). 공자는 사람을 닮은 용을 묻는 일이 참기 어려웠다고 한다. 여기에는 살아 있는 인간의 순사를 대신해서 진흙으로 만든 인형埴輪을 만들었다는 『일본서기日本書紀』에 보이는 발상은 없다. 등신대로 살아 있는 인간을 충실하게 잘 모방해서 만든 진의 병마용을 만약 공자가 보았다면 심히 슬퍼했을 것이다. 사람의 혼을 옮긴 것 같은 리얼한 용을 만들어서는 안 된다고 하는 것이 유가 사상이었다. 또한 1974년의 병마용 발견에 따라 처음으로 시황제릉과 용이 결부되었지만 14세기 일본의 군키모노가타리軍記物語인 『태평기太平氣』의 시황제릉의 순장을 언급하는 부분에서 이미 공자의 용에 대한 발언을 인용하고 있는 것은 무척 흥미롭다.

찢겨진 유체

시황제 사후의 진으로 이야기를 다시 되돌려보자. 조고는 2
세 황제 호해에게 사구의 책략을 의심한 시황제의 공자나 대신
들을 법으로 단죄하라고 제언했다. 「이사열전」에 따르면 몽의
등 대신을 죽이고 12명의 시황제 공자들은 함양 시장에서 사형
에 처하고(「진시황본기」에서는 6공자는 두현/杜縣에서 사형한 것으로 되어 있는데 맞
지 않다), 시황제의 10명의 공주들(황녀)은 두현 땅에서 신체가 찢
기는 형벌을 당했다. 모두 공개처형으로, 아직 미력한 2세 황제
의 권력에 대한 복종을 신하들에게 요구했을 것이라고는 하지
만 그들이 단죄당한 이유는 분명하지 않다. 아버지 시황제에 대
한 일종의 강제 순사殉死였을지도 모른다.

호해는 시황제릉의 동쪽 외성 밖에 그들을 매장했다(상초촌묘장/
上焦村墓葬). 17기 중에서 8기가 발굴되었다. 그 유적에서 본 처참
한 상황은 『사기』의 기술을 상회할 정도이다. 여기에서 고고학
자는 검사관檢死官이 되지 않으면 안 된다. 우선 11호 묘의 30세
로 추정되는 여성은 동인銅印을 통해 이름은 음만으로 판명되었
고 거울이나 띠고리帶鉤를 부장하였으며 골격은 거의 완전했다.

턱뼈 위아래만이 이상하게 어긋나 있고 사인死因은 목이 졸려 죽었음을 알 수 있었다. 다음으로 17호 묘의 20세로 추정되는 여성의 골격은 두부와 동체 부분과 족부足部가 분리되어 있었다. 16호 묘는 30세 남성으로 역시 동인을 통해 이름이 영록榮祿이라는 사실을 알 수 있었다. 영록도 머리뼈 부분과 족부는 분리돼 있었다. 15호 묘의 30세 남성은 좌측 두부와 하악골下顎骨 사이에 청동으로 된 화살촉이 박혀 있었다. 무방비 상태에서 동맥의 급소를 습격당해 즉사한 상태였다. 18호 묘에는 부장품 속에 동검銅劍 등이 있었지만 유체는 보이지 않았다. 여기에는 『사기』에 남아 있지 않는 사실이 숨겨져 있을 것이다. 바로 오른쪽 옆에는 실물인 말을 생매장한 마구갱馬廐坑이 93건이나 있다.

시황제 공자와 공주의 죄는 시황제에 대한 불신과 불효였기 때문에 신체를 찢는 극형에 처해졌다. 대신들도 불신不臣의 죄였다. 조고는 2세 황제에게 새로운 법률을 만들게 하여 시황제의 위조에 의심을 가진 사람들을 처형시켰던 것이다. 천지 내지는 부모로부터 받은 오체를 찢는 형벌은 사후의 영원한 생명을 단절하는 잔인한 것이었다.

이 당시 시황제의 공자公子인 '고高'만은 사형을 피하여 스스로 순사의 길을 택했다. 자신은 선제에 대하여 아들로서 효도를 다하였고 동시에 신하로서도 충신을 다하고 싶다고 호소했다. 그리고 여산릉(시황제릉)의 기슭에 순장해주기를 바란다고 2세 황제에게 탄원했다. 이것이 인정되어 10만전錢을 받고 매장되었다. 시황제릉 분구의 서북쪽 끝자락에 있는 '갑甲자형' 묘장이 공자 '고'의 것이라고 알려졌지만 배장갱일 가능성도 있다. 다른 공자 들과는 달리 본인의 의지로 시황제에 순사하여 내성 안의 누구 보다도 시황제 유체에 가까운 장소에 잠들어 있다.

시황제에게는 처형당한 12명의 공자와 10명의 공주, 그리고 '고'와 장자 부소, 장려將閭의 3형제, 그리고 막내인 2세 황제 호 해 등 적어도 26명의 자녀가 있었다. 그리고 그들의 모친은 순 장되지 않고 아직 젊은 후궁인 여성들이 살해되었다. 시황제 후 궁인 여성은 한 명의 이름조차 남아 있지 않다. 시황제 모친조 차 '제태후帝太后'라고 부를 뿐 이름은 알 수 없다. 시황제 황후의 이름조차도 알 수 없다.

분구 서쪽, 내성과 외성 사이에 배장묘가 있다. 61개나 되는 묘장이 있고 아무도 매장되지 않은, 모양만 있는 공묘인 듯하 다. 외성 서쪽에도 묘장이 있다. 시황제 사후 겨우 3년 만에 진 제국은 붕괴하고 시황제 능원도 미완성으로 끝났다. 본래는 시 황제를 모셨던 대신이나 장군들이 배장될 묘역이었을지도 모른 다. 시황제를 모신 승상 왕관, 풍거질 등의 고급관리들, 왕전王翦, 왕분王賁, 왕리王離라고 하는 3대 장군, 그 밖에도 시황제 남 동생인 장안군 성교成蟜, 왕흘王齕, 표공麃公, 이신李信, 환기桓齮, 양단화楊端和, 강외羌瘣 등 육국과의 전쟁을 추진한 장군들의 이름이 역사에 남는다. 진의 사직을 잃어버리지 않고 유지한다면 사후의 시황제를 지하에서 지켜야 할 사람들이었다. 이사는 시황제의 통일사업을 지지하면서도 마지막에는 조고와의 반목과 대립으로 함양 시장에서 요참腰斬에 처해졌다. 그는 시황제릉에서 멀리 떨어진 고향인 초나라 상채 땅에 귀장歸葬되었다고 한다. 시황제를 모신 장군 집안 몽가蒙家 사람들인 몽오蒙驁, 몽염, 몽의 등 3대는 시황제의 장자 부소와 함께 시황제에게 가장 신뢰를 받는 사람들이었다. 그들도 2세 황제 호해와 조고에게 배척당하여 시황제를 지하에서 지키는 일은 없었다. 몽염도 부소도 2세 황제로부터 북변 땅에서 사죄를 언도받았다. 현재 전해지는 묘는 모두 섬서성 북부에 있는 수덕현綏德縣에 있다. 시황제 자신이 아니라 2세 황제 호해와 조고의 정치적 의지로 배장자가 선별되었던 것이다.

그림자 제왕 조고

시황제 사후, 2세 황제 3년(2세 황제 원년 B.C.209 10월~3년 B.C.207 8월)과 3대째의 진왕 자영子嬰의 치세 46일간은 진제국의 붕괴로 치닫게 되는 역사이다. 3년간의 『사기』에 기술된 문장의 양은 시황제 시대와 비교해도 많으며 무엇보다도 한 명 한 명의 인간상

이 동란 속에서 극명하게 묘사되어 있다.

이 3년간의 역사에 대하여 「진시황본기」를 읽으면 2세 황제, 진왕 자영의 2대 궁정의 혼란스러운 내부 사정을 알 수 있다. 한편 「항우본기」, 「고조본기」를 읽으면 상장군 항우와 패공沛公 유방 쪽에서 2세 황제와 싸운 역사를 알 수 있다. 사마천은 진승의 반란에 의해 수립된 고작 6개월간의 초나라 정권을 중시하여 「진섭세가」(진섭은 진승의 자/字)를 정리했다. 독자는 농기구를 한쪽 손에 들고 진군에 대항해 일어난 농민들에게 갈채를 보내지 않을 수 없다. 「몽염열전」에서는 시황제에게 신뢰받은 몽가 일족이 시황제의 후계자 부소와 함께 몰락해가는 역사에 눈물을 흘리게 된다. 「이사열전」도 그렇게까지 시황제의 정치를 지지하며 정점에 섰던 한 남자의 몰락해가는 모습에 역사의 운명과 비애를 느낀다. 그 어떤 부분도 예리하게 표현하여 읽는 보람이 있는 기술이다. 다만 고작 3년간의 역사를 읽기 위해 『사기』 각각의 부분들을 전후로 해서 읽는 것이 번거롭다. 『사기』 속에 있는 '진초秦楚의 제월표際月表'라는 연표를 곁에 두면 연대순으로 이해하기 쉬울 것이다.

이런 식으로 다양한 각도에서 진의 최후를 묘사하면서 사실 사마천은 3년간의 진의 최후를 주도했던 인물이 달리 있다는 것을 알아차렸다. 그러나 그 인물을 열전에서 거론하는 일은 없고, 다른 여러 열전에 교묘하게 숨기고 있다. 겉으로 표현하고 싶지는 않지만 그 인물의 중요성을 잘 인식하고 있었다는 증거일 것이다. 사마천이 의거했던 사료는 알 수 없지만 시황제 사후에 시황제에게 가장 신뢰받고 있었던 남자가 취한 행동을 분산시켜 호해와의 대화는 본기에, 호해를 통해서 스스로를 단죄한 몽염·몽의 형제에게 원한을 풀어가는 경과는 「몽염열전」에, 이사를 대신해서 정치의 중추에 치닫는 모습은 「이사열전」에 싣고 있다. 그 인물이 조고였다.

시황제 뒤를 잘 계승하긴 했지만 2세 황제 호해 자신에게 지혜가 있었던 것은 아니었다. 호해를 떠받치고 있었던 것은 교육계의 조고이다. 시황제의 막내아들인 호해의 나이에 대해서는 2개의 설이 있다. 호해 형제를 매장한 상초촌 진묘의 골격을 통해 공자들은 30대, 공주들은 20대라고 하는 추정 연령이 나와 있다. 그렇다면 막내인 호해가 즉위했을 때의 연령은 20세미만이 된다. 『사기』 「진시황본기」에는 호해가 즉위한 것은 21세이지만 동일한 「진시황본기」의 가장 마지막에 실린 『진기』(사마천이 본기 편찬에서 의거한 진의 사서)에서는 12세로 되어 있다. 호해가 성인인가 소년인가에 따라 진제국 최후의 상황은 상당히 달라진다.

『사기』 속에서 호해 자신이 조고에게 "짐은 어린 나이에 즉위했기 때문에 인민들이 잘 따르지 않는다"라고 투덜대는 장면이 있다. 이에 조고는 호해에게 "지금 폐하는 앞길이 창창합니다"라고 하였지만, 대신들 앞에 나가지 않고 궁중에서 지내면서 정치는 자신에게 맡기라는 식으로 말하고 있다. 고대에서는 10대나 그 이하의 연령으로 황제에 즉위했을 경우 신하는 황제에게 나이가 어리다고 하는 것을 삼가고 "앞길이 창창하다"라는 완곡한 표현을 사용했다. 전한에서는 17세의 혜제惠帝, 16세의 무제, 9세의 소제昭帝 등 소년황제에게 사용된 표현으로 21세 성년이 된 황제에게 말하는 것은 아니었다. 호해도 즉위 시에 12세였다고 한다면 시황제가 천하를 통일한 전후에 태어난 것이 된다. 호해는 13세로 즉위한 시황제보다도 한 살 더 어린 나이에 진제국의 제2대 제위에 올랐다. 소년 시황제에게 여불위가 있었듯이 소년 호해에게는 조고가 늘 붙어 있었다. 2대째 제왕의 그림자 같은 존재였다.

2세 황제의 짧은 3년간 재위기간 중에 조고는 먼저 낭중령郎中令으로서 궁중에서 황제의 명령을 공포하고 이윽고 승상 이사를 대신해서 승상에 올라 안팎의 권력을 맘대로 휘둘렀다. 시황제 시대를 총괄하여 신화화하고 시황제의 지하제국을 정비한 것도 조고의 힘에 의한 바가 크다. 노애와 함께 악역 이미지가 강하지만 악역이라고 하면 할수록 조고라는 인간의 실상을 들추어내고 싶어진다. 그것이 또 인간 시황제의 해명에도 관련이 있다.

조고는 진에 의해 멸망된 동방 조나라 왕족의 먼 혈통이었다. 아마 진왕 조정이 조를 맹공격했을 무렵에 양친은 진에게 항복하였고 모친은 관노비 신분으로 감금 중에 있었는데 그때 조고가 태어났다. 형제 모두 진의 궁전에서 잡역을 도맡아 하면서부터 출세 길에 들어서기 시작했다. 조고는 그러한 상황에서도 학문을 익혔다. 시황제가 아직 진왕이었을 때에 조고의 박식한 법률 지식에 반해서 중거부령中車府令으로 삼았다. 황제의 어가乘輿를 관리하는 측근으로 중요한 직책이다. 황제가 궁성을 나가게 되면 늘 어가에 동승하게 된다.

황제의 측근으로서 시중드는 관리는 일반적인 관리와는 사뭇 달랐다. 환관으로 불리면서 환적宦籍에 등록돼 있었다. 황제에게 시중을 든다는 것에 본래 거세당한 남자라는 의미는 없다. 후한 이후 환관에는 소위 거세당한 남자만이 해당되었지만 시황제 시대에는 일반 남자도 황제의 측근이라면 환관으로 불렸다. 당대唐代 사람들은 조고를 거세당한 환관으로 단정했지만 진한 사료에는 그런 내용이 없다. 환관의 정치적 폐해가 컸던 당대였기 때문에 그런 견해가 가능했다.

시황제의 묘(廟)

조고는 시황제를 20년 이상 모셨다. 그는 시황제의 공자와도 가깝게 지냈다. 특히 막내 호해에게는 사람을 벌하는 행위가 어떤 것인지를 가르쳐주었다. 시황제의 신뢰가 두터웠던 만큼 그 죽음을 누구보다도 슬퍼했고 시황제 죽음 이후 진 정치의 앞날을 쥐락펴락하게 되었다. 조고는 진에 대한 복수 때문에 스스로 자진해서 환관까지 오르며 시황제에게 접근했다는 의견도 있지만 조고에게 딸 사위가 있는 사실을 보더라도 그것은 지나친 견해일 것이다. 오히려 시황제에 대한 강한 충성심 때문에 소년 호해를 뒤에서 움직였던 것으로 여겨진다. 따라서 2세 황제 호해가 내린 조詔를 통해 낭중령으로서 황제의 측근이 된 조고의 의지를 읽어낼 수 있다. 이미 서술한 것처럼 시황제의 자식을 낳지 않은 후궁 여성들을 순사시키라는 명령을 내린 것은 시황제의 후궁까지 자유롭게 출입이 가능했던 조고의 책략이라고 할 수 있다.

그 외에도 시황제의 위패를 모신 묘廟를 극묘極廟로 하여 그야말로 천하의 중심에 두려고 한 것도 조고의 지혜일 것이다. 조고는 살아 있는 황제(2세 황제)보다도 죽은 시황제를 중심으로 한 제국 체제를 목표로 했다. 시황제가 살아 있던 시대는 시황제라도 역대 진왕 중의 한 사람에 불과했다. 역대 진왕은 유체를 묻은 능묘 외에 위패를 모신 묘가 옛 수도 옹성이나 함양에 분산되어 있었다. 그것을 지금 '천자칠묘天子七廟'라고 하는 예에 따라 7개로 정리해서 시황제의 묘를 그 중심에 두려는 것이다. 시황제의 묘에서 시작하여 그 후의 황제 묘를 좌우로 3개씩 나열해

간다. 시황제 생전에 왕을 초월한 '황제'라는 칭호가 정해졌지만 조고는 시황제가 죽은 후에 그에 대응하는 제자帝者의 묘를 설정했다. 시황제의 침전이나 묘에 공양하는 희생양을 늘려 전국에서 헌상된 공물이 진열되었다. 조고는 시황제가 죽고 난 이후에도 진제국의 붕괴를 시황제를 신격화함으로써 극복하려고 했다. 전국의 관리와 민중이 시황제의 귀신을 섬기게 하는 제국으로 만들고자 했다고도 할 수 있을 것이다. 그런 의미에서도 시황제 능원의 완성이 다급해졌다.

시황제의 동방순행을 2세 황제에게 재현시켜 시황제의 위신을 빌려 2세 황제의 힘을 천하에 드러내고자 했던 것도 조고의 책략이었다. 시황제 시대의 각석에는 생전의 호칭이었던 황제로만 기술되어 있다. 옆에 새로운 황제(2세 황제)의 조서 문장을 추가로 새기고 2세 황제의 대신들 이름을 더했다. 승상 이사와 풍거질, 어사대부인 덕德의 이름을 새겼지만, 조고의 이름을 밖으로 드러내지는 않았다. 이 문장의 일부는 태산각석의 잔존 부분에서 볼 수 있다. 조고의 의지는 2세 황제의 행동으로 실현되었기 때문에, 굳이 밖으로 드러낼 필요는 없었을 것이다. 여기서 처음으로 시황제라는 문자를 새겼다는 것이 중요하다. 시황제가 살아 있는 동안에는 황제로만 불렸다. 시황제라는 것은 시호를 싫어했던 진왕 조정 스스로 명한 사후의 칭호였다. 진 황제의 제국이 그제서야 처음으로 시황제의 제국이 되었다고도 할 수 있다.

미완성 제국

그러나 조고는 시황제의 죽음과 함께 현실적으로 진제국이 위기상황에 빠졌다는 것을 알고 있었다. 사실 시황제가 죽고 나서 3년 후에 시황제 제국은 붕괴하였다. 1년째는 그래도 함양성의 확장공사를 실시해 시황제의 죽음으로 중단된 미완성의 제국을 완성하는 데 좀 더 다가서고자 하는 여유가 있었다. 2세 황제를 순행에 내보내며 승상 이사를 동행시켰다. 낭중령 조고도 분명히 수행하였다. 지하제국의 건설사업도 지상제국의 건설과 연동하듯이 추진하였다.

시황제의 미완성 제국이라는 것은 시황제가 남긴 사업을 말한다. 흉노와 백월과의 전쟁으로 시황제는 중국의 주변 세계를 알게 되었고 중화제국을 실현시키고자 하였다. 2세 황제의 순행에는 시황제 사망 후의 제국 위용을 전국에 알릴 목적도 있었다. 제국의 중심에는 전국시대 진의 함양성으로는 부족하여 새로운 제국의 수도 함양성이 필요했다. 은하수에 비유한 위수를 남북으로 가르는 듯한 스케일의 수도가 필요했던 것이다(그림 8-5 참조).

조고는 지하제국이 지상제국을 보완할 수 있다고 생각했다. 그렇지만 시황제가 죽고 나서 2년째, 진승의 농민반란의 한 부대가 전차 천 대 그리고 수십만의 보병을 거느리고 함곡관을 돌파해 함양 근처까지 침입해왔다. 병사를 집결시킬 틈도 없이 시황제릉의 건설작업은 일시에 중단되고 형도와 노예들에게 무기를 들고 싸우게 하였다. 여기에서 그치지 않고 시황제의 죽음을 기다렸다는 듯이 각지의 세력들이 진제국에 반기를 들었다. 진승은 장초張楚라고 칭하고서는 초왕이 되었는데 그에 연동한 세력들이 조왕, 연왕, 제왕, 위왕, 한왕을 세워서 전쟁을 일으켰다. 이때 항우와 유방도 전쟁을 일으켰지만 아직 외부에 드러날 정도의 세력은 아니었다. 당시에는 진나라 군사들이 여전히 우세했다고 할 수 있다. 모든 왕들 사이의 연계는 아직 충분하지 않았기 때문이다. 진은 장군 장한章邯을 중심으로 반격하였고 진승을 죽인 어자御者인 장가莊賈도 진에 항복하고 항우와 함께 군사를 일으킨 숙부 항양項梁도 정도定陶에서 진에 패했다.

이러한 정세 속에서 시황제 사후 3년이 경과하여 조고가 드디어 2세 황제를 배제하고 권력을 쥐며 새로운 제국을 목표로 하기 시작한다. 낭중령은 동생 조성에게 맡기고 2세 황제를 내부에서 억눌러 스스로 이사를 처형하고 승상에 올랐다. 황제 권력의 내·외부를 제압한 것이다. 이후에는 2세 황제를 몰아붙여 황제의 새인을 빼앗는 것뿐이었다. 그러나 이때는 조고에게 충성을 맹세한 장군과 군대도 이미 떠나간 상태였다.

승상 이사의 처형

좌승상까지 오른 권력자 이사가 2세 황제 3년(B.C.207) 겨울에 함양의 시장에서 요참에 처해지며 뜻밖의 억울한 죽음을 당했다. 그 경과는 이사열전에 상세히 기술되어 있다. 모미야마 아키라籾山明 씨는 「이사의 재판」이라는 이야기로 거론하며, 설사 창작이었더라도 현실의 재판제도가 반영되어 있는 사건이라고 하였다. 최근의 법률 관계 출토사료를 통해 진나라 시대의 재판제도가 명확해졌기 때문에 궁중의 내조(황제 측근 관료)의 최고 권력자인 조고가 조정의 외조(행정관료)의 최고권력자의 재판을 교묘하게 유도하면서 실각시키는 고사도 현실성을 띠며 되살아난다. 『사기』에 대한 새로운 방식의 해석으로 중요한 사례이다. 모미야마 씨의 연구도 참고하면서 이사열전의 문장을 다시 정리해 보겠다.

이 재판은 이하 4단계로 전개된다. ①낭중령 조고의 주도에 의한 재판, ②이사가 옥중에서 상서를 올려 호소, ③2세 황제 본인에 의한 재판과 조고의 개입, ④판결과 처형. 조고가 이사를 배척하고자 해도 자의적으로는 실행할 수 없어 일정한 재판

수속을 밟지 않으면 안 되었는데, 이는 진의 법치주의가 철저했다는 확실한 증거이다.

먼저 조고는 승상 이사의 재판을 주도했다. 이사는 옥중에서 형틀을 매고 구속되었다. 이사의 혐의는 아들 이유李由와 함께 모반을 일으켰다는 것이었다. 2세 황제 원년(B.C.209) 7월에 진승·오광의 농민반란이 일어났는데 그 한 부대인 주장의 군대가 함곡관을 넘어 함양으로 진격해왔다. 삼천三川 군수였던 이유는 반란군의 경로에 있으면서도 그것을 저지하지 못했다. 그것 때문에 아버지이자 승상이었던 이사가 책임을 문책 당했다. 이사의 일족과 빈객들도 연좌되어 용의자로서 붙잡혔다. 조고가 이사를 일천 번 이상이나 태형을 가했을 때 이사는 고통을 못 참고 억울한 죄를 인정하고 말았다. 수호지진간 『봉진식』이라 제목이 붙은 재판 방법을 논한 책에 의하면 자백을 위한 태형은 고문이었지만 법으로 인정되고 있었다. 『사기』의 이 부분은 "고통을 참지 못하고 스스로 무복誣服하다(강요당해 죄를 인정함)"라며 이사가 죄가 없다는 것을 믿는 입장에서 쓰여 있다. 이사와 함께 2세 황제를 간했던 우승상 풍거질과 장군 풍겁馮劫은 사죄를 받았을 때 굴욕적이라며 자살의 길을 택했다. 그러나 이사는 재심을 위한 기회를 얻고자 옥중에서 2세 황제에게 상서하여 자신의 심정을 호소했다. 그러나 조고는 이 상서문을 파기했다.

이 상서문에서 이사는 승상으로서 진의 통일 사업에 공헌했던 7개의 공적을 역설적으로 죄로서 토로하여 2세 황제에게 호소하고자 했다. 여기에는 이사가 시황제의 통일 사업에 대한 진심이 총괄되었다. 6개국의 왕을 포로로 하여 진왕을 천자로 한 것, 남북 전쟁으로 진의 강함을 보여준 것, 대신들에게 작위를 주어 군신의 관계를 확고히 한 것, 진의 사직과 종묘를 세워서 진 군주의 현명함을 천하에 분명히 한 것, 진의 도량형, 문장(행정문서의 형식)을 천하에 확대시킨 것, 치도馳道(국유도로)와 이궁離宮을 전국적으로 부흥시켜 진 군주의 권위를 확대시킨 것, 형벌을 완화하고 세금을 경감시켜 군주와 민중의 신뢰를 구축한 것, 이상 7개의 죄 즉 진에 대해 민중이 반기를 든 사태의 책임은 자신에게 있지만 자신이 진에 모반을 일으킨 것은 아니라고 말하고 있다.

상서문은 파기되었지만, 2세 황제의 자발적인 주도로 재심이 시작되었다. 조고는 여기서 비밀리에 움직였다. 본래는 황제의 재판을 행하기 위해 어사侍御史, 알자謁者, 시중侍中이라는 황제의 측근이 이사를 심문하기로 되어 있었지만 조고는 목숨이 걸려 있는 빈객들에게 관직을 위장시켜 개입하였던 것이다. 이사는 그 사실을 모르고 그들 앞에서 스스로 죄가 없음을 호소하며 본심을 고백한 것이 이전의 자백을 뒤집는 격이 되었다. 이사는 재차 태형을 당하면서 최후에는 각오하고 죄상을 인정했다. 죄상과 형벌의 상주上奏가 행해져 2세 황제는 이것을 인정했다. 이

유가 있는 곳에 사신이 보내졌지만 이미 살해돼 있었기 때문에 조고는 이유의 모반에 대한 자백서를 위조했다. 판결은 오형을 더한 요참을 함양 시장의 사람들 앞에서 실시하게 되었다. 묵형(경/黥, 문신을 새김), 코를 베는 형벌(의/劓), 참좌우지斬左右止('止'는 '趾'/발, 좌우의 발을 자름)를 행하고 나서, 최후에 요참으로 숨통을 끊는 전례가 없는 너무나 처참한 처형이었다. 이리하여 조고는 2세 황제 3년 겨울에 승상의 지위를 얻었다.

2세 황제의 최후

그 이후 2세 황제 3년(B.C.207) 8월, 조고는 마침내 황제의 지위를 노리기 시작했다. 그 야심은 2세 황제에게 사슴을 헌상하면서 시작되었다. 사슴은 황제권력을 상징하는 동물로 진에서는 힘들게 추격해 잡은 사슴을 잃는 것은 기피되었다. 그런 사슴이 헌상된다면 2세 황제도 당연히 기뻐할 것이다. 그러나 조고는 신하들 앞에서 사슴을 말이라고 했다. 소년 황제는 눈앞의 사슴을 말이라고 얘기하는 승상 조고를 웃을 수밖에 없었다. 황제의 측근들은 침묵하고 조고에게 아첨하며 그 사슴을 말이라고 말하는 사람도 있었다. 솔직하게 "사슴입니다"라고 대답한 사람은 비밀리에 조고에게 벌을 받았다. 이렇게 해서 조고는 2

세 황제를 퇴위시키고 훨씬 더 민망民望이 있는 2세 황제 형의 아들인 자영을 세울 책략을 실행했다. 마침 이때 항우가 진의 장군 왕이王離를 붙잡아 장한章邯을 위험에 빠뜨렸으며 육국의 왕이 반기를 들었다는 소식이 날아들었다. 이 난국을 극복하기 위해서는 황제의 목을 갈아치우는 것이 가장 좋은 방법이라고 조고는 생각했다. 진승이 반기를 들었을 때에 2세 황제보다도 시황제 장자인 부소를 지지하는 사람이 있었다. 조고는 진제국의 정점을 자영으로 바꾼다면 민중의 반란을 수습할 수 있으리라 생각했을지도 모른다. 조고는 딸 사위인 함양령咸陽令 염락閻樂에게 명령하여 천 명 남짓한 병사를 이끌고 망이궁望夷宮에 진입해 2세 황제를 죽음으로 내몰았다. 2세 황제가 사람들을 주살한 것이 천하의 혼란을 불러 일으켰다는 이유를 구실로 천하를 위해 황제를 주살한다고 말했다. 그것을 받아들여 2세 황제는 자살했다. 조고는 2세 황제의 매장지로서 두현의 남쪽 의춘원宜春苑 안을 정하고 검수(서민)의 예에 따라 매장한다. 2세 황제 호해는 12세에 즉위하여 15세로 짧은 생애를 마감했다.

서안시 남쪽 교외, 아버지 시황제의 묘로부터는 35킬로미터나 떨어진 곳에 높이가 겨우 5미터, 직경 25미터 정도의 작은 원형 분묘가 지금도 남아 있다(그림 8-5 참조). 우둔하고 무능한 황제라는 평가를 내리기에는 너무 어렸다. 오히려 다부지게 아버지 시황제의 뒤를 이은 소년 황제였다. 호해는 조고에게 형 부소를 폐하고 남동생이 왕위에 오르는 것은 불의이며 아버지의 조를 받들지 않고 죽음을 두려워하는 것은 불효라고 말한 적이 있다. 전한 무제 시대의 사마상여司馬相如는 의춘원 곡강曲江의 천지泉池에서 2세 황제의 흐트러진 분묘를 보고 부賦를 읊으면서 2세 황제의 영혼을 달래며 슬퍼했다. 당나라 시대 이 지역은 장안성長安城의 동남각東南角에 해당하고 곡강의 못으로서 황제 이하 많은 사람들이 방문했다. 환관의 폐단이 현저했던 당대였기 때문에 조고는 전과자인 사람(환관)으로 단정되어 진나라를 멸망시킨 장본인이라고 여겨졌다. 그만큼 2세 황제에게는 동정적이었을지도 모른다.

진왕 자영

조고는 쓰러진 2세 황제의 몸에서 새인을 빼내 자신의 몸에 지니려고 했다. 이때의 2세 황제는 시황제로부터 물려받은 황제의 새인을 보유하고 있었다. 조고가 이것을 지녔더라면 황제 조고의 탄생이 되었을 것이다. 조고는 가슴 한구석에는 늘 황제가 되는 것을 충분히 의식하고 있었다고 생각한다. 그러나 조고의 권력을 두려워하면서도 조고가 황제가 되는 것을 인정하는 사람은 단 한 사람도 없었다. 조고는 어쩔 수 없이 자영에게 새인을 건넸다. 자영은 2세 황제 형의 아들이라고 「진시황본기」에 언급되어 있고 「이사열전」에서는 시황제의 동생이라고 한다. 『사기』에는 이러한 모순된 기술이 상당수 있다. 아마 전자의 설이 무난할 것이다. 조고는 자영에게 순순히 황제의 새인을 건네주지 않았다. 죽은 2세 황제를 황제에서 서민으로 강등시키고 자영에게도 시황제의 종묘 앞에서 황제가 아닌 진왕의 새인을 주려고 했다. 시황제는 왕 시대에는 진왕의 새인, 황제가 되고 나서는 황제의 새인을 소지하고 있었다. 조고는 진은 원래 왕국이었고 시황제가 천하에 군림하고 나서 황제로 칭했지만 육국이 다시 자립하고 난 후에는 왕으로 되돌아가는 것이 좋다고 생각했던 것이다. 신뢰했던 시황제만을 황제로서 청사에 남기고자 조고는 생각했을지도 모른다.

그러나 자영의 귀에는 조고가 패공 유방과 내통해 진을 멸망시키고 관중의 왕이 되고자 한다는 소식이 들어왔다. 제궁齊宮에서 나가 왕새를 받기 위해 종묘에 가면 무방비 상태로 종묘 안에서 살해당한다. 자영은 두 명의 자녀들과 음모해 거꾸로 제궁에서 조고를 기다려 사살했다. 그 이후, 자영은 즉위한 지 겨우 46일 만에 패공 유방에게 항복했다. 목에는 포승줄을 건 채 백마와 장식이 없는 마차를 끌며 항복의 의지를 전달하여 황제의 새인과 할부割符를 가지고 패공 유방을 맞이했다. 그리고 1개월 남짓 지나고 나서 자영은 진의 공주들, 일족들과 함께 항우에게 살해되었다. 자영은 황제가 아닌 진왕으로만 끝났지만 황제의 새인을 단단히 지키고 있었으며 스스로는 3대째 황제로서의 자부심이 있었을 것이다. 시황제로부터 시작된 황제 지위는 조고에게서 멀어져 유방에게 넘어간다. 유방은 이때 아직 한왕漢王에 오르지 않은 상태였지만 일시적이긴 해도 진의 자영으로부터 유방에게 선양禪讓이 이루어진 것이다.

결국 진제국은 시황제에서 시작하여 손자인 자영으로 끝났다. 지하제국의 꿈도 이때 끝났다. 항우에게 살해당한 자영은 어디에 잠들어 있을까? 자영의 무덤으로 전해지는 것은 시황제릉의 북쪽에 있다는 것이 최근 들어 알게 되었다. 2003년 시황제 능원의 서북쪽 구석에서 서쪽으로 500미터 지점에 있는 배장묘의 발굴이 이루어졌다. 6기 중에서 5기는 '갑甲'자형 묘(묘실에 1개의 무덤길), 1기가 '중中'자형 묘(묘실에 2개의 무덤길)이다. 중中자형 묘는 무덤길을 포함한 남북의 전체 길이가 109미터, 묘실은 폭이 26미터, 깊이는 15.5미터나 된다. 원중일袁仲— 씨는 이러한 왕묘급의 대묘大墓 주인은 진왕 자영일 가능성이 높다고 한다.

자영을 매장한 것은 『사기』에는 기록되어 있지 않다. 자영의 죽음과 함께 진제국은 종언을 맞이했기 때문이다. 그러나 만약 이 묘장이 자영의 것이라고 한다면 도대체 누가 매장했을까? 자영과 함께 진의 마지막 공자와 왕족들은 항우에게 살해당했다. 자영을 매장한 것은 유방일 가능성이 높다. 유방은 자영이

항복했을 때에 진왕 자영을 주살하라는 장군들의 목소리를 제
지하고 자영을 살려주었다. 시황제의 능원은 진제국이 붕괴된
뒤에도 유방 시대까지 이어지고 있었다. 유방이 시황제릉에 묘
지기墓守를 두었던 사실은 잘 알려져 있다.

에필로그

―진의 수도가 불타오르다

B.C.206년, 관중에 들어간 유방과 항우는 홍문鴻門 땅에서 회견했다. 이곳은 시황제릉 정 북쪽에 위치하여 위수와 여산이 가장 근접해 있기 때문에 진 입장에서 본다면 진의 수도 함양의 목 구멍 부분을 짓눌린 것 같은 장소였다. 시황제릉의 꼭대기에 오르면 홍문과 위수 산의 민낯을 흐릿하게나마 바라볼 수 있다. 시황제릉의 서북쪽에 위치한 여읍 도시도 홍문 바로 가까이에 있었다. 진나라 사람들 대부분이 두 사람의 군세에 압도되었을 것이다.

항우도 유방도 살아 있는 시황제와 싸웠던 것은 아니었다. 두 사람은 생전에 시황제와 만나 권력자 시황제를 의식하면서도 천하를 다툰 상대는 시황제가 죽고 난 뒤의 2세 황제였다. 그러나 두 사람이 관중에 들어간 당시에는 2세 황제 호해도 이미 조고에게 살해당한 뒤였으며 조고는 자영을 진왕으로 추대했지만 그 조고도 자영에게 살해당했다.

패공 유방의 10만 대군은 진 수도 함양을 등지며 파수灞水 주변에 머물렀고 상장군 항우의 40만 대군은 희수戱水의 서쪽 홍문에 머물렀다. 이때의 두 사람은 아직 왕이 된 것이 아니었다. 서초西楚 패왕霸王 항우와 한왕 유방의 전투는 진제국이 붕괴한 뒤에 시작된다. 이때 패현沛縣의 민중들로부터 현령縣令에 추대되어 패공으로 불리던 사람이 유방이었다. 시황제처럼 되고 싶다고 말했던 유방, 한편 시황제를 대신한다고까지 호언장담하던 항우. 그들에게 황제라는 것은 여전히 구름 위의 존재였다.

능묘의 지하에 잠든 시황제 앞에서 진의 운명이 결정되려고 했다. 유방이 시황제의 새부璽符를 손에 넣었지만 진의 사직(토지신과 곡식신으로 국가의 상징)이 파괴된 것은 아니었다. 유방 쪽의 장군들 중에는 진왕 자영을 주살하라는 목소리도 있었지만 유방은 말리면서 번쾌樊噲와 장량張良의 의견에 따라 함양의 재물을 거둔 창고를 봉인하기로 했다. 결국에는 진왕을 대신하는 관중의 왕을 누구로 할 것인지는 보류하고, 항우와의 회견으로 끝을 보려 했던 것이다. 패공 유방도 상장군 항우도 황제의 지위를 바라지 않고 우선은 진나라 땅인 관중의 왕이 되기를 바랐다. 부활한 초나라 회왕懷王 아래서 부하 장군들은 조금이라도 빨리 함양에 들어간 자가 왕이 되리라는 약속을 주고받았다. 동방 땅은 이미 전국의 나라들이 다시 일어났기 때문에 두 사람은 진을 대신해서 관중의 왕이 될 수밖에 선택의 여지가 없었을지도 모른다.

그러나 세력에서 우세했던 항우도 결국 관중의 왕은 되지 않았다. 동방으로 돌아와서 서초의 패왕이 되는 길을 택했다. 항우 입장에서 보자면 시황제가 만든 제국 따위는 허구로밖에 비춰지지 않았을 것이다. 유방이 진의 가장 말단 관리였던 것에 비해 항우는 항상 진제국의 아웃사이더로서 행동했다. 항우는 유방을 관중의 왕으로 세우지도 않았다. 약속을 어기고 유방을 파촉巴蜀 땅 한중漢中으로 좌천시켜 한나라 왕漢王으로 삼았다. 그리고 관중과 그 주변의 진나라의 고지故地를 3개로 나누어 진의 장군을 왕으로 삼는 가운데 장한은 옹왕雍王이 되었다. 시황제를 대신한다고 하는 항우의 소원은 사라지고, 진나라 사람에게 다시 진의 본토 통치를 맡긴 것이다.

그 이후, 항우는 자영을 죽여 시황제의 혈통을 잇는 왕을 말살했다. 더군다나 가차없이 함양의 궁전을 불태우고 시황제릉도 파헤쳤다. 수도 함양은 활활 타올랐는데 그 불은 3개월간이나 꺼지지 않았다고 한다. 그러나 시황제릉을 파헤친 일에 대해서는 함양이 3개월간이나 불탔다는 고사에 이끌려 후대에 과장되었던 것으로 실제로 항우가 지하궁전까지 파헤쳤다고는 여겨지지 않는다. 한대에는 목인牧人이 양을 찾으러 능묘 속에 들어갔는데, 갖고 있던 횃불 때문에 능 안이 90일간 계속 불타다가 꺼지지 않았다고 전해졌다. 또한 북위 시대에는 항우가 30만 명을 동원하여 도굴했는데 30일이 걸려도 매장물을 다 운반하지 못했다고 말할 정도였다. 3개월, 90일, 30만이란 진의 궁전과 능묘의 규모를 과장하는 숫자 트릭에 불과하지만 지하공간이 천천히 계속 불탔다고 하는 것은 있을 수 없는 이야기는 아니다. 그러나 리모트 센싱으로 조사한 바에 따르면, 지하 공간은 확실히 남아 있다.

거대한 분구에 의해 지켜진 시황제 능묘는 2000년이나 여산 북쪽 기슭 땅에 계속 살아 있다. 밀봉되어 보호받았던 지하공간에는 시황제의 유체가 2200년을 지나도 부란되지 않은 채 남아 있을 가능성이 크다. 제왕의 권위를 하늘에 계속 요구해온 인간 조정은 영원한 진인眞人이 되지는 못했으며, 50년 8개월 정도의 생에 불과했지만 지금도 영원히 깊은 잠에 빠져 있음이 분명하다.

역자 후기

2002년 여름, 역자는 일본의 간다 서점가에서 본서의 저자인 쓰루마 가즈유키鶴間和幸 선생의 『진시황제秦の始皇帝』와 『시황제의 지하제국始皇帝の地下帝国』을 구입하였다. 2004년에 이 가운데 『진시황제秦の始皇帝』를 『중국고대사 최대의 미스터리 진시황제』라는 제목으로 번역을 하였다. 그로부터 10여 년이 지난 지금 역자는 다시 진시황과 관련한 쓰루마 선생의 저서를 번역해달라는 요청을 받게 되었다. 한편으로는 기쁜 마음이었지만 또 다른 한편으로는 별다른 내용 없는 기존 내용의 반복이면 굳이 번역하여 국내 일반 독자에게 소개할 필요성도 없을 것 같다는 생각을 하고 있었다. 왜냐하면 시황제라는 역사적 인물에 대한 소개와 관련 내용은 이미 다양한 서적과 글, 그리고 영상 매체 등을 통해서 연구자는 물론이고 일반 대중들에게도 잘 알려져 있기 때문이다.

중국고대사를 연구하는 필자는 최근 지하에서 출토되는 죽간 또는 목간 등의 출토자료에 많은 관심을 갖고 있다. 왜냐하면 당대의 자료인 출토자료는 2천여 년 전의 역사적 사실을 보다 생생하고 정확하게 전달하여 문헌자료만으로는 그려내기 모호한 당시 사회상을 더욱 명확하고 충분히 이해할 수 있는 기회를 제공하고 있기 때문이다. 이러한 측면에서 본다면 『사기』에 서술된 시황제 관련 사료가 새로이 발굴되고 소개된다면 다양한 관점에서 시황제에 대한 새로운 조망과 이해가 가능하다. 역자는 2010년 북경대학에서 한간漢簡을 정리한다는 소식을 들었다. 그 정리 내용 가운데 이른바 전한 초기에 작성된 것으로 추정되는 『조정서趙正書』라는 사서가 있으며, 분량은 50매 정도이고 진시황의 죽음과 진왕조의 멸망을 둘러싼 진시황, 이사, 호해, 자영 등의 관련 기사가 포함되어 있다는 소식을 접하였다. 이 기사의 내용은 시황제의 출생은 물론이고 『사기』「진시황본기」를 통해 종래 알려진 시황제 사망 이후의 내용과는 전혀 다른 내용을 전하고 있다.

본서의 가장 큰 특징으로, 저자는 『조정서』를 비롯한 시황제와 관련한 출토자료를 적극적으로 활용하고 주요 내용을 분석하여 시황제에 대한 새로운 접근과 이해를 시도하고 있다. 즉 시황제에 대한 이해를, 『사기』에 기술된 내용 그대로 수용하는 것이 아니라 하나하나의 기사에 대한 전거의 확인과 이를 다각도에서 검증하여 새로운 시황제의 모습을 그리고자 하는 것에 있다. 즉 저자의 목적은 시황제와의 동시대 자료인 출토자료의 내용을 통해 시황제의 출생에서 황제로의 즉위, 그리고 죽음과 제국의 멸망에 이르는 과정을 밝히어 2천여 년 전 역사의 전설이 아닌 진실을 우리에게 제공하고자 한 것이었다.

또한 저자는 종래 우리에게 알려진 폭군으로서의 시황제 혹은 전제군주로서의 시황제의 존재가 아닌 하나의 인간으로서의 시황제의 모습을 규명하고자 한다. 적국인 조나라의 수도인 한단에서 태어나 13세 어린 나이에 왕으로 즉위하고, 그 후 26년인 39세에 황제로 등극한 진왕 정의 정치적 업적은 물론이고 황제 즉위 후 12년 후에 뜻하지 않은 죽음으로 생애를 마무리한 인간 시황제의 모습에 대해서 조명하고 있다. 비록 시황제가 중국 통일을 처음으로 실현한 위대한 통치자일지라도 죽음 앞에서는 나약한 일개의 인간임을 우리에게 알려주고 있는 것이다. 불로불사의 선약을 통해 신이 되고자 한 인간 시황제의 모습은 자신이 달성한 모든 것을 영원히 소유하고자 하는 무한한 욕망의 표출일 것이다. 그 이룰 수 없는 욕망 앞에 절대 권력자인 시황제 역시 평범한 범인과 다름이 없음을 일깨워주는 것은 아닌가 한다.

2천여 년 전의 인물인 시황제만큼이나 우리들에게 회자되는 인물은 없을 것이다. 매일 정해진 국가 업무의 수행과 통일의 대업을 달성한 유능한 전제군주인 시황제, 분서갱유나 만리장성의 건설 등으로 인한 폭군의 대표적 인물인 시황제. 그런 시황제의 이미지와는 달리 본서에서는 동방 육국을 통일하여 하나의 중국을 이루었지만 여전히 낯선 동방의 해양 문화를 접촉하면서 당혹스러워하는 황제가 아닌 '나약한' 인간 시황제의 모습을 묘사하고 있다. 이와 같이 본서는 종래 유능한 군주 혹은 폭군으로서의 시황제의 모습을 서술한 것과는 달리 이를 포함하면서 '인간' 시황제에 초점을 맞춰서 서술한 점이 또 다른 주요한 특징이다.

이러한 서술은 당연히 전문 역사 연구자로서의 책무인 사료에 대한 철저한 고증과 진지한 접근을 통해서 역사적 진실을 독자에게 전달하고 있다. 저자는 시황제와 관련한 문헌 및 출토자료에 대한 철저한 검증과 정확한 해석을 통해 인간 시황제의 출생에서 죽음에 이르는 과정을 객관적으로 서술하여 인간의 삶은 시대적 변화와 결코 떨어져 살 수 없다는 엄연한 역사적 사실을 우리에게 재확인시켜주고 있다.

본서는 『사기』를 비롯한 가장 최근의 전문적인 출토 자료를 통해 시황제에 대한 새로운 해석을 하고 있지만, 오히려 일반 교양인이 전문적 사료를 통한 역사적 진실에 객관적으로 다가설 수 있도록 쉽게 구성하였다. 교양서로서 무척 훌륭한 책인데 역자의 부족한 능력과 이해로 인해 저자가 전하고자 한 내용을 제대로 반영했는지 번역을 마치고 출간을 앞둔 지금 탈고의 기쁨보다도 걱정이 앞선다. 만약 그러한 점이 있다면 전적으로 역자의 과문으로 인한 탓이다. 그렇지만 본서의 소개를 통해서 중국고대사를 이해함에 출토자료의 중요성을 알릴 수 있는 기회를 얻었고 이를 통해 국내의 척박한 중국고대사에 대한 관심과 이해가 재고되는 계기가 될 수 있을 것이라는 소박한 생각을 해

본다.

마지막으로 어려운 출판계 상황에서도 돈 되지 않는 인문학 관련 서적을 기획 출판하는 에이케이커뮤니케이션즈 모든 분들에게 감사의 말씀을 전하며, 역자의 게으름으로 늦어지는 원고에도 인내심으로 대해주신 편집부 선생님들에게도 감사의 말씀을 전한다.

2017년 정월

옮긴이 김경호

인물소개

시황제 외 주요 관련 인물들을 소개한다. 복수의 장에 등장하는 인물은 첫등장하는 장에 포함하였으며, 등장하는 장 번호는 해당 내용의 앞에 기재했다.

〈제1장〉

소왕(昭王 B.C.325–B.C.251, 재위 B.C.307–B.C.251)

소양왕(昭襄王)이라고도 부른다. 어머니는 초(楚)나라 사람인 선태후(宣太后)이다. 질자(質子)로 연(燕)나라에 있었지만 귀국하여 19세에 진왕에 즉위했다. 처음에는 어머니 선태후와 그 형제인 초나라 사람들이 정치를 장악했다. 재위 57년에 이르러 적극적으로 동방에 대한 군사침략을 추진한다.

안국군(安國君, 효문왕/孝文王 B.C.303–B.C.251, 재위 B.C.251)

[1장] 소왕의 태자가 망명했기 때문에 차자(次子)로서 39세에 태자가 되어 소왕의 오랜 치세를 기다린 끝에 53세에 겨우 진왕에 즉위했다. 시호는 효문왕이다. / [2장] 즉위 후, 단지 3일이 지나 사거하여 수릉(壽陵)에 매장되었다.

화양부인(華陽夫人, –B.C.230)

초나라 사람으로 안국군의 정부인이다. 후계자가 없었기 때문에 하희(夏姬)의 자식인 자초(子楚)를 양자로 삼았다.

자초(子楚, 장양왕/莊襄王, B.C.281~B.C.247, 재위 B.C.250~247)

안국군의 20여 명의 자식 가운데 중남(中男)이다. 화양부인의 양자가 되어 인질로 있던 한단(邯鄲)에서 귀국하여 32세에 진왕으로 즉위했다. 시호는 장양왕이며 장왕으로도 부른다.

조희(趙姬, ~B.C.228)

시황제의 어머니이다. 조나라 호족의 딸이다. 이름도 남아 있지 않기 때문에 조희라 부른다. 후에 시황제의 어머니라는 의미로서 모태후(母太后) · 조태후(趙太后)라고 부른다.

하희(夏姬, ~B.C.240)

안국군의 부인, 자초의 어머니, 시황제의 할머니로서 후에 하태후라고 불린다.

여불위(呂不韋, ~B.C.235)

[1장] 한(韓) 혹은 위(衛)나라 사람이다. 전시하에 한 · 위 · 조나라를 거점으로 재산을 축적한 대상인이다. 자초를 진 왕위에 앉히기 위해 진나라 군대에 포위된 한단에서 탈출 및 귀국시켰다. / [2장] 장양왕과 진왕 조정의 치세에 상방이 되었다. 전국시기 사군(四君)에 필적하는 세력을 가져 식객 3,000명을 데리고 있어 전국 식객의 언론을 집대성한 『여씨춘추』라는 저작이 있다. 낙양에 10만 호의 영지를 가진 문신후(文信侯)라고 불렸다. / [3장] 진왕 조정의 상방(相邦)이 되었고 중부(仲父)라고 불리며 10대의 젊은 왕을 지지했다.

백기(白起, -B.C.257)

진나라 출신의 장군으로 무안군(武安君)이다. 소왕 아래에서 한·위·초를 공격하였고 장평(長平) 전투에서 최대의 전공을 거두었지만 진의 희생자도 많았기 때문에 한단을 공격하는 싸움을 거부하여 최후에는 사죄를 받게 되자 스스로 목숨을 끊었다.

조괄(趙括, -B.C.260)

조나라의 명장 마복군(馬服君) 조사(趙奢)의 아들. 염파(廉頗)를 대신하여 조나라의 젊은 장군으로서 진의 백기 군대와 장평에서 싸웠지만 사살당하여 패배하였다.

평원군 조승(平原君 趙勝, -B.C.251)

조나라 영왕(靈王)의 아들로서 식객 수천 명을 거느린 전국 사군의 한 사람. 원군이 도착하기 전에 결사의 군사 3,000명으로 한단을 지켰으며 식객의 힘으로 초왕과의 합종을 성공시켜 초나라 대군을 막았다.

신릉군 위무기(信陵君 魏無忌, -B.C.243)

위(魏)나라 소왕의 아들로서 식객 3,000여 명을 거느린 전국시대 사군의 한 사람이다. 누이인 평원군의 부인을 위해서라도 한단을 결사적으로 구하려 했지만 위왕(魏王)은 진을 두려워한 나머지 결단을 못 내렸다. 그래서 위왕의 비(妃)에게 두 개로 나뉘어져 있는 호부(虎符)를 훔치게 하여 장군 진비(晉鄙)를 죽이고 군대를 빼앗아 선발한 8만의 군대를 이끌고 한단을 구했다.

춘신군 황헐(春申君 黃歇, -B.C.238)

초나라 사람이지만 왕족은 아니다. 식객 3,000명을 거느리고 오(吳)나라의 영지를 소유한 전국 사인의 한 사람이다. 고열왕(考烈王)의 태자 시기부터 벼슬을 하고 승상으로서 왕을 25년 동안 보좌했다. 조나라와 초나라의 합종을 성립시키고 한단에서 원군을 내보냈다.

〈제2장〉

정국(鄭國)

수리기술자로서 한(韓)나라의 간첩으로 진나라에 들어왔다고 하지만 정국거(鄭國渠)라고 불리는 관개수로를 만들어 진의 국력을 강하게 하였다.

이사(李斯, -B.C.207)

[2장] 초나라 지방 관리였지만 유가인 순자(荀子)에게서 제왕의 통치술을 배우고 진나라의 소왕에게 발탁되어 진에 들어가 여불위의 사인(舍人)이 되었다. 얼마 후 진왕 조정이 객경(客卿)으로 우대하였다. / [5장] 정위(廷尉)로서 황제 칭호 논의에 참가하는 등 진의 법제를 정비한다. 제2회 순행에 참가하여 경(卿) 이사의 이름을 낭야대(琅邪臺) 각석에 남겼다. / [6장] 정위에서 승상(丞相)이 되어 분서갱유(焚書坑儒)를 제의한다. 승상으로서는 『창힐편(蒼頡篇)』이라는 자서를 작성한다. 자서는 관리가 문자를 익히고 행정지식을 얻

는 교과서였다. / [7장] 좌승상으로서 마지막 순행에 참가하고 죽은 시황제에게 충성을 다하였지만 조고(趙高)에게 압박을 받아 호해(胡亥)를 후계로 삼는다. / [8장] 승상으로서 2세 황제를 지지하였지만 조고에 의해 모반의 죄를 쓰고 요참의 극형을 받았다.

※ 효문왕, 장양왕, 여불위에 대해서는 제1장을 참조.

〈제3장〉

노애(嫪毐, −B.C.238)

여불위의 사인. 진왕 조정의 모태후 아래에서 환관이라 속이며 두 아들을 두었다. 장신후(長信侯)에 봉해지고 진나라 바깥의 산양(山陽)이나 태원(太原)에서 영지를 소유한다. 노비 수천인과 사인 수천여 명을 가진 세력을 자랑했다.

창평군(昌平君, −B.C. 224)

[3장] 이름은 알 수 없다. 초나라 사람으로 진나라의 승상이 되고 노애의 난 때에는 진왕을 도왔다. / [4장] 후에 초나라에 돌아가 초왕이 되어 진에게 항거하였다고 한다.

창문군(昌文君, −B.C.224)

초나라 사람 창평군과 함께 진왕을 도왔다. 『편년기(編年記)』에는 진이 초를 공격한 해에 사망했다고 기록되어 있다.

※ 여불위에 대해서는 제1장 참조.

〈제4장〉

형가(荊軻, -B.C.227)

경경(慶卿)·형경(荊卿)이라고 존칭된 위(衛)나라 사람. 각 국의 유력자와 결탁하여 진에 대한 보복을 은밀히 생각하였다. 연나라 태자 단(丹)의 부탁으로 진왕을 알현하고 위협하여 진의 침략을 막아내려 했지만 실패하자 살해되었다.

진무양(秦舞陽)

연나라의 훌륭한 장군인 진개(秦開)의 손자. 용사로서 형가의 부사(副使)가 되었지만 진왕을 알현할 때에 겁에 질리고 말았다.

하무차(夏無且)

진왕의 전담 의사. 진왕 암살 현장에서 진왕을 구하여 보상으로 황금을 받았다.

연태자 단(燕太子 丹, -B.C.226)

진왕 조정과는 한단에서 어릴 적부터 친구이다. 조정이 진왕이 되자 진의 질자가 되었지만 냉대를 받아 연으로 돌아가서 진왕에 대한 보복을 생각했다.

고점리(高漸離)

악기 축(筑)의 명수. 형가와 교유 관계가 좋다. 형가의 사후, 납(鉛)을 몰래 숨긴 악기 축을 시황제에게 던져 암살을 시도했지만 실패하여 살해당하였다.

국무(鞠武)

연태자 단의 상담 역할을 담당하는 태부(太傅). 진과 적대하는 것에는 신중하였으며 전광(田光) 선생을 단에게 소개한다.

전광(田光, −B.C.227)

연나라의 지식인으로 전광 선생으로 불린다. 노령 때문에 형가를 연태자 단에게 소개한다.

번오기(樊於期, −B.C.227)

진의 장수였지만 진왕에 대해 죄를 범하여 연태자 단에게 도망쳐 숨었다. 일족이 연좌되어 살해되었기 때문에 진에 대한 보복을 완수하기 위하여 자신의 목숨을 형가에게 맡긴다.

왕전(王剪)

진 출신. 젊었을 때부터 진왕 조정에서 벼슬을 하였으며 노장군으로서 조나라를 멸하였고 또한 젊은 이신(李信)을 대신해 초나라를 공격하여 멸망시켰다.

왕분(王賁)

왕전의 아들로서 진의 장군이며 통무후(通武侯)로 불린다. 젊었을 때 같은 세대인 몽염(蒙恬)·이신과 행동을 함께하여 연나라를 침공하였다. 위(魏)나라 수도 대량(大梁)도 3개월에 걸쳐 수공(水攻)으로 함락시켰다. 통일 후, 낭야대각석에 이름을 남겼다.

몽무(蒙武)

몽오(蒙驁)의 아들이고 몽염·몽의(蒙毅)의 아버지이다. 진의 장군으로 같은 세대인 왕전과 행동을 같이하여 초나라를 멸망시켰다.

몽염(蒙恬, −B.C.210)

[4장] 몽무의 아들. 진의 장군으로 같은 세대인 젊은 왕분 · 이신 장군과 행동을 함께하며 마지막에는 제나라를 공략하여 통일을 달성하였다. / [6장] 통일 후에도 장군으로서 흉노와 싸웠으며 만리장성을 쌓았다. / [7장] 시황제 사후에 드러난 후계 관련 조서에 대해서 위조라고 의심을 하였다. 사죄를 할 것을 거부하고 양주(陽州)의 감옥에 수감되었다. / [8장] 최후에는 독약을 먹고 자살했다. 무덤은 부소(扶蘇)와 같은 섬서성(陝西省) 수덕현(綏德縣)에 있다. 재판이나 행정문서에 뛰어나며 민간에서는 몽염이 모필을 만들었다는 전설이 있다.

이신(李信)

진나라 청년장군. 연 · 초 · 제나라를 공격했다. 초에서는 저항에 부딪혀서 실패하여 노장인 왕전과 교체되었다.

항연(項燕, −B.C.224)

초나라 장군으로 항우의 할아버지이다. 창평군과 함께 진에 저항했다고 전해지며 진의 왕전에게 살해당했다.

※ 창평군에 대해서는 제3장을 참조.

〈제5장〉

왕관(王綰)

승상으로서 통일 때에 시황제를 도왔으며 도량형 용기에 새겨져 있는 조서판이나 낭야대 각서에도 이름이 있다.

풍겁(馮劫, -B.C.208)

[5장] 진나라 장군. 부승상의 어사대부로서 통일 때에 시황제를 도왔다. / [8장] 진의 백기(白起)장군에게 살해된 한나라 상당(上黨) 태수 풍정(馮亭)의 자손이다. 풍씨 일족은 진의 장군과 승상을 배출하였다. 악록진간(嶽麓秦簡) 『주얼서(奏讞書)』에는 풍장군 무택(毋擇)의 아들이라 속인 사기사건이 보이는 것으로 미루어 낭야대 각석에 이름을 새긴 일족인 풍무택도 장군이었음을 알 수 있다. 풍겁은 우승상 풍겁질(馮劫疾)과 함께 2세 황제에게 간언한 것 때문에 죄를 물자 자살한다.

서시(徐市)

『사기』 「회남열전(淮南列傳)」에는 서복(徐福)이라 쓰였다. 제나라의 방사(方士)이다. 제2회 순행에서 시황제를 만나 바다 속 삼신산(三神山)의 말을 전하고 미혼의 남녀 수천인을 데리고 떠났지만 실패로 끝났다.

※ 이사에 대해서는 제2장을 참조.

〈제6장〉

노생(盧生)

연나라 사람으로 방사이다. 시황제에게 불사의 약에 대해 말했으며, 또한 후생(侯生)과 함께 시황제의 성격을 비난한다. 그 후 "진을 망하게 하는 것은 호(胡)이다"라는 예언서를 시황제에게 바친다.

부소(扶蘇, -B.C.210)

[6장] 시황제의 장자이다. 시황제가 공자를 배우는 학자를 땅속에 묻은 것을 간언하여 노여움을 사서 몽염이 감독하고 있는 북변으로 보내졌다. / [7장] 시황제가 죽은 후에 나타난 거짓 조서를 믿고 불효와 불충으로 사죄(死罪)를 받아 몽염이 말렸음에도 자살했다. 섬서성 수덕현에 묘가 현존한다.

　　※ 이사에 대해서는 제2장, 몽염에 대해서는 제4장을 참조.

〈제7장〉

호해(胡亥, 2세 황제, B.C.221-207, 재위 B.C.210-207)

[7장] 시황제 아들 22명 가운데 막내아들. 시황제의 마지막 순행(제5회)에 동행하였고 시황제 사후, 태자가 되어 12세에 2세 황제로서 즉위한다. / [8장] 즉위 후, 2년 8개월에 조고에게 자살을 강요받는다. 의춘원(宜春苑)에서 서민의 신분으로 매장되었다.

조고(趙高, ~B.C.207)

[7장] 조고의 성씨인 조는 전국시기 조나라 왕족의 먼 친척임을 나타낸다. 시황제에게 능력을 인정받아 황제 측근의 환자(宦者, 거세된 환관이 아닌 황제를 시중하는 측근)가 되었다. 시황제의 거마(車馬)와 새인(璽印)을 관리하는 중거부령(中車府令)의 중책을 맡았다. 자신이 가르친 호해를 시황제의 후계로 삼는 계책을 진행했다. / [8장] 낭중(郎中) 이사의 재판을 주도하고 이사가 죽은 후에는 중승상(中丞相)·안무후(安武侯)가 되어 2세 황제를 자살로 몰아넣었지만 그 후 스스로 세운 자영(子嬰)에게 살해되었다.

풍거질(馮去疾, ~B.C.208)

우승상(右丞相)으로 시황제가 수도를 비운 기간, 함양(咸陽)에 남아서 지키는 임무를 수행했다. 2세 황제 때에도 좌승상 이사와 함께 우승상이 되었다. 리야진간(里耶秦簡)에도 우승상 거질의 이름이 보인다.

몽의(蒙毅, ~B.C.210)

[7장] 몽염의 동생이자 대신(大臣)이다. 조고에게 사죄를 내렸지만 시황제가 번복한 이래로 조고와의 사이에 갈등이 생겨났다. / [8장] 2세 황제는 대(代) 지역의 옥중에 수감된 몽의에게 어사 곡궁(曲宮)을 사신으로 보내어 시황제의 충신이 아닌 것을 비난하고 사죄를 내렸다.

※이사에 대해서는 제2장, 몽염에 대해서는 제4장, 서시

에 대해서는 제5장, 부소에 대해서는 제6장을 참조.

〈제8장〉

자영(子嬰, 재위 B.C.207)

2세 황제 호해의 형의 아들이다. 본기에 시황제의 동생이라 한 것은 손자(孫子)의 잘못이다. 몽염·몽의 형제를 구하려 2세 황제에게 간언을 했지만 받아들여지지 않았다. 2세 황제 뒤에 조고에 의해서 진왕으로 세워졌지만 조고의 살의를 느껴 역으로 찔러 죽였다. 유방(劉邦)에게 항복하고 항우(項羽)에게 살해되었다. 시호는 없다.

진승(陳勝, -B.C.209)

자는 섭(涉)이다. 중국 역사상 최초의 농민반란인 진승·오광(吳廣)의 난의 지도자로서 알려져 있다. 각 지역에서 반진의 난이 일어나는 계기가 되었다.

항우(項羽, B.C.232-B.C.202)

이름은 적(籍)으로 숙부 항량(項梁)과 함께 진승·오광의 난에 호응하여 진을 타도하는 군대를 일으켰다. 조부인 초나라 장군 항연(項燕)이 진왕의 군대에 살해당하여 한을 품고 있었다.

유방(劉邦, B.C.247-B.C.195)

진승·오광의 난에 호응하여 패현(沛縣)에서 군사를 일으켰다. 진 멸망 후, 한왕에서 황제가 되었다.

장한(章邯)

진의 제실재정을 담당하는 소부(少府)를 장악하고 있던 고급관료에서 장군이 되었다. 진승군을 괴멸시키는 세력이 있었지만 항우군에게 패배하여 항복했다. 『조정서(趙正書)』에는 장한이 조고를 살해했다고 전해진다.

왕리(王離)

전국 진 지역 출신. 진의 장군·무성후(武城侯)이다. 왕전·왕분·왕리는 3대에 걸쳐서 진의 장군이 되었다. 처음에는 낭야대각석에 이름을 남겼지만 마지막으로는 진승군과 전투한 후 항우에게 사로잡혀 항복하였다.

> ※ 이사에 대해서는 제2장, 몽염에 대해서는 제4장, 풍겁에 대해서는 제5장, 조고·2세 황제 호해·몽의에 대해서는 제7장을 참조.

참고사료 · 문헌

◆ **출토사료**

마왕퇴한묘백서(馬王堆漢墓帛書) 『천문기상잡점(天文氣象占)』

　　1973년 호남성(湖南省) 장사시(長沙市) 마왕퇴 전한3호 묘에서 출
토된 백서(帛書, 비단책) 중에 『오성점(五星占)』과 『천문기상잡점(天文氣象
雜占)』이라는 두 가지 천문서가 있었다. 전자에는 목성의 움직임,
후자에는 혜성에 대해 기재되어 있다.

　　＊『長沙馬王堆漢墓簡帛集成(장사마왕퇴한묘간백집성)』壹(전7권), 중
　　　화서국(中華書局), 2014년

수호지진간(睡虎地秦簡)

　　1975년 호북성(湖北省) 운몽현(雲夢縣) 수호지11호묘에서 출토된
1,155매의 진대 죽간. 농경생산 · 창고 · 재정 등의 법률 · 법률문
답집 · 재판문서를 포함한다. 법률문서는 그 후 용강진간(龍崗秦簡),
왕가대(王家臺)15호 진묘죽간(秦墓竹簡), 악록진간(嶽麓秦簡)에서도 볼
수 있다.

　── 『편년기(編年記)』 : 피장자(被葬者)인 진 남군의 현(縣) 관리(이름은
희/喜)의 연대기. 진 소왕(昭王) 원년부터 시황제 30년까지의 연대기
에 일족의 기사를 사이에 넣었다. 시황제 동시대의 연대기로서 귀
중한 사료이다.

　── 『일서(日書)』 : 법제문서와 함께 일서라고 이름 붙여진 점책이

있는데, 사람의 일생과 관련된 출생·임관·성인·혼인·여행·질병 외에도 농경·제사·이민·전쟁·꿈 등 하루의 길흉을 보고 행동했다는 것을 알 수 있다. 시황제의 행동도 『일서』에 규제되고 있었던 것으로 보인다. 『일서』는 이 외에도 방마탄(放馬灘)1호 진묘죽간, 악산(岳山)36호 진묘목독(秦墓木牘), 왕가대15호 진묘죽간, 주가대(周家臺)30호 진묘죽간, 북경대학소장진간에서도 볼 수 있다.

── 목독(木牘) : 1975-76년 호북성 운몽현 수호지4호묘에서 출토된 통일 전 진대의 목독 2매. 전쟁터에서 고향에 보낸 서간.

── 『위리지도(爲吏之道)』 : 51매의 죽간에 5단으로 나누어 철한 관리의 입문서.

  * 수호지진묘죽간정리소조(睡虎地秦墓竹簡整理小組) 『睡虎地秦墓竹簡(수호지진묘죽간)』 문물(文物)출판사, 1977, 1978년

  * 수호지진묘죽간정리소조(睡虎地秦墓竹簡整理小組) 『睡虎地秦墓竹簡(수호지진묘죽간)』 문물(文物)출판사, 1990년

장가산한간(張家山漢簡)

1983년 호북성 형주구(荊州區) 장가산247호 전한묘에서 출토된 1,000매 이상의 죽간. 전한 초기의 법률문서가 발견되었는데, 이는 최초의 체계적인 한률(漢律)의 발견이다.

── 『주언서(奏讞書)』 : 상급관청에 재판의 재심을 묻는 문서. 22건의 재판사례 중에서 4건의 진대 사례를 볼 수 있다. 소도둑(시황 원년)·밀통(시황 원년)·강도상해(시황 6년)·전장 도망(시황 27년)의 네

가지 사건이다.

 * 장가산한간247호 한묘죽간정리소조(張家山漢簡二四七號漢墓竹

 簡 整理小組)『張家山漢墓竹簡(장가산한묘죽간) [247호묘]』문물(文

 物)출판사, 2001년

악산진간(岳山秦簡)

 1986년 호북성 강릉(江陵) 악산강(岳山崗)36호 진묘에서 출토된
목독 2매. 내용은 일서.

 * 강릉현 문물국(江陵縣文物局)·형주지구 박물관(荊州地區博物館)

 「江陵岳山秦漢墓(강릉악산진한묘)」『考古学報(고고학보)』2000년

 제4기

천수방마탄진간(天水放馬灘秦簡)

 1986년 감숙성(甘肅省) 천수시(天水市) 방마탄1호 진묘에서 472매
의 죽간이 출토되었는데, 『일서』와 「지괴고사(志怪故事)」라는 죽은
자가 소생해 사후의 세계를 이야기하는 내용을 볼 수 있다. 진왕
조정(趙正) 즉위 초기의 문서로서 중요하다. 시황제 시대에 관계된
감숙성의 출토문서는 드물다.

 * 감숙성 문물고고연구소(甘肅省文物考古研究所) 편『天水放馬灘

 (천수방마탄)』중화서국(中華書局), 2009년

용강진간(龍崗秦簡)

 1989년 호북성 운몽현 용강6호 진묘에서 출토된 목독 1매, 죽
간 150여 매. 진 통일 후의 금원(禁苑)·치도(馳道)·마우양(馬牛羊) 관
리·토지임대에 관한 법률문서.

* 유신방(劉信芳) · 양주(梁柱)『雲夢龍崗秦簡(운몽용강진간)』과학(科學)출판사, 1997년

* 중국문물연구소(中國文物研究所) · 호북성 문물고고연구소(湖北省文物考古研究所編) 편『龍崗秦簡(용강진간)』중화서국(中華書局), 2001년

양가산진간(楊家山秦簡)

1991년 호북성 강릉현 형주진 양가산135호 진묘에서 출토된 죽간 75매. 내용은 견책(遣策, 부장품의 목록).

* 형주지구 박물관(荊州地區博物館)「江陵楊家山一三五號秦墓發掘簡報(강릉양가산135호 진묘발굴간보)」『文物(문물)』1993년 제8기

왕가대진간(王家臺秦簡)

1993년 호북성 강릉현 형주진 왕가대15호 진묘에서 출토된 죽간 800여 매. 내용은 진률(秦律) · 일서(日書) · 역점(易占).

* 형주지구 박물관(荊州地區博物館)「江陵王家臺一五號秦簡(강릉왕가대15호 진간)」『文物(문물)』1995년, 제1기

주가대진간(周家臺秦簡)

1993년 호북성 사시(沙市) 주가대30호 진묘에서 출토된 죽간 387매, 목독 1매. 점술 · 역보(曆譜) · 의서(医書) · 농서 등이 기재되어 있다.

── 『역보(曆譜)』: 시황 36, 37년, 2세 황제 원년의 역보라는 달력. 34년의 역보는 1년간의 간지(干支)와 피장자인 관리의 출장기록. 목독은 2세 황제 원년 12개월간의 삭일(朔日)의 간지와 대

(大)·소월(小月)의 차이가 기록되어 있다.

     * 『關沮秦漢墓簡牘(간저진한묘간독)』중화서국(中華書局), 2001년

리야진간(里耶秦簡)

    2002년 호남성 상서토가족묘족 자치주(湘西土家族苗族自治州) 용산현(龍山縣) 리야고성(里耶古城)의 오래된 우물에서 발견된 약 3만 8천매의 시황 25년부터 2세 황제 2년까지의 연대를 포함한 간독. 2005년에 고성의 해자에서 발견된 51매의 간독도 포함한다. 동정군(洞庭郡) 천릉현(遷陵縣)의 공문서로 인구·토지·세금·관리·형도·도로·병기 관리 등의 내용.

—— 8-461호간 : 리야진간 가운데 1매의 목독(木牘)이 있는데 진조판(秦詔版), 진조령독(秦詔令牘) 등으로 불리며 통일 무렵 중앙에서 내려진 조서(詔書)의 내용이 조목별로 작성되어 있다. 본서에서는 조서판(詔書版)으로 부르도록 한다.

     * 호남성 문물고고연구소(湖南省文物考古研究所) 편저 『里耶秦簡
      (리야진간)』壹(전5권), 문물(文物)출판사, 2012년

     * 진위(陳偉) 주편 『里耶秦簡牘校釋(리야진간독교역)』제1권, 무한
      (武漢)대학출판회, 2012년

     * 호평생(胡平生) 「里耶秦簡八—四五五號木方性質芻議(리야진간
      8-455호 목방성질추의)」무한(武漢)대학 간백연구중심주변(簡帛研
      究中心主辯) 『簡帛(간백)』제4집, 2009년

     * 와나니베 히데유키(渡邊英幸) 「리야진간 '갱명편서' 시석—
      통일 진의 국제변혁과 피휘규정(里耶秦簡 「更名扁書」試釋—統
      一秦の国際変革と避諱規定)」『고대문화(古代文化)』제66권 제4호,

2015년

악록진간(嶽麓秦簡)

2007년 호남대학 악록서원이 홍콩에서 구입한 2,176매의 진대 죽간. 2006년에 홍콩 소장가가 기증한 76매의 죽간도 포함한다. 관리의 출장일지 · 관리의 입문 · 꿈 해몽 · 산수서 · 상급관청에 대한 재심서 · 진의 율령 등의 내용.

—— 『주언서(奏讞書)』: 재판의 구체적 사례를 통해 통일 전후의 지방사회 실태를 알게 해주는 귀중한 사료이다. 살인 · 사기 · 절도 · 전지(戰地) 이탈 · 도망 · 문서위조 · 간통 등 다채로운 사건의 내용이 담겨 있다.

—— 『위리치관급검수(爲吏治官及黔首)』: 86매에 4단으로 구분하여 엮은, 관리가 관과 서민을 다스리는 입문서.

—— 『점몽서(占夢書)』: 48매의 죽간에 꿈 이론과 구체적인 해몽이 기재되어 있고, 『점몽서』로 불리고 있다. 수호지진간의 『일서』에서도 꿈이라는 표제의 항목이 있었으나, 그보다 구체적인 내용이라서 귀중하다.

—— 『질일(質日)』: 악록진간에서는 역보를 질일로 표기하며, 시황 27, 34, 35년의 달력에 관리의 출장을 기입한 것.

* 주한민(朱漢民) · 진송장(陳松長) 주편 『嶽麓書院藏秦簡(악록서원장진간)』 壹(질일 · 위리치관급검수 · 점몽서), 貳(수서/數書), 參(주언서/奏讞書), 肆(율령/律令), 상해사서(上海辭書)출판사, 2010-14년

* 진송장(陳松長) 『嶽麓書院藏秦簡的整理與研究(악록서원장진간적
  정리여연구)』 중서서국(中西書局), 2014년
* 이케다 유이치(池田雄一) 편 『한대를 거슬러오른 주언——중
  국고대의 재판기록(漢代を遡る奏讞—中国古代の裁判記録)』 규코
  쇼인(汲古書院), 2015년

북경대학소장한간(北大漢簡)

　2009년 북경대학에 기증된 3,346매의 전한 무제기의 죽간, 북
대한간으로 불리고 있다. 『노자(老子)』, 『창힐편(蒼頡篇)』(자서/自序), 『조
정서(趙正書)』 외에도 『일서』, 『우서(雨書)』, 『육박(六博)』(주사위 점) 등의
점술, 『혼백부(魂魄賦)』, 『망계(妄稽)』 등의 문학소설을 볼 수 있다.

　—— 『조정서(趙正書)』 : 50매(원래는 51매, 2매를 접합함)의 죽간에 진왕
조정을 둘러싼 만년의 고사를 약 1,500자로 기록한 것. 『사기(史
記)』 「진시황본기」와는 전혀 다른 내용을 엿볼 수 있다. 『사기』 보
다도 조금 빠른 무제 전반기에 작성된 것으로 추정된다. 예서(隷書)
의 글자체는 단정한 한예(漢隷)인데 오른쪽을 약간 올라가게 쓰는
파세(波勢)가 있어 전한 초기의 소전(小篆)적 예서와는 다르다.

* 북경대학 출토문헌연구소(北京大学出土文献研究所) 『北京大學藏
  西漢竹書墨迹選粹(북경대학장서한죽서묵적선수)』 2012년
* 조화성(趙化成) 「北大藏西漢竹書<趙正書>簡說(북대장서한죽서 <조
  정서> 간설)」 『文物(문물)』 2011년 제6기
* 후지타 다다시(藤田忠) 「북경대학장서한죽서 『조정서』에 대해
  서(北京大學藏西漢竹書 『趙正書』について)」 『국토관인문학(国士館人文
  学)』 제2호, 2012년

북경대학소장진간(北大秦簡)

2010년 북경대학에 기증된 진대의 죽간 762매, 목간 21매. 시황 31, 33년의 질일(관리의 출장일지를 역보에 기입한 것)·산서(算書)·일서(日書)·의서·구구표(九九表)·전서(田書)·도리서(道里書, 수륙교통로)·사축지도(祠祝之道)·선여자지방(善女子之方) 등 다채로운 내용.

―― 『종정(정)지경(從正(政)之經)』: 46매에 4단으로 나누어 철한 관리의 입문서.

* 북경대학 출토문헌연구소(北京大學出土文獻研究所) 「北京大學藏秦簡槪述(북경대학장진간개술)」『文物(문물)』 2012년 제6기

* 이령(李零) 「北大秦牘『泰原有死者』簡介(북대진독 「태원유사자」 간개)」 『文物(문물)』 2012년, 제6기

* 주봉한(朱鳳瀚) 「北大藏秦簡『從政之經』述要(북대장진간 「종정지경」 술요)」 『文物(문물)』 2012년, 제6기

익양진간(益陽秦簡)

2013년 호남성 익양시(益陽市)의 오래된 우물에서 발견된 전국·진한·삼국시대의 목독·죽간 약 5000매

* 「湖南益陽兎子山遺址二○一三年發掘收穫(호남익양토자산유지 2013년 발굴수확)」 『二○一三年中國重要考古發見(2013년 중국 중요고고발견)』 문물(文物)출판사, 2014년

◆ 참고문헌

〈제1장〉

산서성고고연구소(山西省考古研究所)·진성시 문화국(晋城市文化局)·고평시 박물관(高平市博物館)「長平之戰遣社永録一號尸骨坑發掘簡報(장평지전견사영록일호시골갱발굴간보)」『文物(문물)』1996년, 제6기 구도 모토오(工藤元男)『수호지진간으로 보는 진대의 국가와 사회(睡虎地秦簡よりみた秦代の国家と社会)』소분샤(創文社), 1998년

구도 모토오(工藤元男)『점과 중국 고대 사회(占いと中国古代の社会)』도호쇼텐(東方書店), 2011년

〈제2장〉

후지타 가쓰히사(藤田勝久)『사기전국열전 연구(史記戦国列伝の研究)』, 규코쇼인(汲古書院), 2011년

후지타 가쓰히사(藤田勝久)『사기진한사 연구(史記秦漢史の研究)』규코쇼인(汲古書院), 2015년

히라세 다카오(平勢隆郎) 편저『신편사기동주연표(新編史記東周年表)』도쿄(東京)대학 동양문화연구소 보고, 1995년

〈제3장〉

니시지마 사다오(西嶋定生)「노애의 난에 대하여(嫪毐の乱について)」『중국 고대국가와 동아시아 세계(中国古代国家と東アジア世界)』도쿄대학출판회, 1983년, 제1편 제6장

〈제4장〉

쓰루마 가즈유키(鶴間和幸)「진시황제 제전설의 성립과 사관―사수에서의 주정 인양 실패 전설과 형가의 진왕 암살미수사건(秦始皇帝諸伝説の成立と史實―泗水周鼎引き上げ失敗伝説と荊軻秦王暗殺未遂伝説)」『진제국의 형성과 지역(秦帝國の形成と地域)』규코쇼인(汲古書院), 2013년, 제2편 제4장

〈제5장〉

구리하라 도모노부(栗原朋信)『진한사 연구(秦漢史の研究)』요시카와코분칸(吉川弘文館), 1960년

구리하라 도모노부(栗原朋信)「진과 한 초기의 '황제' 호에 대하여(秦と漢初の「皇帝」號について)」『상대일본의 대외관계 연구(上代日本対外関係の研究)』요시카와코분칸(吉川弘文館), 1978년

니시지마 사다오(西嶋定生)「황제 지배의 성립(皇帝支配の成立)」전게『중국 고대국가와 동아시아 세계(中国古代国家と東アジア世界)』제1편 제2장

아사노 유이치(浅野裕一)『황로도의 성립과 전개(黄老道の成立と展開)』소분샤(創文社), 1992년

히라세 다카오(平勢隆郎)『사기의 '정통'(史記の「正統」)』고단샤(講談社)학술문고, 2007년

왕예(王睿)『八主祭祀研究(팔주제사연구)』북경(北京)대학박사연구생 학위논문, 2010년

쓰루마 가즈유키(鶴間和幸) 「진제국의 성립과 동방세계―시황제의 동방순수경로의 조사를 바탕으로(秦帝国の形成と東方世界―始皇帝の東方巡狩経路の調査をふまえて)」전게 졸저, 제1편 제3장

쓰루마 가즈유키(鶴間和幸) 「진시황제의 동방순수각석으로 보는 허구성(秦始皇帝の東方巡狩刻石に見る虛構性)」전게 졸저, 제1편 제4장

중국국가박물관 전야고고연구 중심(中國國家博物館田野考古研究中心) 외 『連雲港孔望山(연운항공망산)』 문물(文物)출판사, 2010년

쓰루마 가즈유키(鶴間和幸) 「秦都咸陽與秦始皇陵(진도함양여진시황릉)」 『史念海先生百年誕辰紀年學術論文集(사념해선생백년탄신기년학술론문집)』 산시(陝西)사범대학출판총사유한공사, 2012년

〈제6장〉

후지타 가쓰히사(藤田勝久) 「영거와 상사태―계림지구의 수리유적(靈渠と相思埭―桂林地区の水利遺跡)」 『'사회과'학 연구(『社会科』学研究)』 제13호, 1987년

유아사 구니히로(湯浅邦弘) 『죽간학 중국 고대사상 탐구(竹簡学 中国古代思想の探究)』 오사카(大阪)대학출판회, 2014년

쓰루마 가즈유키(鶴間和幸) 「진시황제의 중화제국을 향한 꿈(秦始皇帝の中華帝國への夢)」 NHK '중국문명의 수수께끼(中国文明の謎)' 취재반 『중하문명의 탄생―지속되는 중국의 원천을 살펴보다(中夏文明の誕生―持続する中国の源を探る)』 고단샤(講談社), 2012년

쓰루마 가즈유키(鶴間和幸) 「秦始皇與孔子―関于焚書坑儒的反省(진

시황여공자—관우분서갱유적반성)」『史林揮塵 紀念方詩銘先生學術論文集(사림휘진기념방시명선생학술론문집)』상해고적(上海古籍)출판사, 2015년

쓰루마 가즈유키(鶴間和幸)「진 장성 건설과 그 역사적 배경(秦長城建設とその歷史的背景)」전게『제국의 형성과 지역(帝国の形成と地域)』제3편 제5장

〈제7장〉

이개원(李開元)『復活的歷史 秦帝國的崩壞(부활적역사 진제국적붕괴)』중화서국(中華書局), 2007년

오자와 겐지(小沢賢二)「전세본『좌전』의 천문역법 데이터 재검증을 통해 보는 절강대『좌전』의 유용성(伝世本『左伝』の天文暦法データ再検証から見た浙江大『左伝』の有用性)」(아사노 유이치(浅野裕一)・오자와 겐지(小沢賢二)『절강대『좌전』진위고(浙江大『左伝』真偽考)』규코쇼인(汲古書院), 2013년)

모리 나고미(森和)「진인의 꿈—악록서원장진간『고몽서』초탐(秦人の夢—岳麓書院藏秦簡 『占夢書』 初探)」『일본진한사 연구(日本秦漢史研究)』제13호, 2013년

〈제8장〉

모미야마 아키라(籾山明)『중국 고대소송제도 연구(中国古代訴訟制度の研究)』교토(京都)대학학술출판회, 2006년

미야자키 이치사다(宮崎市定)「사기이사열전을 읽다(史記李斯列伝を読む)」『미야자키 이치사다 전집(宮崎市定全集)』제5권, 이와나미쇼텐(岩

波書店), 1991−93년, 『사기열전초(史記列伝抄)』국서간행회, 2011년)

후지타 가쓰히사(藤田勝久) 『항우와 유방의 시대 진한제국흥망사 (項羽と劉邦の時代　秦漢帝国興亡史)』고단샤선서메티에(講談社選書メチエ), 2006년

쓰루마 가즈유키(鶴間和幸) 『시황제릉과 병마용(始皇帝陵と兵馬俑)』고 단샤(講談社)학술문고, 2004년

쓰루마 가즈유키(鶴間和幸)・에타야 마사히로(惠多谷雅弘) 감수 외 『우주와 지하로부터의 메시지─진시황제릉과 그 자연환경(宇宙と地 下からのメッセージ─秦始皇帝陵とその自然環境)』D−CODE, 2013년

에타야 마시히로(惠多谷雅弘)・쓰루마 가즈유키(鶴間和幸) 외 「위성 데이터를 이용한 진시황제릉의 능원공간에 관한 고찰(衛星データを用 いた秦始皇帝陵の陵園空間に関する一考察)」 『중국고고학(中国考古学)』제14호, 2014년

단청파(段清波) 『秦始皇帝陵園考古研究(진시황제능원고고연구)』북경(北 京)대학출판사, 2011년

시황제 관계 연표

본 연표는 사마천『사기』를 기초로 하여 종래 언급되었던 연대를 중심으로 근년 발굴된 새로운 사료에서 밝혀진 내용을 추가하여 구성했다.『사기』와 다른 사료의 차이가 있는 내용이나 새롭게 알게 된 사실로서 다른 사료의 보충, 또한 시기를 명확하게 특정할 수 없는 사안에 대해서는 〈 〉안에 표기했다. 진력(秦曆)에서는 겨울의 시작인 10월을 한 해의 시작으로 하여 새로운 왕이 즉위한 때는 연초인 10월까지 기다려서 이 시점부터 새로운 연호(年號)로서의 원년, 2년……이 된다. 태양력인 서력(西曆)은 정월(1월)부터 시작되기 때문에 진력의 연초는 서력(율리우스력)에서는 전년도에 포함되지만 편의상 1월 이후의 서력을 함께 표시해둔다. 진하게 표기한 부분은 특히 중요한 사실을 나타낸다.

소왕 42년(昭王, B.C.265)

진의 안국군(安國君), 아버지인 소왕의 태자가 된다. 진(秦)이 조(趙)의 세 개의 성(城)을 점령하였다. 〈이 무렵 상인 여불위(呂不韋)가 조나라의 수도 한단(邯鄲)에서 진의 질자(質子)인 자초(子楚)를 만난다.〉

소왕 46년(B.C.261)

조의 염파(廉頗)장군이 장평(長平)에서 진나라 군대를 맞이하여 격파한다. 〈이 무렵 여불위는 진에 들어가 자초를 안국군의 후계로

만들기 위한 약속을 맺는다.〉

소왕 47년(B.C.260)

진이 장평의 조나라 진영을 공격한다. 〈진과 조나라 사이의 치열한 장평 전투가 시작된다.〉

〈여불위열전에 의하면, 조정(趙正)의 탄생으로부터 12개월 거슬러 올라가면 이 해 정월 무렵에 조희(趙姬)가 여불위의 아이를 회임한 것이 되는데 의심스럽다.〉

자초는 여불위의 저택에서 조희를 만난다. 〈진시황본기에 의하면, 조정 탄생으로부터 10개월 거슬러 올라가면 3월 무렵에 조희가 자초의 아이를 회임한 것이 된다.〉

9월, 진의 백기(白起)장군이 조나라 병사 40여만 명을 장평에서 속여 생매장한다.

소왕 48년(B.C.259) [조정(趙正) 1세] [연령은 태어난 해를 1세로 하는 세는나이]

정월, 정전(停戰). **조나라 수도 한단에서 조정이 탄생한다.**

진이 무안(武安)을 공격하여 한단에 가까이 간다.

소왕 49년(B.C.258) [조정 2세]

10월, 진의 오대부(五大夫) 왕릉(王陵)이 한단을 공격하기 시작한다.

정월, 진은 왕릉군을 증병하여 한단을 공격하지만 함락하지 못한다.

소왕 50년(B.C.257) [조정 3세]

10월, 진의 무안군(武安君) 백기는 유죄로 인해 유형(流刑)에 처해진다. 〈백기는 장평전투 후 한단 공격에는 반대하여 참가하지 않

았다.〉

진의 왕흘(王齕) 장군이 왕릉을 대신하여 한단을 포위한다. 조의 평원군(平原君)이 친히 나가 싸우는 가운데 위나라의 신릉군(信陵君)과 초나라 춘신군(春申君)의 원군이 당도하였고, 진은 한단을 17개월이나 공격하였으나 함락하지 못했다. 〈이 무렵 여불위와 전국삼군(戰國三君)이 한단에 있었던 것으로 추정된다.〉

자초는 여불위의 공작으로 전란의 와중에 한단을 탈출하여 진나라 군의 보호 아래 귀국한다. 〈조정은 어머니와 함께 한단에 남겨져 살해당할 위기에 처하나 어머니의 집에 몰래 숨겨져 목숨을 건진다.〉

11월 백기가 재차 유죄를 받아 죽는다. 임종 때에 장평전투를 회고한다.

소왕 51년(B.C.256) [조정 4세]

진나라 군은 한단의 남쪽 신중(新中)으로 방향을 바꾸지만 한(韓) · 위(魏) · 초(楚)의 원군에게 공격을 받고 철퇴한다.

소왕 52년(B.C.255) [조정 5세]

진은 동서로 분열되어 있던 서주군(西周君)을 복속시키고 주나라의 구정(九鼎)을 얻는다. 〈주나라가 멸망하고 주진(周秦)혁명이 일어났다.〉

소왕 56년(B.C.251) [조정 9세]

가을(7~9월), 소왕이 세상을 떠난다(「진본기(秦本紀)」). 〈『편년기(編

年記)」를 통해 윤달 후9월로 판명.〉

10월 기해(己亥), 효문왕(孝文王)이 즉위한다. 〈『편년기』를 통해 연말 이후 9월 28일로 수정.〉

10월 신축(辛丑), 효문왕이 세상을 떠난다. 〈『편년기』를 통해 연말 이후 9월 30일로 수정.〉

〈조정과 자초부인인 조희가 이 무렵 귀국.〉

효문왕(孝文王) **원년**(B.C.250) [조정 10세]

장양왕(莊襄王) 즉위. 〈『편년기』를 통해 해가 바뀐 10월로 판명. 장양왕이 즉위하였으나 돌아가신 아버지를 존중하여 효문왕 원년으로 한다.〉

죄인의 은사(恩赦), 선왕(소왕)의 공신에 대한 우대, 왕족에 대한 후대를 행한다. 〈『진본기』는 효문왕의 시책이라고 하지만 효문왕은 생존해 있지 않으므로 장양왕의 기사를 그대로 전재(轉載).〉

장양왕(莊襄王) **원년**(B.C.249) [조정 11세]

여불위가 진의 상방(相邦, 승상)이 된다.

진이 동주군(東周君)을 복속시킨다. 태원군(太原郡)을 설치한다.

죄인에게 은사를 베풀고, 선왕(효문왕)의 공신에 대한 후대를 한다. 〈『진본기』는 전년과 거의 같은 내용.〉

장양왕 2년(B.C.248) [조정 12세]

진의 장군 몽오(蒙驁)가 조나라의 유차(楡次) 등 37성을 공격한다. 〈『진본기』는 장양왕 3년.〉

장양왕 3년(B.C.247) [조정 13세]

5월 병오(丙午), 장양왕이 세상을 떠나고 **조정이 진왕(秦王)으로 즉위한다.** 〈「진본기」는 장양왕 4년이라고 되어 있는데 『편년기』에서 보듯이 3년이 맞다.〉

시황(始皇) 원년(B.C.246) [조정 14세]

여산릉(酈山陵, 시황제릉)의 조영이 시작된다.

한(韓)나라 정국(鄭國)이 진에 들어가 **도랑(정국거/鄭国渠)의 조영을** 시작한다.

〈3, 4, 5, 7, 8년의 진왕 조정의 연호를 새긴 상방 여불위의 청동무기가 있다.〉

〈장가산한간(張家山漢簡) 『주언서(奏讞書)』에 의하면 이 해 소를 훔친 죄로 복역하고 있던 자가 재심을 청구하여 받아들여졌는데 중앙 정위(廷尉)의 판단으로 현(縣)의 오심이 분명하게 밝혀져 원죄(冤罪)가 해소된다. 또한 같은 문서에 의하면 죽은 남편의 상중에 관(棺) 앞에서 다른 남성과 관계를 가졌던 여성이 죽은 남편의 부모에 대한 불효죄에 해당되는지가 심의되었는데 중앙의 정위에서는 대논의가 일어나 결국 처벌받지 않게 되었다.〉

시황 4년(B.C.243) [조정 17세]

연(燕)나라 태자 단(丹)이 진의 질자(質子)가 되어 함양(咸陽)에 체재.

시황 5년(B.C.242) [조정 18세]

위(衞)나라 복양(濮陽)에 진이 동군(東郡)을 설치한다. 〈위나라 사람

형가(荊軻)는 고향을 잃는다.〉

시황 6년(B.C.241) [조정 19세]

위군(衛君)이 복양에서 야왕(野王)으로 추방된다. 〈이때 형가도 위나라를 떠나는가?〉

〈장가산한간『주언서』에 의하면 이 해 수도 함양에서 발생한 강도상해라는 어려운 사건을 옥리(獄吏)가 현장에 남겨진 흉기와 시장에 출입하는 사람들에 대한 탐문을 통해 훌륭하게 해결했다.〉

시황 7년(B.C.240) [조정 20세]

혜성(彗星)이 동쪽에서 나와 북쪽에 나타났고 5월에는 서쪽에 나타난다.

장군 몽오 사망. 혜성이 재차 16일간 서쪽에 나타난다. 하태후(夏太后)가 세상을 떠난다.

시황 8년(B.C.239) [조정 21세]

진왕의 동생인 장안군(長安君) 성교(成蟜)가 조나라를 공격하는 도중에 반란을 일으켜 군리(軍吏)와 함께 살해된다.

하수(河水, 황하)의 물고기가 강을 거슬러 올라갔다. 〈홍수인가?〉

이 시기를 전후하여 정국이 간첩(間諜)이라는 것이 발각되어 살해될 뻔했으나 진왕에게 이로움을 말하여 가까스로 살아남는다.(하거서/河渠書) 〈이사열전(李斯列傳)에서는 이것을 계기로 외국인 배척의 풍조가 높아졌고 후에 이사(李斯)의 반축객령(反逐客令)이라는 상서로 이어진다고 말한다.〉

〈방마탄(放馬灘)1호 진묘죽간(秦墓竹簡)에 8년 8월 기사(己巳, 해당하는 간지는 없음)의 고사가 보인다. 10년 전에 매장된 남자가 10년 후에 다시 살아난 기괴한 일로 지괴고사(志怪故事)라고 명명되었다.〉

노애(嫪毐)가 장신후(長信侯)로 봉해져 진나라 국외의 동쪽(산양과 태원)에 광대한 영지를 가진다.

시황 9년(B.C.238) [조정 22세]

초나라 춘신군 황헐(黃歇, 유왕/幽王의 아버지로 의심되었던 초나라의 영윤/令尹(승상))이 조나라 사람 이원(李園)에게 살해된다.

(10-12월 겨울인가) 혜성이 나타나 꼬리가 하늘에 퍼졌다.

노애가 옹성(雍城) 근처의 기년궁(蘄年宮)을 공격하려는 음모를 꾸민다는 밀고가 있어 증거를 잡는다. **노애의 난이 일어난다.** 〈노애도 여불위도 동쪽의 외국인으로서 내란사건에 관계된다.〉

진왕은 상방인 창평군(昌平君)과 창문군(昌文君)에게 노애를 선제공격하게 하여 함양에서 싸운다.

노애는 도주하고 현상금이 걸린다.

노애와 그 일당이 체포되어 처형되었고 노애의 측근 및 하인 4천여 가구도 촉(蜀)으로 쫓겨난다.

4월, 진왕은 옹성에 머물며 기유(己酉, 21) 날에 대관(戴冠)을 거행하고 검을 찬다. 〈이때 노애가 진왕을 습격했다는 설이 있다.(여불위열전논찬/呂不韋列傳論贊)〉

4월은 한랭하여 동사하는 자가 있었다.

혜성이 서쪽에서 나타났고 계속해서 북쪽에서 나타났다. 두수(斗宿)에서 남쪽으로 80일간 이동한다.

9월, 노애 일족이 살해되었고 모태후(母太后)의 두 아이도 죽임을 당하였으며 태후는 옹성에 유폐되었다.

시황 10년(B.C.237) [조정 23세]

10월, 상방 여불위가 노애의 난에 연루되어 파면되었고, 모태후는 함양으로 돌려보냈다.

이 해 축객령(逐客令, 외국인 배척령)이 내려졌는데 이사가 반대 의견을 상서했기 때문에 중지된다.

〈「진시황본기」에 의하면 정국보다도 노애의 난을 계기로 축객령이 내려졌던 것이다.〉

시황 12년(B.C.235) [조정 25세]

진왕은 여불위의 복권을 우려해 촉으로 이주할 것을 명하나 여불위는 독을 마시고 자살한다. 여불위를 몰래 매장하여 참례자를 처벌한다.

가을에 촉으로 쫓아낸 노애의 측근이 석방된다.

시황 13년(B.C.234) [조정 26세]

진왕이 하남(河南)에 간다. 정월에 혜성이 나타난다.

시황 14년(B.C.233) [조정 27세]

한비(韓非)가 진을 방문했는데 자살시켰다.

시황 15년(B.C.232) [조정 28세]

진이 대규모의 군사행동을 일으켜 태원군의 낭맹(狼孟), 유차현(楡次縣) 등 37성을 점령한다. 〈이 무렵 형가는 진의 점령지 태원군 유차현에 가는가?〉

〈악록진간(嶽麓秦簡)에 「태원사자서(泰原死者書)」라고 명명된 목독 1매가 있는데 태원(泰原) 즉 태원(太原)에서 죽은 자가 3년 후에 다시 살아나 수도 함양에 가서 사자(死者)의 세계를 말한다는 이야기가 적혀 있다. 배경에 진나라의 태원 공격 전쟁이 있는지도 모르겠다.〉

연나라 태자 단이 귀국한다.

〈병마용갱에서 출토된 청동무기에 15, 16, 17, 18, 19년의 진왕 조정의 연호가 있다.〉

시황 16년(B.C.231) [조정 29세]

남자에게 나이를 자진 신고하게 했다. 여읍(麗邑)을 설치한다.

시황 17년(B.C.230) [조정 30세]

진의 내사(內史) 등(騰)이 한왕(韓王) 안(安)을 사로잡는다(한나라 멸망). 화양태후(華陽太后)가 세상을 떠난다.

시황 18년(B.C.229) [조정 31세]

진이 대규모의 군사행동을 일으켜 조나라를 공격한다.

〈악록진간 『주언서』에 의하면 죽은 남편의 재산을 상속받은 여성이 자녀에게 상속시키는 것을 둘러싸고 쟁의가 발생했다. 여성은 전 첩(비/婢)으로 전처가 죽은 다음에 신분이 해방되어 처(妻)가 되었는데 입적해 있지 않았던 것을 알게 되었기 때문이다. 그러나 이미 일족과 마을 사람들에게는 공개되어 있었다. 진에서는 호적주의가 시행되고 있었으나 남쪽의 초나라 지역에서는 마을 공동체의 승인이 중요했다.〉

시황 19년(B.C.228) [조정 32세]

진의 왕전(王翦) 장군이 조왕(趙王) 천(遷)을 사로잡았고, 한단이 진에 항복한다. 〈연세가(燕世家)·전경중완세가(田敬仲完世家)는 조나라 멸망으로 본다.〉

천의 적자 형제인 공자(公子) 가(嘉)가 대(代)땅에서 왕이 된다. 〈육국연표나 조세가(趙世家)의 논찬에서는 조나라의 존속으로 본다.〉

진왕이 한단에 가서 진왕의 외가와 불화가 있던 자들을 생매장한다.

진왕이 태원군을 경유하여 수도로 돌아간다. 모태후가 세상을 떠난다. 〈이 무렵 형가는 조나라 한단에 가는가?〉

남군(南郡)을 경계한다(수호지진간 『편년기』). 〈이 무렵 형가가 연나라에 들어가는가?〉

시황 20년(B.C.227) [조정 33세]

형가가 연나라를 출발하고 역수(易水)에서 전송을 받는다. 〈겨울 무렵인가?〉

형가가 함양에 도착하여 진왕 암살미수사건을 일으킨다. 〈정월

무렵인가?〉

4월 정해(丁亥, 2일), 진이 남군에 경계의 명령을 내린다(수호지진간 「어서(語書)」). 〈사건 후의 조치인가?〉

〈악록진간 『주언서』에 의하면 위나라 점령지에서 항복하여 노예 신분에 떨어진 자가 진나라에 들어가 살인사건을 일으켰다. 현장의 유류품은 물론 탐문조사를 계속하여 결국에는 진범을 잡았다고 한다.〉

시황 21년(B.C.226) [조정 34세]

진의 왕전 장군이 연나라 수도를 공격하고 태자 단의 목을 얻는다.(「진시황본기」) 〈「연세가」에서는 연왕이 요동(遼東)으로 도망가 아들인 태자 단을 베어 진에게 헌상했다고 말한다.〉

한왕(韓王) 사망(「편년기」). 창평군이 초나라로 돌아간다. 〈진왕과 뭔가 알력이 있었는가?〉

시황 22년(B.C.225) [조정 35세]

진의 왕분(王賁) 장군이 위나라의 대량성(大梁城)을 3개월간 물로 공격하여 위왕(魏王) 가(假)를 사로잡는다(위나라 멸망).

〈악록진간 『주언서』에 의하면 12월에 초나라를 공격하는 중에 진인(秦人) 도망자를 체포함. 증언에서 10년 전 열두 살 때에 어머니와 초나라로 도망갔다고 한다. 시황 12년의 해는 마침 촉으로 쫓아냈던 노애의 측근이 석방되었다.〉

시황 23년(B.C.224) [조정 36세]

진의 왕전과 몽무(蒙武) 장군은 초나라 장군 항연(項燕)을 죽인다

(육국연표, 초세가/楚世家, 몽염열전/蒙恬列傳).

4월, 창문군이 세상을 떠난다(『편년기』).

진왕이 몸소 초나라 진(陳)에 나간다.

〈『진시황본기』는 이 해에 초왕(楚王) 부추(負芻)가 사로잡힌 후에 항연이 창평군을 초왕으로 세워 회남(淮南)에서 반란을 일으켰다고 한다.〉

시황 24년(B.C.223) [조정 37세]

〈수호지4호 진묘출토 목독에 의하면, 2월 신사(辛巳, 19일)에 전쟁터에서 고향으로 보낸 서간에서, 진나라군은 회양(淮陽)에서 아직 초나라 성을 공략하고 있었으므로, 초나라는 아직 망하지 않았다.〉

진의 왕전과 몽무 장군이 초왕 부추를 사로잡는다(초나라 멸망).

〈진시황본기에서는 초왕이 되었던 창평군이 사망했고 항연도 자살했다고 한다.〉

시황 25년(B.C.222) [조정 38세]

진의 왕분 장군이 연왕(燕王) 희(喜)를 사로잡는다(연나라 멸망).

진의 왕분 장군이 대왕(代王) 가(嘉)를 사로잡는다(조나라의 멸망으로 봄).

천하에 연회를 허한다(제나라 이외의 5국이 멸망한 것을 축하함).

〈리야진간(里耶秦簡)에 의하면 3월에 승상계(丞相啓)에서 왕관(王綰)

과 전객(典客) 이사(李斯)가 보인다. 전객은 동방제후의 사절을 맞이하는 직무. 악록진간『주언서』에 의하면 이 해에 남군에서 진나라 사람과 초나라 사람이 공모하여 살인사건을 일으킨다.〉

시황 26년(B.C.221) [조정 39세]

①진의 장군 왕분이 제왕(齊王) 건(建)을 사로잡는다(동방 육국 마지막으로 제나라 멸망).

②승상 왕관이 어사대부(御史大夫) 풍겁(馮劫), 정위 이사 등에게 왕을 대신하는 칭호를 논의하게 하여 태황(泰皇)을 제안했는데 진왕은 스스로의 의사로 **황제(皇帝)라는 호칭을 채용한다.** 〈대신이나 박사의 의견에 그대로 따르지 않았던 점이 조정답다.〉

③황제 호칭과 더불어 돌아가신 아버지 장양왕을 태상황(太上皇)으로 칭한다(장양왕 추존). 〈시황제는 아버지에 대한 효행의 자세를 표명했다. 출토사료의 조서판(詔書版)에서도 장왕을 태상황(泰上皇)으로 한다고 기록되어 있다. 대신들이 제안한 태황은 시황제에게 거부되었으나, 아버지의 존호에 사용한 셈이 된다.〉

④사후의 시호 제도를 폐지하고 시황제, 2세 황제, 3세 황제라고 하는 칭호를 사전에 결정해둔다(시호 폐지). 〈황제가 되면 동시에 사후를 생각하고 아버지가 아들에게 군이 신하에게 평가되는 것을 피하고자 했다.〉

⑤전국시대 제나라 사람 추연(鄒衍)이 제창한 오덕종시(五德終始)의 설에 따라, 진을 오덕 중에 화덕(火德)인 주(周)나라를 이기는 수덕

(水德)의 왕조로 한다. 수덕의 계절인 겨울에 맞추어 일 년의 시작은 10월로 한다. 조정의 의복이나 깃발의 색은 수덕의 색인 검은 색으로 하고, 관(冠)이나 가마의 폭, 말도 수덕의 수인 6(6촌, 6척, 6마리)으로 맞추었으며, 하수(황하)도 덕수(德水)로 개명한다(**수덕정치**). 〈오덕설에서는 천(天)의 수는 1, 3, 5, 7, 9의 기수(奇數), 지(地)의 수는 2, 4, 6, 8, 10의 우수(偶數), 오덕의 목(木)은 3, 8, 화(火)는 2, 7, 토(土)는 5, 10, 금(金)은 4, 9, 수(水)는 1, 6이라는 숫자가 배당되었다. 숫자에 연연하는 것은 단순한 숫자 맞추기가 아니라, 우주를 수학으로 해독하는 현대의 과학에 가까운 감각이지 않을까. 진과 동방 육국을 관통하여 흐르는 가장 중요한 대하(大河)를 덕수로 명명한 것은 영원히 바다로 흘러 들어가는 자연의 거대한 순환을 오덕의 덕으로 표현한 것이다.〉

⑥봉건제와 군현제의 가부를 의논하고 정위 이사의 제안에 따라 전 지역에 **군현제**를 시행한다. 36개의 군(郡)을 설치하고 각각의 군에는 중앙에서 수(守, 장관), 위(尉, 군관), 감(監, 감찰관)을 임명하여 파견한다. 〈진은 이미 전국시대부터 점령지에 군을 설치하고, 그 아래 현(縣)을 두어 지배하고 있었다. 그것을 전국화한 것이라고 말할 수 있다. 36은 수덕의 수인 6의 자승수(自乘數). 구체적인 군명은 이미 한대(漢代)에 가면 잊혀져, 2000년까지 여러 설이 분분하게 논의되었다. 리야진간의 발견으로 2000년 이후에 36군 가운데 동정군(洞庭郡)이 들어 있다는 것을 처음으로 알게 되었다.〉

⑦백성의 정식 호칭을 **검수(黔首)**로 바꾸고 큰 연회를 베풀었다. 〈인민을 대하는 황제의 자세를 느낀다. 검(黔)은 흑(黑), 수(首)는 두(頭)를 말하며 서민은 흑발(黑髮)을 노출하므로 이렇게 불렀다. 용강진간(龍崗秦簡), 악록진간, 장가산한간, 리야진간 등에서 검수라는 단어가 보인다.〉

⑧기존 육국의 병기를 수도 함양(咸陽)으로 회수하여 녹인 다음 편종(編鐘)을 거는 대와 그것을 받치는 금인(金人) 12개를 만들고 궁전 안에 놓는다(**무기 몰수와 금인 12개**). 〈무기에는 철과 구리, 양쪽이 있었는데 구리 · 주석 · 납의 합금으로 된 청동무기는 내부가 부식하는 일이 없고, 표면의 녹을 제거하면 예리함을 가지고 있어 철보다도 이점이 많다. 편종이란 음계가 다른 종을 연속하여 매단 것을 말한다. 금인의 무게는 1개가 1,000석(약 30톤)이었다고 한다. 12는 중국의 절대음계인 12율(十二律)과 통한다. 기본음은 9촌의 가장 긴 음률관(音律管)인 황종(黃鐘)에서 번갈아 3분의 1을 줄이고 3분의 1을 늘려서 12율을 정한다. 진은 황종보다도 반음 낮은 8촌의 대려(大呂)를 왕조의 음율로 했다. 시황제는 진의 음률로 된 음악을 궁중에서 연주하며 통일을 축하했던 것일까? 진의 육국 정복을 의미한 12금인은 후한(後漢) 시대에는 서쪽의 이적(夷狄) 정복을 상징하는 것으로 잘못 이해되었다. 장성의 서쪽 기점인 임조(臨洮)에 이적의 옷을 입은 장인(長人)이 나타났던 일을 기념한 것이라고 말하나 시황 26년 시점에는 있을 수 없는 일이다.〉

⑨**도량형의 규격, 차륜(車輪)의 폭, 문서의 형식을 통일**한다.

⑩영토는 동쪽으로는 바다와 조선(朝鮮), 서쪽으로는 임조와 강중(羌中), 남쪽으로는 북향호(北向戶) 지방까지, 북쪽으로는 강(황하)에 따라 요새(장성)를 쌓아서 음산(陰山)에서 요동(遼東)까지 이어진다(**국경 확정**). 〈장성은 전국시대 북변(北邊)의 장성을 남겼을 뿐으로 아직 통일 장성은 구축되지 않았다. 남쪽의 국경도 미확정으로 막연하게만 언급되고 있다.〉

⑪전 지역의 부호(富豪) 12만호를 함양으로 이주시킨다(**함양 이민**). 〈12는 수덕의 수인 6의 2배수로, 목성이 태양을 도는 주기가 12년, 1년이 12개월 등 자연에서 나온 수이다.〉

⑫위수(渭水)의 남쪽 언덕으로 함양성을 확장하고, 역대 진왕의 영묘(靈廟)와 궁전(宮殿), 상림원(上林苑, 전국의 동식물을 모은 정원)을 설치한다(**함양성의 확장**). 〈함양성의 확장은 이후 시간을 들여 행해진다.〉

⑬육국 제후의 궁전을 부수고 함양궁 주변에 재건하였으며, 약탈한 육국의 후궁 여관(女官)과 종(鐘), 태고(太鼓) 등의 악기를 진나라 궁전에 가득 채운다(**동방 육국의 궁전 재건**). 〈이때 동시에 육국의 수도 성곽을 파괴하고 육국의 국경에 있던 내지의 장성을 제거하는 정책이 실시되었다.〉

〈리야진간에는 통일한 이 해에 동정군 천릉현(遷陵縣)에서 발생한 사건이 기록되어 있다. 3월에 징병된 병사의 명부를 작성하고 5월에 향리의 호수를 조정하며, 6월에 월나라 사람의 반란사건을

조사하고, 8월에 현의 공선(公船)을 빌리고서 반환하지 않은 사건을 조사하고 있다.〉

시황 27년(B.C.220) [조정 40세]

시황제는 진의 서쪽 고향 땅으로 처음으로 순행을 나간다(**제1차 순행**).〈진의 역대 제후의 능묘와 사당에 전년에 행해진 천하 통일을 보고했다. 이 노정을 보면 오제(五帝)의 시조 황제(黃帝)의 순행에 따르고 있다. 황제는 낭야(琅邪)의 환산(丸山)에 오르고 태산(泰山)에 갔으며, 서쪽으로 공동산(崆峒山), 계두산(鷄頭山)에 올랐다고 전해진다.〉

위수 남쪽에 세운 신궁(信宮)을 극묘(極廟)로 개칭하여 하늘의 북극성(北極星)을 지상에 투영한다. 이 극묘에서부터 여산(시황제릉)까지를 도로를 만들어 통하게 했다.〈시황제가 세상을 떠나면 극묘는 시황제의 사당이 되므로, 유체를 모신 능과 위패를 모신 사당이 이어지게 된다.〉

위수 남쪽에 새로이 감천(甘泉) 전전(前殿)을 지었고 가리기 위한 측벽을 쌓은 용도(甬道)로 위수 북쪽의 함양궁과 연결시켰다.〈시황제는 위수 남북을, 모습을 드러내지 않고 비밀리에 이동할 수 있었다. 이러한 것들을 통해 북극성을 중심으로 도는 천문(天文)을 지상의 수도와 능묘의 배치에 투영시켜 천하의 중심에 위치하는 함양성으로 만들었다.〉

작위를 한 등급씩 백성에게 하사한다.〈천하통일과 황제 즉위를 기념했다. 죽간 사료에는 작위가 없는 사오(士伍)부터 1급 공사(公士), 2급 상조(上造), 3급 주마(走馬), 4급 불경(不更), 5급 대부(大夫) 등이 보인다. 백성의 작위는 하나씩 가산되어 6급 관대부(官大夫), 7급 공대부(公大夫)를 거쳐 8급 공승(公乘)까지 올라가므로 실제로 작위를 받을 기회는 여러 번 있었다는 것을 알 수 있다.〉

전국에 수도 함양을 중심으로 한 **치도**(馳道, 1급 국유도로망)를 건설한다. 〈함양에서 방사상(放射狀)으로 동쪽으로 퍼진다. 다음 해에 있을 동쪽 지방 순행에 대비하여 도로건설을 시행했다.〉

〈장가산한간『주언서』에 의하면 이 해에 남쪽 지방 창오현(蒼梧縣)에서 반란이 일어나서, 진에 복속한 지 얼마 되지 않은 민중을 징발하여 반란을 진압하려고 했더니 민중이 도망하는 사건이 일어났다.〉

〈리야진간에 의하면 2월에 동정군의 병사를 중앙과 주변 군에 동원하고 있다.〉

시황 28년(B.C.219) [조정 41세]

시황제가 최초의 동방순행에 나가고(**제2차 순행**), 역산(嶧山)과 태산(泰山)에 올라 비석을 세워 진의 덕을 현창한다(역산각석/嶧山刻石, 태산각석/泰山刻石).

태산에서는 노(魯)의 유생들과 봉선(封禪)과 산천(山川) 제사의 순서를 의논한다. 태산의 정상에 오르는 도중, 폭풍우를 만났을 때 수목의 나무 그늘에서 휴식을 취할 수 있었으므로 그 수목에 오대부(五大夫)의 작위를 주었다. 〈이 수목은 오대부 소나무로서 전해진다. 오대부는 20등급의 작위 중에 밑에서 9급. 이로부터 위는 서민이 아닌 고관이 되는 작위이다.〉

태산에서 하늘에 제사를 지내고 그 동남쪽 양부산(梁父山)에서 땅에 제사한다(봉선). 〈태산은 역대 제후가 선망하던 산악, 양부산은 제나라 여덟 신 중에 지주(地主)를 제사하는 장소.〉

발해(渤海) 연안에서 동쪽으로 향해 황현(黃縣), 수현(睡縣)을 통과하여 반도의 돌단(突端)인 성산(成山)에 이르고 다시 지부산(之罘山)에 올라 비석을 세우고 진의 덕을 현창한다(지부각석).

남쪽으로 낭야대(琅邪臺)에 오른다. 시황제는 크게 기뻐하며 3개월 체재한다. 검수 3만호를 낭야대 산기슭으로 이주시키고 그 사람들에게는 12년간 세금을 면제한다. 낭야대의 궁전을 짓고 비석을 세워 진의 덕을 현창했다(낭야대각석).

〈이때 왕분·왕리(王離) 부자와 풍무택(馮毋擇)의 장군 외상(隗狀)과 왕관 두 승상, 정위 이사 등의 문무 관리가 동행하여, 낭야대 해변에서 지금까지 시황제가 걸었던 족적을 회고하고 있다.〉

제나라 사람 방사(方士) 서시(徐市) 등이 글을 올려 바다 속에는 봉래(蓬萊)·방장(方丈)·영주(瀛洲)의 삼신산(三神山)이 있고 선인(僊人, 仙人)이 살고 있다고 말한다. 재계한 후 미혼의 남녀를 데리고 찾으러 가고 싶다고 말하여, 미혼의 남녀 수천 명을 데리고 바다로 나가 선인을 찾는다. 〈삼신산은 발해에 있었을 것이다. 산동반도 봉래에서는 초여름이나 초가을에 신기루(蜃氣樓)가 나타난다. 해면의 저온과 대기 온기의 온도차가 태양광선을 이상하게 굴절시켜 해협의 크고 작은 섬들을 투영하는 것이다.『사기』「봉선서(封禪書)」에서는 삼신산은 구름과 같아서 가까이 가면 물 속에 가라앉아버린다고 한다.〉

시황제가 팽성(彭城)을 지날 때 사수(泗水)강을 재계하고 제사한 후 주정(周鼎)을 건지려고 1,000명을 보내 물에 잠수시켰지만 찾지 못하였다. 〈팽성은 현재의 강소성(江蘇省) 서주시(徐州市)이다. 이 주정은 초나라 장왕(莊王)이 주나라 정왕(定王)에게 정(鼎)의 무게를 물었던 정으로 권력을 노리는 야심을 표하는 말이 되었다. 주정은 하나라 우왕(禹王)이 전국 구주(九州)의 구리를 모아 만들었으므로 구정(九鼎)이라 불렀다고 한다. 주나라 천자가 아홉 개의 정을 가지고 있었다는 설도 있다. 주나라에 봉해진 은(殷)나라 미자계(微子啓)의 송(宋)나라가 전하고 있었다. 시황제는 송에 가까운 팽성에 정이 흘러 다닌다는 전설을 들었던 것인가?〉

서남쪽 방향으로 나아가, 회수(淮水)를 건너 형산(衡山)에서 남군(南郡)으로 나아간다. 〈남군은 오랫동안 초나라를 점령지배하고 있던 때의 거점이었다.『편년기』에 "28년, 지금 안릉(安陵)을 지났다"라는, 이때 시황제가 남군 안릉현을 통과했던 일이 기록되어 있었다.〉

강수(장강)에 배를 띄워 상산(湘山)의 사당에 간다. 그러자 큰 바람이 불어 전혀 건널 수 없었다. 시황제는 동행한 박사에게 상군(湘

君) 신의 유래를 묻자 요(堯)임금의 여식으로 순(舜)임금의 아내라고 말했다. 시황제는 크게 노하여 죄인 3,000명에게 상산의 수목을 통째로 베게 하여 벌거숭이산으로 만든다.

〈시황제는 오제의 마지막 순임금에 매혹되었다. 요임금에게 명을 받은 순임금은 5년 마다 사악(四嶽)에 대한 순행을 반복하고 산천을 제사하며 동방의 군장(君長)을 모아 역(曆)과 음율(音律)과 도량형을 하나로 했다고 한다. 그 순임금은 남순(南巡)을 하던 중에 창오(蒼梧)에서 죽어 구의산(九疑山)에 매장되었다고 한다. 시황제는 여기에 마음을 두었다.〉

시황제는 남군에서 무관(武關)을 거쳐 귀경한다.

시황 29년(B.C.218) [조정 42세]

시황제가 동쪽 지역 순행에 나선다(**제3차 순행**).

산동반도 지부산에 올라, 2개의 비석에 친히 현창문을 새긴다 (**지부각석 · 동관각석/東觀刻石**). 〈지부산은 현재 지부도(芝罘島)라고 하여 육지로 이어져 있는데 당시는 잘잘한 모래톱으로 이어져 썰물 때에만 건널 수 있었을 것이다. 제나라 여덟 신에서는 양기를 제사하는 성지.〉

낭야대에 갔다가 상당군(上黨郡)으로 돌아와 귀경한다. 〈낭야대는 제나라 여덟 신에서는 사계절을 제사하는 성지.〉

시황 30년(B.C.217) [조정 43세]

진시황본기에는 '별다른 일 없음'이라고 기술되어 있으며, 육국연표도 공백인 해. 〈현실에 아무 사건이 없었다고는 생각할 수 없다. 다음 해도 포함해 순행은 하지 않고 수도에서 휴식하고 있었던 것이 된다.〉

〈리야진간에는 9월에 전관(田官)의 보고서가 보인다.〉

시황 31년(B.C.216) [조정 44세]

겨울 12월의 제사 명칭을, 주나라의 동짓달(납월/臘月)에서 은나라에 따라 가평(嘉平)으로 고치고 검수(인민)에게 각 리(里, 촌락)마다 6석의 쌀(정미한 곡물)과 두 마리의 양을 하사해 제사를 시킨다. 정미 곡물(쌀)의 가격은 1석(약 30킬로그램)당 1,600전. 〈전국 각 리에 내린 6석의 쌀 가격은 9,600전이 된다.〉

시황제가 밤에 무사 4명을 데리고 함양 주변을 신분을 숨기고 다녔을 때 난지(蘭池)에서 도적에 습격당했는데 무사가 도적을 죽인다. 20일간에 걸쳐 대수사를 벌였다. 〈난지에 나갔던 목적은 알 수 없다. 신분을 숨기고 다니는 것은, 연나라 사람 방사 노생(盧生)의 말에 군주는 신하에게 그 거처를 알지 못하도록 하면 악기(惡氣)를 피하고 천지와 더불어 장수의 삶을 사는 진인(眞人)이 될 수 있다고 했는데, 그에 따른 것일까? 난지는 위수의 물을 끌어 만든 곳으로 동방 신선의 섬을 쌓고, 돌로 만든 고래를 두었다고 한다. 동방순행의 대체행위였는지도 모르겠다.〉

시황 32년(B.C.215) [조정 45세]

시황제가 발해만 갈석(碣石)에 가서 방사 노생에게 선문고(羨門高)

와 고서(高誓)라는 선인을 찾게 한다(제4차 순행).

갈석문에 문자를 새겼다(갈석각석). 〈갈석은 하북성 진황도시(秦皇島市) 서쪽 갈석산을 가리킨다는 설이 유력했는데, 요녕(遼寧)·하북성 발해 연안에 걸친 거대한 이궁군(離宮群)의 발견으로 그 남쪽에 있는 발해 연안의 문과 같이 서있는 암초(岩礁)라는 것이 확실하게 되었다. 갈석은 1년에 한 번 춘절 무렵의 대조(大潮) 때 육지와 이어진다고 한다.〉

성곽을 허물고 제방을 개통시킨다. 〈사마천은 갈석각석의 글을 통해 이 해의 일로 했으나, 이것은 육국 수도의 성곽과 국경에 있는 장성을 허문 통일 때의 시책이다.〉

한종(韓終), 후공(侯公), 석생(石生)에게 선인의 불사약을 구하라고 시켰다.

시황제가 북쪽 지방을 순회하고 상군(上郡)에서 돌아온다. 〈이때 시황제가 처음으로 북쪽의 국경을 순회했던 이유는 흉노(匈奴) 등의 유목민의 활동이 활발해졌기 때문이다.〉

연나라 사람 노생이 바다에서 돌아와, "진을 망하게 할 자는 호(胡)이다"라는 귀신의 말이 담겨 있는 『녹도서(錄圖書)』라는 예언서를 헌상한다.

시황제는 장군 몽염(蒙恬)에게 30만의 병사를 이끌고 북방의 호(흉노)를 공격하게 하여, 하남(삼면이 황하에 둘러싸인 섬서성 북부부터 내몽골 초원지대)을 점령한다. 〈육국과의 전쟁 이래 다시 새로운 전쟁이 시작

되었다.〉

〈리야진간에는 정월, 4월의 문서가 있다.〉

시황 33년(B.C.214) [조정 46세]

도망간 죄인, 곤궁한 나머지 팔려 데릴사위로 들어간 자, 상인을 동원하여 육량(陸梁) 지역(호남·광동 두 성의 경계지역의 산맥 이남 지역, 영남/嶺南이라고 함)을 점령하여 계림(桂林), 상(象), 남해(南海)의 세 군(郡)을 설치하고 죄인에게 지키게 했다.〈북방의 전쟁에 더하여 남방의 백월(百越)에도 50만의 병사를 보내 대규모의 전쟁을 시작하며 진은 남북 동시 전시체제에 돌입했다. 장강 이남의 남방은 고온다습한 기후 때문에 한랭건조에 익숙한 북방인은 견디기 어렵다. 남방에 이주시켰던 자는 집에서 쫓겨난 사람들이었다.〉

서북쪽에서는 흉노를 쫓아내고 황하를 따라 음산(陰山)산맥 지역까지 34(44)개의 현을 설치하였으며, 황하 부근에 성을 쌓아 요새로 삼았다. 몽염에게 황하를 건너 황하의 북부 지역을 빼앗게 하고 성채를 쌓아 융인(戎人)을 쫓아낸다. 처음으로 설치된 현에는 죄인을 보냈다.

〈하란(賀蘭)산맥과 황하가 병행하는 이 지역에는 장성을 만들지 않고 현성(縣城)을 세워 방위의 거점으로 삼았다.〉

〈리야진간에는 34년 2, 3, 4월의 문서가 있다.〉

시황 34년(B.C.213) [조정 47세]

부정하게 재판을 행한 관리를 보내 장성과 남방의 월(越)지역에 성채를 쌓게 한다. 〈전시체제 속에서 죄인의 노동력만으로는 부족하여 부정한 관리도 동원하려고 했다. 동시에 전국의 치안을 정비하였다. 음산산맥과 황하가 병행하는 이 부분에 돌을 쌓아 장성을 축조했다. 현재까지 부분적으로 남아 있다.〉

시황제는 함양궁에서 주연을 베풀었고 박사 70명이 장수를 기원한다. 복야(僕射) 주청신(周靑臣)은 만이(蠻夷)를 몰아낸 것을 극구 칭송하였다. 박사인 제나라 사람 순우월(淳于越)은 옛일을 본받아 자제(子弟)와 공신을 봉해 보위하도록 할 것을 제안한다. 승상 이사는 여러 유생이 옛것을 배워 지금을 비방하며 검수를 미혹시키고 있으므로 지금을 비방하는 서책을 태워버릴 것을 제안한다(분서/焚書).

〈리야진간에는 10, 6, 7, 8월의 문서가 있다. 8월에 천릉현의 노(弩)의 개수 169건이 확인되는데 백월전쟁과 관계가 있는 것인가. 악록진간에 『질일』문서가 있다.〉

시황 35년(B.C.212) [조정 48세]

구원(九原)에서 운양(雲陽)까지 산을 깎고 골짜기를 메워 직도(直道)를 만들었다. 〈황토고원(黃土高原)은 침식된 골짜기가 대부분으로, 얼마 안 되는 능선(稜線) 위의 평탄한 땅을 남북으로 고르면서 장성까지 직선으로 된 최단거리의 도로를 건설했다.〉

함양의 인구가 늘어 궁정도 협소해졌으므로 위수 남쪽 상림원에 조궁(朝宮)을 만들고 먼저 아방궁(阿房宮)을 조영한다. 아방궁에서 위수를 건너 함양궁으로 이어지는 설계는 각도(閣道, 카시오페아자리)

가 천한(天漢, 은하수)을 건너서 영실(營室, 페가수스자리)에 이르는 별자리를 지상에 투영한 것이다. 〈당시 위수는 현재의 위수보다도 남쪽으로 흐르고 있었다. 2012년 옛 위수의 모래땅 속에서 목제 교각군(橋脚郡)이 발견되었다. 위수를 건너는 다리이며 은하수를 건너는 각도 별자리에 세워진 것이다.〉

죄인 70수만 명을 동원하여 아방궁과 여산(시황제릉)의 건설에 참가시킨다. 〈위수 남쪽의 함양성과 황제릉의 건설은 최종 단계에 접어들어 공사의 완성을 서둘렀다. 악록진간 『사질일(私質日)』에 관리가 함양에 출장 갔던 기록이 역(曆)에 기록되어 있었다. 4월 을해(乙亥, 17일)에 희(戲), 병자(丙子, 18일)에 함양, 을유(乙酉, 27일)에 여읍, 병술(丙戌, 28일)에 다시 희에 숙박하고 있다. 희는 시황제릉의 동쪽, 여읍은 시황제릉을 지키는 도시라는 점에서 정장(亭長) 유방(劉邦)이 사수정장이었을 때 죄인을 여산에 보내는 임무를 맡고 있었던 일과 통한다. 『질일』을 기록한 지방관리도 이 해 아방궁과 여산에 노동력을 보내는 일을 하고 있었던 것인가?〉

궁전의 수는 함곡관(函谷關) 안쪽 관중(關中)에 300채, 관외(關外)에 4백여 채이다. 〈군현의 역소(役所)와는 별도로 전국에 이궁을 증축해나갔다. 이것이 시황제가 순행할 때 숙박하기 위한 행궁이 된다. 이궁 부근에는 국유지 금원(禁苑)을 만들어 자연자원을 확보했다.〉

동해(東海)상의 구현(朐縣) 경계에 비석을 세워 **진의 동문(東門)**으로 삼았다. 〈수도 함양에서 거의 같은 위도의 정동쪽 1,000킬로미터 떨어진 강소성 연운항시(連雲港市) 해안에 동쪽 문을 쌓았다. 함양과 같은 별자리를 볼 수 있는 장소이다. 천하의 중심을 함양에 두고 동쪽 바다와 연결시킨 장대한 중화제국을 목표로 했다.〉

3만 가구를 여읍에, 5만 가구를 운양에 이주시키고 10년간 세금을 면제한다.〈시황제릉을 지키는 도시와 직도의 출발점 도시에 민중을 이주시켰다. 능묘를 지키고 군사도로를 지키려는 목적에서 행해졌다.〉

후생(侯生)과 노생 등이 시황제를 비판했으므로 시황제는 함양에 있는 여러 유생이 검수를 혼란시킨다고 하여 **460여 명을 생매장한다.** 〈『사기』에서는 대상이 여러 유생, 술사(術士)였는데, 후한대에 '갱유(阬儒)'가 되고 당대(唐代)에 그 장소를 '갱유의 자리'라고 일컫게 되었다.〉

〈리야진간에 4월의 문서가 있다.〉

시황 36년(B.C.211) [조정 49세]

형혹(熒惑, 화성)이 심수(心宿)에 접근한다. 〈화성과 동쪽의 성수(星宿)인 심수의 두 붉은 별이 접근하여 불길한 징조로 여겨졌다. 그러나 이 현상은 다음 해에 일어났던 일임을 알게 되었다.〉

운석(隕石)이 동군(東郡)에 떨어져 돌이 된다. 어떤 사람이 그 돌에 **"시황제가 죽고 땅이 나뉠 것이다"**라고 새겼다. 어사를 파견해 누가 한 일인지 조사했으나 찾지 못하자 시황제는 돌이 떨어진 장소의 주민을 모조리 잡아 죽이고 그 돌도 부수었다. 시황제는 기분이 불쾌하여 박사에게 선인(仙人)과 진인(眞人)이 시(詩)와 천하순행의 노래를 짓게 하고 악사들에게 연주시켰다고 한다.

가을에 사자가(운석을 조사하고) 동쪽에서 돌아와 밤에 화음현(華陰縣) 평서(平舒) 길을 통과할 때 옥벽(玉璧)을 가지고 사자를 가로막으며 호지군(滈池君)에게 전해주기를 바란다고 말한 사람이 있었다. 또한 **"금년에 조룡(祖龍)이 죽을 것이다"**라고 예언했다. 사자가 그 이유를 묻자 홀연 모습을 감추었고 옥벽만이 남겨져 있었다고 한다. 옥벽은 시황 28년에 시황제가 장강을 건너다가 빠뜨린 것이다. 〈호지군이란 주나라 무왕(武王)의 수도 호(鎬)에 있던 연못의 수신(水神)을 가리키며 무왕이 은나라 폭군 주왕(紂王)을 토벌한 것을 연상시켜 시황제가 토벌될 것을 예지하고 있다는 기존의 설은 도리어 진상과 멀다. 호지는 함양 아방궁의 서남쪽에 있는데 장강에 빠뜨린 옥벽을 강신(江神)이 거부했다고 여겨 함양에 가까운 연못의 수신에게로 돌아온다는 것이리라. 시황제는 자신의 죽음이 처음으로 예언되었던 것에 충격을 받았다고 여겨지고 있다. "금년에 조룡이 죽을 것이다"라는 예언을 실제로 시황제가 세상을 떠난 '내년'으로 고쳐 쓴 후세의 문헌(『문선(文選)』, 『수신기(搜神記)』)도 있으나 금년으로 놔두는 편이 좋았다.〉

시황제는 점을 쳤는데 순행과 이민(移民)을 하면 길할 것이라고 나왔다. 그래서 북하(北河)와 유중(楡中)에 3만 가구를 이주시키고 작위 한 등급을 부여했다. 〈북하와 유중은 통일장성인 음산장성의 남쪽에 위치하며, 실제로는 북쪽 변경의 방비를 위해 이주시켰던 것이리라. 『사기』에서는 이 옥벽 기사를 이어 받아 펼친 정책으로 본다. 불길한 예언을 해소하는 데는 순행과 이민을 행하는 것이 좋다는 흐름이다. 황제의 행동도 역(曆)을 보고 결정되었다.〉

시황 37년(B.C.210) [조정 50세]

10월 계축(癸丑, 3일)에 시황제가 순행에 나간다(제5차 순행). 좌승상 이사가 동행하고 우승상 풍거질(馮去疾)이 도성을 지켰다. 막내아들 호해(胡亥)가 동행을 바랐기에 허락한다. 〈처음에 남쪽 순행에서 시작해 동쪽 순행을 거쳐 북쪽 순행을 계획하였다. 백월과 흉노와의 전쟁 이후 최초의 순행이다. 계축일을 출발일로 했던 것은 건제(建除)의 점성에 의한 결정이다. 건제란 '건제영평정집파위성수개폐(建除盈平定執破危成收開閉)'와 같이 순환하는 12개의 길흉을 말하며 문자의 의미에서도 알 수 있듯이 '건영평정성수폐(建盈平定成收閉)'는 양일(良日)이고 '제집파위개(除執破危開)'는 기일(忌日)이다. 동지(冬至)인 11월부터 건자(建子), 12월 건축(建丑), 정월 건인(建寅)으로 정해나가면 10월은 건해(建亥)에 해당한다. 즉 10월 최초의 해일(亥日, 1일)이 건(建)이 되고, 바로 이 축일(丑日)이 영(盈)의 양일이 된다.〉

11월에 운몽(雲夢)에 가서 구의산에 매장되어 있는 우(虞), 순(舜)을 아득히 멀리 떨어져 제사한다. 〈운몽택(雲夢澤)은 초나라 이래 자원이 풍부한 토지. 진은 남군을 두고 전국시기부터 점령 지배를 계속해왔다. 출토된 진의 봉니(封泥)에도 좌우의 '운몽승(雲夢丞)'

이 있어 여기서부터 수도로 물자를 보내고 있었던 사실을 알 수 있다. 구의산은 호남성(湖南省) 남단에 있으며 아홉 개의 봉우리가 이어진 산악. 호북성(湖北省) 남단의 운몽에서는 직접 조망할 수 없다.〉

배를 타고 장강을 내려가 부교를 보고 강가에 상륙하여 단양(丹陽)을 지나 전당(錢唐)에 나가 절강(浙江)에 이르렀다. 그러나 파도가 거칠어 건널 수 없었으므로 서쪽으로 120리를 거슬러 올라가 강폭이 좁은 곳에서 건넜다.〈현재의 전당강(錢塘江) 관조(觀潮)에서 볼 수 있듯이 해수의 역류에 조우했던 것은 아닐까? 항주만(杭州灣)은 삼각형으로 크게 퍼져 있으므로, 매년 음력 중추절 직후인 8월 17일 만조 때문에 해수가 파도를 일으켜 단숨에 역류한다. 이 해는 윤달이 연말인 9월 이후에 들어 있으므로 역(曆)의 중추절보다 빨리 고조(高潮)가 절강에 밀려왔던 것일까?〉

회계산(會稽山)에 올라 대우왕(大禹王)을 제사하고 남해를 바라보며 비석을 세워 진의 덕을 노래한다(회계각석).〈하나라 우왕을 제사했던 것도 상고 제왕의 힘에 의지하고자 했기 때문일 것이다. 회계산 기슭에는 우혈(禹穴)이라는 우왕의 묘가 있다. 각석에는 남편이 수컷돼지처럼 불륜행위를 저지르면 죽여도 죄가 되지 않으며 아내가 집을 나가 불의를 저지르면 자식은 어머니로 여겨서는 안 된다와 같이 남방에서도 부부의 윤리를 북방의 엄격한 일부일처제에 따라야 한다고 적혀 있다.〉

오(吳)를 지나 강승(江乘, 장강 하구의 나루터)에서 장강을 건넜다. 〈진 시대의 장강 하구에는 상해는 물론 숭명도(崇明島)라는 장강 하구의 거대한 모래톱도 아직 없었다. 현재의 양주(揚州) 부근이 하구였다.〉

해안을 따라 북상하여 낭야대에 도착한다. 여기서 방사 서시와 만난다. 서시는 바다에 들어가 신약(神藥)을 구했으나 몇 년 동안 얻지 못했다. 견책 받을 것을 두려워하여 큰 상어가 방해하므로, 재차 활을 잘 쏘는 명수를 동행시켜주면 좋겠다고 거짓말을 한다.

시황제가 **해신(海神)과 싸우는 꿈**을 꾼다. 박사에게 해몽을 시키니, "수신(水神)은 눈에 보이지 않으나, 그 주변에 있는 대어(大魚)가 나타나면 그 징후로 한다. 이러한 악신(惡神)을 없애면 선신(善神)이 도래한다"라고 말한다. 〈해신은 시황제에 대치하는 적으로서 등장한다. 바다의 자원에 기대어 사는 사람들도 해신을 두려워하며 제사지냈다. 꿈이기는 하나 시황제의 바다에 대한 무의식적인 두려움을 이해해야 할 것이다.〉

시황제가 친히 노(弩)를 연발하여 대어를 죽이고자 낭야에서 북쪽으로 영성산(榮成山)에 갔으나 대어는 나타나지 않았다. 지부(之罘)에서 커다란 물고기가 나타나서, 한 마리를 사살하고 해안을 따라 서쪽으로 향했다.

시황제는 **평원진(平原津)에서 병에 걸린다.** 〈평원진은 당시 황하의 나루터. 황하의 해안을 따라 거슬러 올라가 그로부터 상륙하려고 했던 것인가?〉

장자 부소(扶蘇)에게 보내는 **유조(遺詔)를 작성**하여 봉인하고, 중거부령(中車府令) 조고(趙高)에게 맡긴다.

7월 병인(丙寅)에 시황제는 **사구(沙丘)의 평대(平臺)에서 붕어한다.** 〈본문에서 상술하고 있듯이, 8월 병인(21일)으로 수정해야 한다.〉

조고는 호해, 이사와 유조를 파기하고 위조(僞詔)를 두 통 작성한다. 하나는 호해를 태자로 하는 것을 승인하고, 또 하나는 장자 부소와 몽염에게 죽을죄를 내리는 내용이다.

순행 행렬은 정경(井陘)으로부터 구원(九原)에 도착하는데 때마침 더울 무렵으로 온량거(輼輬車)의 시황제 유체에서 악취가 났으므로 조칙을 내려 1석의 포어(鮑魚)를 수레에 싣게 하여 악취를 분간하지 못하게 했다. 〈시황제의 죽음을 숨기고 예정대로 북쪽 변경으로 향한다. 출발 전에 실시했던 대흉노 정책인 북변이민(北邊移民)의 성과를 확인할 예정이었을 것이다. 이 땅에서 호해를 태자로 세우는 위조를 발표했다고 여겨진다. 여기서 포어는 전복(鮑)이 아니라 갈고등어와 같이 소금으로 발효시킨 강렬한 냄새를 내는 생선보존식품. 늦더위 시기이니 이미 9월에 들어가 있던 것인가?〉

위조를 받은 부소는 상군(上郡)에서 자살하고 몽염은 양주(陽周), 몽의(蒙毅)는 대(代)에 각각 수감된다. 〈시황제의 죽음은 부소 등 3인에게도 알려지지 않았다. 사절이 위조를 전한 시기는 기록이 없는데, 시황제의 유체를 실은 온량거가 상군을 통과할 무렵으로 추측된다.〉

직도를 통해 함양에 도착한다. 〈직도의 조사 발굴로 인해 몇몇 행궁 유적이 확인되었다. 죽음을 숨기고 있었기 때문에 일부러 서두르지 않고 숙박을 하면서 돌아왔던 것이리라.〉

시황제의 상(喪)을 발표하고 태자 호해가 즉위하여 2세 황제가 된다.

9월에 시황제를 **여산에 매장한다.** 〈이 해는 9월 다음에 윤(閏) 9월이 있어, 후9월로 수정해야 한다.〉

2세 원년(B.C.209) [호해 12세]

10월 무인(戊寅, 5일), 2세 황제가 죄인에게 대사(大赦)를 행한다. 조고는 낭중령(郎中令)이 되어 보위한다.

10월 갑오(甲午, 21일), 2세 황제가 시황제의 유조를 실행한다는 문서를 전국에 내리고 여기서 비로소 시황제라고 부른다(익양진간/益陽秦簡).

2세 황제가 조칙을 내려, 시황제의 침묘(寢廟)에 바치는 희생(犧牲)과 산천 제사에 필요한 공물을 늘린다. 〈시황제릉 분구(墳丘)의 서북쪽에도 침전(寢殿), 서북부에 제사(예제/禮制) 건축군이 있어 시굴 조사가 이뤄지고 있다.〉

11월, 토원(兎園)을 만든다. 〈황제의 수렵용으로 토끼를 사육했을 것이다.〉

봄에 2세 황제가 전국의 순행을 실시하니 시황제가 갔던 갈석, 회계 등을 돌아 요동에서 수도에 돌아온다. 승상 이사가 수행했다. 〈시황제의 각석에는 '황제'라고밖에 적혀 있지 않았으므로, 2세 황제의 조서를 추각(追刻)하여 '시황제'의 칭호를 처음으로 비석에 새기게 되었다.〉

〈주가대진간(周家臺秦簡)의 2세 원년 역보와 리야진간에서는 정월을 단월(端月)로 하여 시황제 조정의 이름을 피하고 있다.〉

2세 황제가 대신 몽의를 죽이고 몽염을 독을 마시게 하여 자살시켰으며 나아가 시황제의 공자 12명을 함양 시장에서 죽이고 10명의 공주(시황제의 딸)를 두현(杜縣)에서 몸을 찢어 처형한다(이사열전). 진시황본기에서는 6명의 공자를 두현에서 죽였다고 말한다. 공자 고(高)는 시황제에 대한 순장(殉葬)을 청해 받아들여진다. 〈2세 황제는 형제자매를 공개 처형했다. 시황제의 막내아들인 2세 황제는 이때 12세, 본기에서는 21세라고도 하나 12세설을 따른다. 2세 황제의 형제를 숙청한 배후에 조고의 지도와 판단을 느낄 수 있다. 2세 황제는 돌아가신 아버지에 대해서는 효행뿐만이 아니라 신하로서 섬겨야 한다고 주장했다. 과거의 행동이 신하의 도리를 지키지 않은 것이므로 사죄를 받을 것인지 순사(殉死)하여 효와 신을 다할 것인지를 공자와 공주들은 추궁당했던 것이다.〉

4월, 2세 황제가 함양으로 돌아간다. 시황제릉의 분구의 흙을 쌓아 올리는 공사가 끝났으므로 아방궁의 공사를 재개시켰다. 전국에서 재사(材士, 능력있는 병사) 5만 명을 징발하여 함양에 주둔시켜 개·말·금수를 활로 맞히는 것을 교련한다.

7월, 북변의 어양(漁陽)에서 **진승(陳勝)·오광(吳廣) 등이 반란을 일으킨다.** 진의 공자 부소와 초나라 장군 항연(項燕)을 자처하고, 진승은 초왕(楚王)이 되어 장초국(張楚國)을 세운다. 〈시황제에게 간하여 북변으로 쫓겨났던 공자 부소는 민중으로부터도 흠모되고 있었다.〉

9월, 항량(項梁)과 항우(項羽), 패공(沛公) 유방이 각각 반란을 일으킨다.

진승·오광의 군대가 서쪽을 향할 때에 이사의 아들 삼천군수(三川郡守) 이유(李由)는 저지하지 못했다. 〈후에 사자를 파견하여 이유를 조사하고 승상 이사의 책임으로 했다. 이사는 2세 황제에게 아첨하는 글로 답한다.〉

진은 위군(衛君) 각(角)을 폐위하여 서인(庶人)으로 만들고, 위의 제사가 끊어진다(『위강숙세가/衛康叔世家』). 〈히라세 다카오(平勢隆郎)는 연대를 보정하여 시황 26년의 일로 했다.〉

2세 2년(B.C.208) [호해 13세]

겨울에 진승군의 주장(周章) 등 병사 수십만이 시황제릉 근처의 희(戱)에 육박한다. 소부(少府) 장한(章邯)을 장군으로 하여 시황제릉을 건설하던 죄인에게 무기를 주어 싸우게 했다. 〈이 시기에도 아직 시황제릉 공사를 계속하고 있었다는 의미가 된다. 여산의 죄인은 많을 때는 수십만 명이나 있었다. 시황제를 지하에 매장한 다음에도 장대한 지하제국인 능원의 공사를 진행하고 있었다. 병마용갱(兵馬俑坑)을 시작으로 배장갱(陪葬坑)의 건조(建造)를 추진하고 있었을 것이다. 병마용갱의 네 번째 갱은 아무것도 매장하지 못한 미완성이다.〉

12월, 진승이 사망하며 6개월간의 **장초정권이 붕괴한다.** 〈이 무렵 진은 아직 군사적으로 우세였다. 진승은 장한 등의 진군에게 죽임을 당했다고도, 또는 자신의 마부인 장고(莊賈)에게 살해되었다고도 전해진다.〉

〈『사기』 「진초지제월표(秦楚之際月表)」에서는 정월을 조정의 이름을 피해 단월로 기술한다.〉

2세 황제는 감천궁(甘泉宮)에서 각저(角抵, 씨름)와 배우들의 연극을 즐겼다. 이때 이사가 2세 황제에게 조고의 단점을 상서하는데 2세 황제는 이를 조고에게 누설한다. 조고의 제안으로 이사의 재판이 시작된다. 〈시황제릉의 배장갱에 백희용(百戲俑)이 있다. 각저 역사용(力士俑)이 발견되었다.〉

조고가 **이사의 재판**을 시작하고 이사의 아들 이유를 모반죄로 문초한다.

이사가 옥중에서 상서를 올려 2세 황제에게 무죄를 호소한다.

승상 풍거질과 장군 풍겁이 2세 황제를 간한 일로 죄를 묻자 자살한다.

7월, 조고가 재판을 열어 **승상 이사에게 극형인 요참(腰斬) 판결**을 내린다.

8월, 이유가 유방, 항우에게 목을 베인다.

2세 3년(B.C.207) [호해 14세]

진장(秦將) 장한이 왕리(王離), 섭간(涉閒)과 함께 거록(鉅鹿)을 포위한다.〈진군 최후의 전적(戰績)이었다.〉

겨울에 **이사는 처형**되었고 **조고는 승상**이 된다.〈조고에게 정적이 없어지게 되었다.〉

12월, 상장군(上將軍) 항우가 진에 공격당한 거록을 구한다.

단월(正月)에 진장 왕리는 항우의 포로가 되고, 진장 소각(蘇角)은 죽임을 당하였으며 섭간은 소신자살(燒身自殺)한다.

4월, 진장 장한이 항우에게 공격당하여 병사를 본국에 요청하나 조고가 받아들이지 않는다.

7월, 진장 장한이 항우와 은허(殷虛, 墟)에서 회맹(會盟)하고 항우 측에 붙는다.〈진은 군사적으로 완전히 패배한다.〉

8월 기해(己亥, 12일), 조고가 난을 일으키고자 2세 황제에게 사슴을 헌상하고 말이라고 구슬리며 신하의 반응을 확인한다.〈이른바 마록(馬鹿)의 고사. 군신이 모두 조고의 권세를 두려워했던 것을 나타내는 고사인데, 이때 조고는 진의 군사적인 기반을 이미 잃고 있었다.〉

2세 황제가 상림원에 들어가 몸을 재계할 때, 상림원에 들어온 죄가 없는 자를 활로 쏘아 죽인다. 조고는 2세 황제의 행위를 책망하고 함양 교외의 망이궁(望夷宮)에 보내 2세 황제를 망이궁에서 자살시킨다.

9월, 2세 황제 형의 아들인 자영(子嬰)이 진왕에 오르고 2세 황제를 서민 신분으로 하여 의춘원(宜春苑)에 매장한다.

조고가 진을 멸망시켜 관중(關中)의 왕이 되려는 약속을 항우와 했던 것이 자영의 귀에 들어간다.

진왕 자영이 환관 한담(韓談) 부자와 조고를 사살한다.

한(漢) 원년(B.C.206)

10월, 진왕 자영이 즉위한 지 46일 만에 패공 유방에게 항복한다. 〈자영은 살아 있었으나 항복했으므로 진이라는 나라는 없어진 셈이다.〉

11월, 항우가 진의 병사 이십 수만 명을 신안(新安)에서 생매장하고 유방보다 늦게 함곡관을 격파하고 진 수도에 들어간다. 항우의 병사 40만은 홍문(鴻門), 유방의 병사 10만은 파수(灞水) 부근에 주둔했다.

12월, 패공 유방과 상장군 항우 사이에 **홍문(鴻門) 회의**가 열린다. 〈홍문은 시황제릉의 정북쪽에 위치한다.〉

항우는 자영을 죽이고 진의 궁전을 불태웠는데 불은 3개월간 꺼지지 않았다고 한다. 〈진제국이 완전히 멸망하고, 항우와 유방의 5년간의 초한전쟁(楚漢戰爭)이 시작된다. 초한전쟁 때 유방은 항우의 열 가지 죄를 들어 비난한다. 그 하나로 항우가 시황제릉을 도굴하여 그 재물을 손에 넣었다는 것이다. 그러나 병마용갱에는

도굴과 소각의 흔적이 있으나, 시황제릉 지하궁전 공간은 손대지 않은 채 남겨져 있는 것으로 밝혀졌다.〉

* 일(日)은 간지로 표기되므로 숫자로 환산하기 위해서는 삭윤표(朔閏表, 월의 삭일의 간지, 윤월(閏月), 대월〈30일〉, 소월〈29일〉의 배치를 알 수 있는 표)가 필요하다. 본서에서는 장배유(張培瑜)『中國先秦曆表(중국선진역표)』(제노서사/齊魯書社, 1987년), 서석기(徐錫祺)『西周(共和)至西漢曆譜<下>(서주〈공화〉지서한역보〈하〉)』(북경과학기술출판, 1997년)를 이용하고 출토사료의 역보 등에서 수정했다.

인간 시황제

초판 1쇄 인쇄 2017년 2월 20일
초판 1쇄 발행 2017년 2월 25일

저자 : 쓰루마 가즈유키
번역 : 김경호

펴낸이 : 이동섭
편집 : 이민규, 오세찬, 서찬웅
디자인 : 조세연, 백승주
영업 · 마케팅 : 송정환
e-BOOK : 홍인표, 안진우, 김영빈
관리 : 이윤미

㈜에이케이커뮤니케이션즈
등록 1996년 7월 9일(제302-1996-00026호)
주소 : 04002 서울 마포구 동교로 17안길 28, 2층
TEL : 02-702-7963~5   FAX : 02-702-7988
http://www.amusementkorea.co.kr

ISBN 979-11-274-0548-9 04910
ISBN 979-11-7024-600-8 04080

NINGEN SHIKOTEI
by Kazuyuki Tsuruma
© 2015 by Kazuyuki Tsuruma
First published 2015 by Iwanami Shoten, Publishers, Tokyo.
This Korean edition published 2017
by AK Communications, Inc., Seoul
by arrangement with the proprietor c/o Iwanami Shoten, Publishers, Tokyo

이 도서의 국립중앙도서관 출판예정도서목록(CIP)은 서지정보유통지원시스템 홈페이지(http://
seoji.nl.go.kr)와 국가자료공동목록시스템(http://www.nl.go.kr/kolisnet)에서 이용하실 수 있습니
다. (CIP제어번호: 2017002061)

*잘못된 책은 구입한 곳에서 무료로 바꿔드립니다.